中国制造业绿色创新系统协调发展的评价与政策体系研究

冯志军　明　倩　著

中国财经出版传媒集团

经济科学出版社
Economic Science Press

图书在版编目（CIP）数据

中国制造业绿色创新系统协调发展的评价与政策体系研究/冯志军，明倩著 . —北京：经济科学出版社，2020.1

ISBN 978 - 7 - 5218 - 1200 - 8

Ⅰ. ①中…　Ⅱ. ①冯…②明…　Ⅲ. ①制造工业 - 技术革新 - 研究 - 中国　Ⅳ. ①F426.4

中国版本图书馆 CIP 数据核字（2020）第 021162 号

责任编辑：李晓杰
责任校对：李　建
责任印制：李　鹏

中国制造业绿色创新系统协调发展的评价与政策体系研究

冯志军　明　倩　著

经济科学出版社出版、发行　新华书店经销

社址：北京市海淀区阜成路甲 28 号　邮编：100142

总编部电话：010 - 88191217　发行部电话：010 - 88191522

网址：www.esp.com.cn

电子邮件：esp@esp.com.cn

天猫网店：经济科学出版社旗舰店

网址：http://jjkxcbs.tmall.com

北京密兴印刷有限公司印装

700 × 1000　16 开　15.5 印张　220000 字

2020 年 4 月第 1 版　2020 年 4 月第 1 次印刷

ISBN 978 - 7 - 5218 - 1200 - 8　定价：56.00 元

（图书出现印装问题，本社负责调换。电话：010 - 88191510）

（版权所有　侵权必究　打击盗版　举报热线：010 - 88191661

QQ：2242791300　营销中心电话：010 - 88191537

电子邮箱：dbts@esp.com.cn）

广东省社会科学研究基地：东莞理工学院质量与品牌发展研究中心（GB200101）；

广东省普通高校人文社科重点研究基地：珠三角产业生态研究中心（2016WZJD005）；

国家自然科学基金青年科学基金项目：区域低碳创新系统协调发展研究：内生机理、实证检验与政策保障体系——基于二象对偶理论与系统演化的新视角（71603048）联合资助

前　言

技术进步是驱动经济增长可持续的动力源泉。在经济新常态下，制造业长期单纯依靠生产要素的大量投入和扩张来实现经济增长的粗放型发展方式（即"高污染、高排放、高能耗、低效率"的"黑色经济"模式）难以为继。因此，必须大力推进制造业向集约型、绿色低碳型发展方式转变。技术创新特别是绿色创新是制造业绿色发展转型的关键。但是，单一创新要素是无法实现制造业绿色创新的，必须依赖由多种创新要素相互交织形成的创新系统。因此，制造业绿色创新系统就成为推动中国经济可持续增长的决定因素。系统研究制造业绿色创新系统的协调发展及政策体系具有重要理论价值和现实意义。

本书基于二象对偶理论的视角，构建制造业绿色创新系统协调发展的理论与实证分析框架。第一，构建制造业绿色创新系统的概念模型，并剖析其内涵、构成要素及结构、功能、目标与运行机制；第二，揭示制造业绿色创新系统的演化内涵、演化机理及演化阶段；第三，基于二象对偶理论，阐述演化视角下制造业绿色创新系统协调发展的内生机理：分析制造业绿色创新系统演化的二象特征及其二象子系统的概念模型，揭示其协调发展的二象对偶机制；第四，基于定性角度分别对制造业绿色创新系统的二象子系统进行量化表征后，对中国制造业绿色创新系统协调发展进行实证检验；第五，结合国内外比较分析和制造业绿色创新系统协调发展的实证研究结果，明确中国制造业绿色创新系统协调发展的政策目标与构建原则，从基础政策、支撑政策与引导政策三个方面对中国制造业绿色创新系统协调发展的政策体系进行具体设计。

本书由冯志军总体策划、主要执笔和统一定稿。其中，冯志军负责第1、3、4、6、7、8章的撰写；明倩负责第2、5、9章的撰写及附录数据的收集。另外，本书得到了国家自然科学基金青年科学基金项目：广东省社会科学研究基地：东莞理工学院质量与品牌发展研究中心（GB200101）；广东省普通高校人文社科重点研究基地：珠三角产业生态研究中心（2016WZJD005）；区域低碳创新系统协调发展研究：内生机理、实证检验与政策保障体系——基于二象对偶理论与系统演化的新视角（71603048）的资助，在此，作者一并表示衷心的感谢！

本书虽然为研究中国制造业绿色创新系统协调发展提供了新的思路，采用了不同于以往成果的研究方法，也得出了一些新的结论，提出了若干新的对策建议，但是，由于作者水平有限，书中不妥和疏漏之处在所难免，殷切希望各位专家和广大读者批评指正。

冯志军

2019 年 9 月

目 录

Contents

>   >   >   >   >   >

第 1 章

绪　　论

1.1　研究背景与意义

1.1.1　研究背景

制造业是国民经济的物质基础和产业主体，是国家工业化和现代化建设的骨干，其发展水平是国家综合经济实力、科技实力、国防实力和国际竞争力的重要标志。

1. 中国制造业加快绿色转型升级日益紧迫

随着经济全球化和信息技术的发展，目前全球制造业已经初步形成生产基地向发展中国家转移、生产体系在发展中国家复制、构建本地化竞争优势的新局面。在制造业全球转移中，发达国家保留着技术开发、产品设计、关键核心零部件生产、品牌和销售渠道等高端环节，而将生产、组装、加工等低端环节向发展中国家转移，发展中国家只能分享少部分增加值和微薄的利润，发达国家在资本、技术密集型制造业中仍具有绝对优势。近十年，中国制造业整体规模快速增长，自 2010 年中国制造业总产值首次超过美国成为全球制造业第一大国后，已经连续多年稳居"世界第一"。但是，中国制造业出口导向型和粗放式的发展模式并没有得到根本改变。一方面，全球经济形势动荡，中国制造业的国内市场需求明显不足；另一方面，中国制造业所带来的资源与环境问题日益突出：中国制造业"高耗能低效率"传统发展模式，呈现出高投入、高增长、高排放的"黑色"特征。因此，加快中国制造业的转型升级显得尤为紧迫。

国家"十二五"规划纲要明确提出：要改造提升制造业，优化结构、改善品种质量、增强产业配套能力、淘汰落后产能，发展先进装备制造业，调整优化原材料工业，改造提升消费品工业，促进制造业由大变强。国家"十三五"规划纲要则首次提出，促进制造业朝高端、智能、绿色、服务四个方向发展。中国能否完成由"世界工厂"向"世界制造中心"的转变，实现其绿色发展转型，打造其在全球产业价值链中的新优势，关键是技术创新特别是绿色创新。因此，构建中国制造业绿色创新系统进而推动绿色创新是实现经济增长和缓解生态资源负荷的重要抓手。

2. 制造业绿色创新系统建设已成为经济增长的主要推动力量

技术创新特别是绿色创新是制造业绿色发展转型的关键。但是，单一创新要素是无法实现制造业绿色创新的，必须依赖由多种创新要素相互交织形成的创新系统。理论与实践都已表明：技术进步是驱动经济增长可持续的动力源泉。在经济新常态下，制造业长期依赖的单纯依靠生产要素的大量投入和扩张来实现经济增长的粗放型发展方式（即"高污染、高排放、高能耗、低效率"的"黑色经济"模式）难以为继。因此，必须推动制造业向集约型、绿色低碳型发展方式转变。技术创新特别是绿色创新是制造业绿色发展转型的关键。由于制造业在实体经济发展中处于核心地位，因此，制造业绿色创新系统就成为推动中国经济可持续增长的决定因素。

1.1.2 研究意义

1. 对于完善制造业绿色创新系统具有重要理论意义

技术创新的相关理论是制造业绿色创新的研究基础。在绿色经济大背景下，制造业绿色创新是对技术创新及创新系统研究的丰富、完善和发展。目前，绿色创新的研究还没有得到足够的重视，研究成果相对不足，国内外特别是国内关于绿色创新的研究相对较少，且现有研究主要着眼于政府行为（环境规制等）对技术创新的影响。本书认为制造业绿色创新系统具有多维度、多层次、动态演变等特点，并尝试通过其特点来界定其概念模型；在深入分析制造业绿色创新系统的内涵、结构与功能的基础上，对其演化内涵、演化机理、演化阶段进行系统深入的探析；并且为了实现对制造业绿色创新系统协调发展的定性描述与定量评价，引入二象对偶理论，制造业绿色创新系统由其二象子系统构成，即状态子系统和过程子系统，是具备完全时空意义的动态系统。这种基于系统协调发展度量的新视角，将对研究制造业绿色创新系统具有重要的理论意义。

2. 为中国制造业在资源约束条件下实现绿色发展转型升级提供理论依据

全球气候变化及资源约束对中国制造业品种质量改善、产业配套能力增强、落后产能淘汰、产业结构优化等提出了新的要求。在新形势下需要推进中国制造业产业结构调整和产业布局优化，提升产业价值链，并加快应用新技术、新材料、新工艺、新装备改造提升传统制造业，加快淘汰落后工艺技术和设备，提高能源资源综合利用水平，并大力发展节能环保、新能源、新材料等战略性新兴产业，以绿色技术创新促进中国制造业的绿色转型升级。因此，本书对制造业绿色创新系统的构建及政策体系研究，为资源约束条件下改造提升制造业，培育发展战略性新

3

兴产业，实现制造业绿色发展转型升级提供理论依据。

1.2 国内外研究现状

1.2.1 创新系统演化的研究

1982 年，《经济变迁的演化理论》的出版奠定了创新研究的进化论学派基础，该著作开创性地运用演化经济学的理论与方法来研究创新系统，引领学者们在此基础上取得了诸多成果。

1. 产业创新系统演化的研究

陈等（Chen et al.，2014）以风力发电机制造生态系统为实证研究对象，基于网络分析方法对其动态演化、动力及轨迹进行系统分析。易等（Yi et al.，2011）通过对区域低碳要素、网络和系统动态模型的分析，重点基于低碳创新系统的产学研一体化进行研究，进一步揭示了区域低碳系统中的整合演化机理。郁培丽（2007）揭示产业集群技术知识创新系统演化规律及演化路径。于焱和李庆东（2009）指出产业创新体系是通过处于不同发展阶段的主体要素之间的相互作用机制的综合效应来实现其不断演化的。田红娜和毕克新（2012）根据 Logistic 基本原理构建了制造业绿色工艺创新系统的自组织演化模型。蒋珩（2014）运用自组织理论分析战略性新兴产业创新系统向先导产业和支柱产业演化过程的"不确定性"和"跃迁"特征。张慧莹（2017）运用哈肯模型对 2008～2015 年我国船舶工业绿色创新系统演化的关键因素进行实证研究，进而分析该系统的演化机制。结果表明：我国船舶工业绿色创新系统演化的关键因素由 2008～2011 年的绿色船舶市场拉动转变为 2012～2015 年的绿色船舶技术进步。李其玮等（2017）结合产业创新生态系统的演化特征，分析产业创新生态系统知识优势"点—链—网"

立体演化过程，并将其演化分为生命周期阶段、生态进化阶段和混沌共生阶段；并结合全球智能手机产业的发展对上述演化阶段进行多案例比较研究。

王芳等（2018）构建产业创新生态系统的演化模型，并通过 8 家新材料上市公司的演化来验证模型。结果表明：技术生态位与企业发展并非线性相关；市场生态位与企业发展正向相关；社会生态位与企业发展正向相关。周叶和黄虹斌（2019）将自组织演化和熵变理论引入创新生态系统，分析战略性新兴产业创新生态系统自组织演化特征和条件。綦良群和周凌玥（2019）通过构建装备制造企业与知识密集型企业、配套企业的知识转移演化博弈模型，分析均衡策略的实现条件，对影响均衡策略的关键因素进行仿真分析。崔和瑞和王欢歌（2019）通过构建演化博弈模型，对产学研低碳技术协同创新系统的演化博弈策略进行分析，最终得到 6 种情况下的演化稳定策略。

2. 区域创新系统演化的研究

库克（Cooke，2008）认为演化经济学是区域创新系统的理论基础，创新系统的演化受到区域内各系统要素间的频繁作用。库克（2013）指出区域创新系统由多个产业创新集群相互作用而成，通过整合三螺旋互动，进而实现区域知识溢出效应的创新收益。范明哲（2002）对后发性区域创新系统演化的特点、影响因素及调控措施进行探析。曹鹏（2008）基于三重螺旋模型对中国制造业区域创新系统的演变过程进行纵向分析。胡浩等（2011）通过分析区域创新系统中创新极间共生演化模式，并对多创新极共生演化动力模型进行模拟分析。刘明广（2013）通过构建珠三角区域创新系统的复杂适应系统理论模型，描述了创新系统受限生成过程的演化机理。王庆金和田善武（2016）利用共生演化理论和方法探讨区域创新系统演化阶段、路径和机制。徐佳等（2017）以区域创新系统为研究对象，将开放式创新理念引入区域创新系统，从开放式创新角度对区域创新系统的演化动力、演化路径、演化特征和演化意义进行研究。吴士健等（2017）基于复杂系统科学中涌现理论的分析表明，区域创新系统中企业家集群涌现须具备非线性、自组织、非平衡性和多个吸引子等前提特征；元素效应、结构效应、规模效应和环境效应等对企业家集群涌现性的形成机理具有重要影响。马永红等（2018）构建区域创新系统协同演化的哈肯模型并进行实证研究。结果表明：基础共性技术创新代表量是区域创新系统动态演化的序参量；基础共性技术创新与制度创新在区域创新系统演化过程中具有协同效应。苏屹和刘艳雪（2019）通过构建演化博弈模型对区域创新系统中企业、科研机构和政府多主体之间的行为进行博弈分析，探讨了均衡点的稳定性。

3. 其他创新系统演化的研究

宁钟和司春林（2002）分析了国家创新系统的核心要素，并基于国家创新系统演化视角解析不同层次的集群含义。卢中华和李岳云（2009）对我国企业技术创新系统的演化特征、动力及运行机制进行系统分析。韩蓉和林润辉（2013）建立基于创新能力的知识创新的混沌动力学模型，对知识创新系统的知识创新动态演变规律进行分析。吴伟（2014）认为低碳技术创新系统协同演化有两条路径可供遵循：一条是技术与技术的协同演化，即节能减排技术与新能源技术的协同演化；另一条是技术与环境的协同演化，即低碳技术创新与知识创新、制度创新、文化创新、服务创新的协同演化。贾天明和雷良海（2016）借鉴B－Z反应模型构建企业技术创新系统协同演化动态分析模型，探索企业技术创新过程中子系统间协同度、政策效应、技术产出三者间的动态演化机制。

欧忠辉等（2017）构建创新生态系统的共生演化模型，分析共生演化模型的均衡点及其稳定性条件，对不同的共生演化模式进行计算机仿真，并以杭州城西科创大走廊创新生态系统为例进行实证。王建国等（2018）以2008～2017年产学研合作专利数量为研究对象，运用社会网络分析法探讨内蒙古地区产学研合作创新网络结构的演化路径及趋势。阮平南等（2018）研究发现：OLED技术创新网络目前处于快速发展的跃升期，地理邻近性对其演化发展的重要性相对降低，制度和组织邻近性一直发挥着较为稳定的促进作用，社会和技术邻近性所占比重逐渐增加，成为推动创新网络发展演化的重要动力。王京等（2018）构建云制造联盟创新生态系统模型，分析其子系统组成及协同互动关系，探析云制造联盟创新生态系统演化机理。孙金花等（2019）构建基于生态学视角的、高校为主导的创新生态系统协同演进的 Lokata - Volterra 模型，通过数理分析探讨创新生态系统中各类种群之间的协同演变规律。张季平和施晓敏（2019）从自组织理论视角，研究了云物流平台协同创新系统的协同演化机理。

1.2.2　绿色创新系统的研究

1. 绿色创新概论内涵的研究

学术界对于绿色创新的研究仍处于起步阶段，并未形成明确的统一概念。克拉森等（Klassen et al.，1999）认为绿色创新通常分为绿色产品和绿色流程创新，是一种旨在保护环境为目的的创新活动。海特和勒赫龙（Hayter & Le Heron，2002）认为绿色创新与"技术范式"无关，而与气候变化有关。德里森和希勒布兰德（Driessen & Hillebrand，2002）及托马斯（Thomas，2006）认为绿色创新虽然不是以减少环境负担为目的，但是其外部性特征促使其对外部环境与社会产生正向效益。陈等（Chen et al.，2006）认为绿色创新包含绿色产品或绿色流程相关的硬件或软件的创新。库克（2008）提出绿色创新的目的在于减少温室气体排放，手段是以清洁能源供应链为基础的新型产品、技术和工艺。谢德列格等（Schiederig et al.，2012）完善了绿色创新的内容，把绿色创新与生态创新、环境创新、可持续创新结合起来定义。李海萍（2005）认为绿色创新是一项持续性的科技研发活动，其核心在于进行有利于可持续发展的绿色创新项目。蔡跃洲（2012）认为绿色创新的目的在于减排增效，通过培育绿色产业，逐渐淘汰传统的高能耗、高污染产业的创造性破坏过程。徐建中（2016）认为绿色创新是指企业通过改造产品、工艺、系统和流程，以避免或减少对环境的损害。

2. 绿色创新系统的研究

一些学者将绿色理念与系统创新结合研究，形成了一系列研究成果。国内外关于绿色创新系统的研究仍处于理论摸索阶段，大多停留在内涵与结构等基本层面分析。

在绿色创新系统基本概念内涵上，马丁和森利（Martin & Sunley，2006）、沃尔奇（Wolch，2007）指出绿色创新系统应该包括除了技术创新的政治、经济、文化等一系列绿色产业的发展。优素福（Yousef，2008）认为绿色创新系统的建立取决于企业所受到的环境压力和企业经营业绩。安东尼奥利等（Antonioli et al.，2016）将绿色创新系统界定为创造并运用新的或具有显著改进的产品、工艺、营销方式、组织结构整合。艾伯特等（Albort et al.，2016）从绿色技术发展的角度界定绿色创新系统，包括创新过程、方式、能力等。库纳帕塔拉旺等（Kunapatarawong et al.，2016）和安东尼奥利等（Antonioli et al.，2017）认为绿色创新系统不仅应局限于当前的研究范式，国家和社会层面的可持续发展都是通过绿色创新系统实现的。丁堃（2008）认为绿色创新系统是由企业、大学和科研机构、政府以及中介组织等各类主体构成的复杂系统。毕克新和刘刚（2015）认为制造业绿色创新系统是以绿色技术、产业创新和绿色供应链创新等多方面的转变与紧密结合为核心的复杂大系统。

部分学者对绿色创新系统的结构进行了探索分析。丁堃（2009）认为绿色创新系统可分为促进经济发展、促进社会发展和促进生态平衡等3个创新子系统；其中，促进经济发展创新子系统对经济可持续发展具有显著的促进作用，促进社会发展创新子系统具有促进社会可持续发展的能力，促进生态平衡创新子系统具有促进生态可持续发展的能力。孙丽文和曹璐（2017）基于复杂系统理论，认为制造业绿色创新系统由产业创新环境、产业创新活动、生态环境和产业效益 4 个子系统构成。刘海滨等（2018）依据区域绿色创新系统特点及创新过程，将其划分为创新投入、创新效益和绿色效益三个子系统。

3. 绿色创新的相关评价研究

（1）绿色创新效率的研究。张江雪和朱磊（2012）基于绿色增长约束视角，将资源生产率和环境负荷视作产出，并对工业企业技术创新效率进行四阶段 DEA 建模分析，同时对我国 2009 年各省份的相关数据进行实证研究。韩晶等（2013）从绿色增长的视角出发，运用四阶段 DEA 模型实证测度了中国 2010 年各省级区域的创新效率。冯志军（2013）针对传统的 DEA 模型没有考虑要素"松弛"和无法合理解决非期望产出存在条件下的效率评价问题，运用 DEA – SBM 方法建立了工业企业绿色创新效率测度新模型，分析比较了中国 30 个省级区域及 8 大经济区规模以上工业企业的绿色创新效率。曹霞和于娟（2015）基于绿色发展视角，构建了测度创新效率的随机前沿改进模型，并对中国各区域创新效率及影响因素进行实证分析。黄奇等（2015）突破传统技术创新理论，引入绿色增长理念，在综合考虑资源消耗和环境污染的基础上测算中国工业企业绿色技术创新效率，并对中国工业企业绿色技术创新效率的空间外溢效应进行实证分析。孔晓妮和邓峰（2015）采用非径向—双目标 DEA 的方法分别以废气排放总量、废水排放总量、工业用水量、能源消耗总量为非期望产出建立了中国各省区的绿色创新效率测度模型，并运用空间计量研究了影响中国绿色创新效率提高的环境因素。王惠等（2016）基于 2006 ~ 2012 年省级面板数据，构建 Super – SBM 模型对中国高技术产业绿色创新效率进行测度；在此基础上构建门槛模型实证分析 R&D 投入强度对其产生的影响。王海龙等（2016）在测度中国区域绿色增长绩效和绿色技术创新效率的基础上，构建随机效应的 Tobit 回归模型来分析绿色技术创新效率对绿色增长绩效的影响。汪传旭和任阳军（2016）运用非径向、非角度的 SBM 模型，对不考虑非期望产出和考虑非期望产出两种情况下的中国省际高技术产业绿色创新效率进行测算和对比,并利用空间 Durbin 模型分析区域高技术产业绿色创新效率的空间溢出效应。

刘斌斌和黄吉焱(2017)以 2008～2014 年我国省际面板数据为样本对其进行实证检验。结果表明:FDI 以合资方式进入将阻碍环境规制较强地区绿色技术创新效率水平的提升,而以独资方式进入则极大提升了环境规制较弱地区的绿色技术创新效率。罗良文和梁圣蓉(2017)运用我国省际面板数据实证分析国际研发资本技术溢出对中国绿色技术创新效率的影响,并对国际研发资本技术溢出的首次溢出、二次溢出效应进行分解。彭文斌等(2017)选取 2005～2014 年我国各省际面板数据为研究样本,利用 Super – SBM 模型测算绿色创新效率,在此基础上构建门槛回归模型实证检验正式、非正式环境规制对绿色创新效率的门槛效应。龚新蜀等(2017)运用 Super – SBM 模型测算了环境约束下2003～2015 年中国工业绿色创新效率,并通过核密度函数估计工业绿色创新效率的动态演变趋势,然后构建包含集聚经济与工业绿色创新效率的联立方程组,就对外直接投资的集聚效应等因素如何影响工业绿色创新效率进行分析。高广阔和王艺群(2018)运用非期望 Super – Min DS 模型测度了 2006～2015 年京津冀地区各市高耗能产业的绿色创新效率,运用空间统计方法探索绿色创新效率的空间分布特征。吴超等(2018)构建了涵盖创新效率与绿色效率的 DEA – RAM 联合效率模型,对中国 16 个重污染行业绿色创新效率进行评价。钱丽等(2018)将单位 GDP 的工业碳排放量和"三废"污染物纳入两阶段绿色创新效率研究框架,利用共享投入关联两阶段 DEA 模型对 2008～2015 年中国工业企业绿色研发和成果转化效率进行评价。陆菊春和沈春怡(2019)基于创新价值链视角,将创新过程分为知识创新、创新成果吸收和创新成果商业化三个阶段,采用考虑非期望产出的网络 RAM 模型分析了 11 个国家中心城市绿色创新效率的异质性以及各阶段效率的关联性。

(2)绿色创新能力的评价。杨立生和段云龙(2007)在构建我国中小企业绿色持续创新能力的评价指标体系的基础上，运用德尔菲法对其绿色持续创新能力进行评价。苏越良等（2009）建立了粒子群优化算法对传统 BP 神经网络算法的改进模型，并将其应用到企业绿色持续创新评价研究中。李菽林（2013）在构建物流企业绿色创新能力评价体系的基础上，运用支持向量机分析评价模型进行实证研究。曹慧等（2016）在初步构建绿色创新能力评价指标的基础上，运用共线性和变异系数方法对所构建的指标体系进行定量筛选，最终确定了区域绿色创新能力评价指标体系及其评价方法，并以我国 31 个省级区域为例进行了实证分析。孙群英和曹玉昆（2016）从企业绿色技术创新投入能力等 6 个维度构建企业绿色技术创新能力评价指标体系，建立基于可拓关联度的企业绿色技术创新能力多方案评价模型对大庆高新技术产业开发区企业进行实证分析。徐建中和贯君（2017）从绿色创新投入能力、产出能力及支撑能力 3 个方面构建制造企业绿色创新能力评价指标体系，并运用基于二元语义组合赋权的制造企业绿色创新能力评价模型进行实证分析。李敏和杜鹏程（2018）使用因子分析、多维尺度分析、聚类分析和方差分析技术，测算 2005～2015 年我国各省市的区域绿色持续创新能力。孙振清等（2019）运用熵权 TOPSIS 法对我国区域绿色创新投入能力、绿色创新产出能力、绿色创新环境能力以及绿色扩散投入能力 4 个维度进行测度。

1.2.3　二象对偶理论的应用研究

客观世界，从微观到中观到宏观，包括物质世界和精神世界，普遍存在着这样一种以二象为结构、以对偶为特征、以对立统一为本质的"对偶结构"。简言之，"二象对偶"，是大自然中最为广泛存在的、呈"分形"形态分布的一种结构规律，即任何系统往下和往上均可找出二象对偶的结构关系。

我国著名学者高隆昌教授在物理学"二象论"（波粒二相性）、数学"属性空间论"和哲学"对立统一论"等理论基础上，对二象对偶理论进行了系统的集成性研究，于21世纪初创立并发展了"二象对偶理论"这一系统学理论分支。二象对偶理论是在系统论大框架下，对上述"三论"的归一，通过概念剖析和数学描述建立新的理论架构，为系统分析制造业绿色创新系统协调发展提供了科学的思维方式。其核心观点在于辩证统一地认识复杂系统，既认识复杂系统的过程特征，也认识其具体时点的状态性，是过程与状态的辩证统一。根据高隆昌的定义：系统 S 若由满足如下 5 个特征的 2 个部分构成，且从该角度去考察 S，称 S 为二象系统，记为 S = (X, X*)：①二象间一实 (X) 一虚 (X*)（或称一硬一软，一个实在一个抽象），二象间融为一体、互为参照，只有从概念上才能将其分辨开来；②二象间具有空间实质差异，或说二者不可同时在一个坐标系里平等地体现出来，除非经过映射或变换手段；③二象间不具有一一对应关系，且 $x^* \in X^*$ 皆是 X 的一个全局映射；④二象间具有内在互动性，即任一象的改变都将内在地使另一象产生相应的改变；⑤二象间具有适当的比例关系，其比值具有一个适当的可变域。在一定意义下可简记为 $X : X^* = r \in (0, \delta)$，式中，$\delta$ 是较小实数。在二象对偶理论概念体系下产生了诸多研究成果。

陈和冯（Feng & Chen，2018）认为区域工业绿色发展是一个虚实二象动态系统，基于此构建出一个能够综合度量工业绿色发展规模效益和质量提升的指标。赵冬梅和陈柳钦（2005）将企业系统划分为"虚""实"两个二象子系统，前者由人、财、物构成，而后者则是其对偶的属性（信息）集合构成。邵昶和李健（2007）基于"波粒二象性"理论，提出产业链是类似"玻尔原子"结构式的企业关联状态。陈宗建（2010）从二象对偶时间的视角出发，以库恩的范式概念作为分析工具，用相应的全息范式来探索权衡定律的机理；提出新的绩效前沿面并结合时间绩效前沿面理论，尝试以启发式的方式对企业竞争要素的方向进行把控。史丽萍和唐书林（2011）指出：知识创新具有独特的"波粒二象性"，知识创新既可以被看作一种实体的积累，也可以被看作一种过程的流动。陈伟等（2011）提出区域创新系统是由过程子系统和状态子系统二象子系统构成的动态系统。贾军等（2013）根据二象对偶理论，将产品创新系统（工艺创新系统）设计为状态子系统和行为子系统构成的二象系统。冯志军等（2013；2014）基于时空演化特征，指出产业创新系统是一个由状态子系统和过程子系统构成的"二象"系统，前者是客观实在的物质子系统，后者则是由该物质子系统所映射的属性构成的虚像子系统。王刚等（2015）将林木加工产业技术创新系统视为由状态子系统和过程子系统构成的二象系统，前者以创新能力为表征，后者以创新效率为测度。周荣和喻登科（2016）对全要素网络虚实二象性进行剖析，认为全要素网络虚象是知识共享与计算网络，实象是要素的分布式存储网络，二者之间存在关联与映射关系。徐建中和王纯旭（2016）基于协同理论和二象对偶理论，将区域产品（工艺）技术创新系统划分为状态子系统和过程子系统，并根据子系统进一步阐述区域高技术产业创新系统的二象特征，构建高技术产业创新系统协同度模型。

张美丽等（2017）以成长期高新技术制造企业为研究载体，在从动态视角分析组织创新与技术创新匹配系统的二象对偶关系基础上，构建二者匹配的系统动力学模型进行仿真模拟分析。杨朝均和呼若青（2017）基于二象对偶理论，从状态子系统和过程子系统两个维度构建工业绿色创新系统协同度评价指标体系，运用 PPE – Malmquist – CDG 模型进行实证研究。韩海彬和李增田（2018）将城镇化系统视为由实象与虚象构成的二象系统，前者以城镇化水平为表征，后者则以城镇化效率为表征。江金波和唐金稳（2018）以珠江三角洲九城市为研究对象，借用区域创新二象对偶评价模型，测算区域旅游创新综合发展水平以及协调发展水平。徐高（2018）认为中国的房价具有二象性：一方面，房价涨幅与货币增长之间相关性极强；另一方面，土地和房屋供给对房价变化又有极高的解释力。郝鹏鹏和王彦博（2018）认为货币同时兼具债权性和信用性二象属性：债权性是指货币中蕴含的贵金属、劳动量、国家信用主权所赋予的货币即时价值；而信用性是指货币持有者对其具有的未来交易或使用的预期价值。熊彬等（2019）基于工业绿色创新绩效的二象性特征构建指标体系对中国工业绿色创新绩效进行综合评价。曹阳（2019）以二象对偶论为基础，把高技术产业创新系统分为内核子系统和表态子系统两部分，其中内核子系统表现为产业环境子系统，表态子系统表现为产业创新绩效子系统。

1.2.4 创新系统协调发展的测度评价研究

目前对创新系统协调发展的测度评价研究主要是将系统划分为若干结构相对独立的子系统，研究子系统间的协调耦合发展情况。现有研究文献一般基于下面两种思路展开。

研究思路一：将创新系统作为区域系统的一个构成子系统，研究它与区域系统其他构成子系统的协调发展情况。姜钰（2009）提出了区域科技与经济系统综合协调发展度评价的模糊积分评价方法，对黑龙江省科技与经济系统协调发展状况进行了综合评价。殷林森（2010）从静态和动态角度构建了复杂系统协调度模型与协调发展趋势模型，对上海市的科技经济系统的协调度进行测度评价。姜钰（2011）提出区域科技与经济系统协调发展度的预测模型，为区域科技与经济系统协调发展的宏观调控政策的制定提供决策方法和依据。贾晶如和徐徐（2013）构建科技—经济协调发展评价指标体系，对长江三角洲地区2006～2010年的科技进步与经济发展状况进行动态评价。祝影和曹盛（2015）在构建外资研发系统与自主创新系统的耦合评价指标体系的基础上，采用耦合协调模型对中国大陆30个省级区域的外资研发系统与自主创新系统的耦合协调度进行定量测评。张元萍等（2016）借鉴物理学中的耦合协调评价模型，将金融发展与技术创新视为两个子系统，对二者的耦合协调关系及时空分异特征进行研究。卓乘风等（2017）通过计算2006～2014年"丝绸之路经济带"我国9省（区、市）的区域创新及信息化评价指数，构建耦合协调模型，算出二者之间的耦合协调度。

严翔等（2017）在阐述经济发展—创新能力—生态环境交互协调发展作用机理的基础上，构建综合评价指标体系，借助物理耦合度模型和耦合协调度数学模型，对长江经济带11个省份近10年的省际面板数据进行实证分析。艾良友和郗永勤（2017）采用全局主成分和协调发展度测量等评价方法研究发现：在时序演变上，2005年以来我国省域循环经济发展水平和创新能力都有显著提高，但二者协调发展水平在大部分省份呈现下降趋势；在空间演化上，省域创新与循环经济协调发展的空间集聚性特征越来越明显。李娜娜和张宝建（2017）借助物理学耦合理论，在对科技创新与创业耦合系统的构成和耦合内容进行分析的基础上，构建了科技创新与创业系统的耦合模型。张立新等（2018）通过构建科技创新系统与科技金融系统耦合协调发展度评价模型对华东地区进行实证分析。霍远和朱陆露（2018）将"丝绸之路经济带"我国9个省份的科技金融、科技创新和区域经济视为一个互动协同的系统，通过构建复合系统评价指标体系，利用熵权法、耦合协调度模型，从时空上对其2005～2015年系统综合发展水平和耦合协调性进行分析评价。霍远和王盛兰（2018）采用"纵横向"拉开档次法对产业创新与产业升级两个系统进行评价，并借助耦合协调发展模型，对我国30个省份2004～2013年产业创新与产业升级耦合协调发展的时空特征进行分析。康洁等（2018）以物理学中的耦合协调评价模型为基础，基于中国30个省份2005年、2009年、2014年的数据，对金融生态环境与技术创新二者之间的耦合协调度进行实证研究。赵小雨等（2018）构建基于库兹涅茨曲线的空间计量模型，将区域创新能力纳入研究框架，实证分析了中国31个省级区域创新能力、农业经济与生态环境协调发展关系。庞庆华等（2019）选取2007～2017年长江经济带的相关数据，利用区位熵和熵权法测算金融集聚和生态效率，并将空间权重加入耦合协调模型中，对长江经济带的金融集聚—区域创新—生态效率耦合协调度进行测算。胡志强和苗长虹（2019）通过构建协调发展度模型，实证分析了中国 31 个省级区域创新、协调、绿色、开放、共享五大系统的协调发展特征。赵冉和韩旭（2019）借鉴耦合理论构建高等教育、创新能力与经济增长三者之间的耦合协调度模型，运用多维度指标对河南省 18 地市 2006～2016 年高等教育、创新能力与经济增长的协调发展状况进行实证研究。潘苏楠等（2019）采用改进的熵值法对科技创新系统和美丽中国建设系统 2008～2016 年的综合发展指数进行测度，在此基础上，构建耦合协调度模型测度科技创新与美丽中国建设系统耦合协调度。

研究思路二：将创新系统视为一个复杂大系统，在对创新系统进行子系统划分的基础上，对创新系统的内部子系统之间的协调度进行测度评价。李进兵和邓金堂（2009）在把装备制造业绿色创新系统划分为企业创新环境、创新投入与创新产出三个子系统的基础上，运用协调度模型评价了 2002～2006 年四川装备制造业绿色创新系统的整体协调度。郑广华（2010）将区域创新系统划分为创新基础环境、创新主体与创新资源等三个子系统，基于此对河南省 2000～2007 年区域创新系统发展的协调状况进行评价。张方和揭筱纹（2012）将资源型企业技术创新系统划分为环境、合作和内部三个子系统，并依据协同理论构建模型对其协同度进行评价。马艳艳等（2013）建立了科学技术、能源环境和经济社会的国家创新复合系统协调发展的分析框架，对国家创新系统 1995～2007 年的运行协调度进行实证研究。汪良兵等（2014）将我国高技术产业创新系统分为创新环境、技术研发、技术吸收、创新产出四个子系统，采用我国高技术产业 17 个子行业的数据，运用复合系统协同度模型对各行业创新系统的协同度及子系统有序度进行测度。谢小凤（2014）在将区域创新系统划分为创新要素投入、结构、环境与功能等四个子系统的基础上，构建耦合协调度模型对广西创新系统的协调发展情况进行测度。

刘和东（2016）基于 2000～2013 年我国大中型企业的相关数据，对我国高新技术产业创新系统协同度及子系统的有序度进行准确测度，并对实证结果进行分析。盛彦文和马延吉（2017）通过构建区域产学研创新系统耦合协调度评价指标体系，利用耦合协调度模型和灰色关联分析法对 2009～2014 年我国 31 个省份企业、高校和科研机构创新子系统的创新发展水平、耦合协调度及影响因素进行测度与评价。徐梦丹等（2017）基于技术创新价值链和复杂系统论视角，将该系统解构为技术内部研发、技术外部获取、商业化、技术创新支撑环境等 4 个子系统，采用 2007～2015 年度统计年鉴数据，运用复合系统协同度模型对该系统演化的协同度及其各子系统的有序度进行测度和分析。贾颖颖（2017）根据区域绿色创新系统特征，构建了由基于基尼系数的投入产出指标转化模型、基于 Theil - TOPSIS 的子系统发展水平评价模型和基于欧氏距离的协调发展水平测度模型组成的三阶段区域绿色创新系统协调发展评价模型，对 2005～2014 年我国各区域的绿色创新协调发展水平进行了实证分析。许强等（2017）基于 2001～2015 年的相关数据，运用复合系统协同度模型对北京市科技创新系统的协同发展程度进行实证研究。刘海滨等（2018）将区域绿色创新系统划分为创新投入子系统、创新效益子系统和绿色效益子系统，利用熵值法、综合评价方法、耦合度模型和协调度模型对中国 30 个省级区域绿色创新内部耦合性和协调性发展情况进行定量评估。刘国巍等（2019）借助复杂网络的"网络的网络"模型构建新能源汽车产业"链式"创新网络；在此基础上，运用复合系统协调度模型评价新能源汽车产业链创新系统协调度。

1.2.5 国内外研究综述

国内外学者在创新（创新系统）演化、绿色创新（绿色创新系统）、二象对偶理论、创新系统协调发展等方面展开了较为深入系统的研究，为本书鉴定了良好的基础。但是在以下几个方面有待进一步拓展与完善。

（1）国内外学者对绿色创新的内涵、绿色创新系统的内涵及结构、绿色创新评价等方面进行了一系列的研究，但现有文献多集中在国家、区域、企业等领域，缺乏对中观区域层面的研究，且现有研究主要采用定性研究方法，侧重对策分析和政策启示，缺乏从绿色创新视角研究制造业技术创新系统，对制造业绿色创新及制造业绿色创新系统的研究尚未形成完善的理论体系。

（2）国内外学者基于复杂系统理论与演化经济学理论，深入分析创新系统演化的特征、动力、影响因素等，取得了较为丰富的研究成果。但是研究制造业绿色创新系统的演化特性（演化内涵、演化机理、演化阶段等），特别是协调演化发展特性还处于探索起步阶段。因此，还需系统深入地分析制造业绿色创新系统的演化特性，进而完善创新系统的演化理论体系。

（3）"系统学二象论"及"二象对偶理论"自提出后，在企业管理、情报分析、知识管理等领域取得了诸多应用成果，任何复杂系统往下和往上均可找出"对偶二象"的结构关系，这已经逐步得到学者们的认可。但是，作为一种典型复杂系统的创新系统，其"对偶二象"却鲜有学者探析。因此，还需选取独特视角，识别出创新系统的二象结构、并阐述其二象特征，进而丰富"系统学二象论"及"二象对偶理论"。

（4）二象对偶理论广泛运用在创新系统协调发展等研究领域，取得了诸多成果。评价创新系统协调发展的关键是如何合理划分子系统，但就现有文献的两种思路而言，其实质是基于系统耦合的角度，将系统分割成结构独立的组成部分（子系统）。这种凭借经验，从部分、部门、元素、因素等静态研究视角来研究问题，缺乏合理划分子系统的理论依据。因此，还需选取合理的、科学的理论依据来研究创新系统协调演化发展的测度与评价，实现创新系统协调发展理论与实证研究的突破。本书基于二象对偶理论和系统演化视角，从创新系统的虚、实两个基本的层次结构（即系统"二象"）出发，研究制造业绿色创新系统二象子系统之间的协调演化发展。

1.3 研究思路与方法

1.3.1 研究思路

本书基于二象对偶理论，构建制造业绿色创新系统协调发展的理论与实证分析框架。第一，本书的绪论部分主要阐述论文研究的背景和意义，分析相关研究领域的国内外研究现状，并对其进行梳理、归纳和评述；介绍本书研究思路和研究方法及本书的创新之处。第二，从中国制造业绿色创新的投入与产出现状及中国制造业绿色创新存在的突出问题介绍了中国制造业绿色创新的基本情况。第三，构建制造业绿色创新系统的概念模型，并剖析其内涵、构成要素及结构、功能、目标与运行机制。第四，揭示制造业绿色创新系统的演化内涵、演化机理及演化阶段。第五，基于二象对偶理论，阐述演化视角下制造业绿色创新系统协调发展的内生机理，分析制造业绿色创新系统演化的二象特征及其二象子系统的概念模型；基于定性角度分别对制造业绿色创新系统的二象子系统进行量化表征；并揭示其协调发展的二象对偶机制。第六，采用逐层细分的方法设计评价指标体系，构建基于微粒群算法定权的改进TOPSIS 法的中国制造业绿色创新系统演化状态水平评价模型，对中国27 个制造业行业绿色创新系统 2009 ~ 2015 年的演化状态水平进行实证分析。第七，分别构建了 Global – Malmquist – Luenberger 指数模型以及Super – SBM 模型，对中国 27 个制造业行业绿色创新系统 2009 ~ 2015年的演化过程水平进行测度。第八，通过构建协调发展度评价模型，对27 个制造业行业绿色创新系统 2009 ~ 2015 年的协调演化状况进行测度与评价。第九，结合国内外比较分析和制造业绿色创新系统协调发展的实证研究结果，明确制造业绿色创新系统协调发展的政策目标，从基础政策、支撑政策与引导政策三个方面对中国制造业绿色创新系统协调发展的政策体系进行具体设计。本书的基本框架如图 1.1 所示。

中国制造业绿色创新系统协调发展的评价与政策体系研究

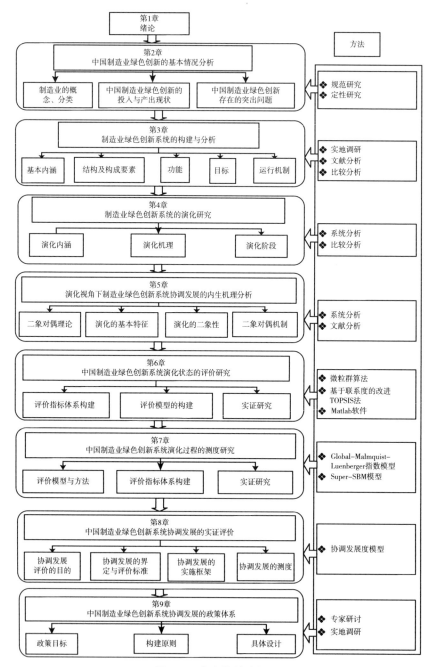

图1.1 本书的基本框架

20

1.3.2 研究方法

本书所涉及现实问题的复杂性和多学科交叉的特点，决定了应对多种研究方法进行集成。

（1）文献研究法。梳理国内外技术创新理论、创新系统演化理论、二象对偶论，融合复杂系统理论、自组织理论及演化经济学理论等相关理论，构建本书的理论基础，在此基础上构建本书研究的理论分析框架。

（2）实地调查法。对深圳、东莞、哈尔滨等典型城市的制造业企业、高校及科研机构、政府进行实地调研，通过访问、座谈会等形式了解中国制造业绿色创新的内部特征与外部需要，确定对中国制造业绿色创新系统进行实证分析的各项指标。

（3）定性与定量分析相结合。在制造业绿色创新系统的构建、演化研究及协调发展的内生机理等理论研究部分，采用定性研究方法来研究系统的内涵、构成、功能及运行机制；系统的演化内涵、演化机理与演化阶段；并结合"二象对偶理论"，对制造业绿色创新系统演化的二象性及二象对偶机制进行阐述；在定性描述的指导下，对中国制造业绿色创新系统的协调发展进行实证检验，涉及的定量方法有微粒群算法（PSO）、改进 TOPSIS 法，Global – Malmquist – Luenberger 指数模型、Super – SBM 模型，协调发展度评价模型等。

1.4 本书的创新之处

第一，基于独特的研究视角，本书从系统演化的角度，基于"二象对偶理论"，将制造业绿色创新系统分做虚、实两个基本的层次（二象）来研究创新系统协调发展。现有文献对创新系统协调发展的研究基本是秉承将客观系统剖分成部分、部门、元素、因素等的静态划分研究视角。本书将突破这一局限，运用"二象对偶理论"，通过分析制造业绿色创新系统的时空演化特征，揭示了制造业绿色创新系统是由状态子系统和过程子系统组成的具备完全时空意义的动态系统。其中，前者是客观实在的物质子系统，后者则是由该物质子系统所映射的属性构成的虚像子系统。这种基于演化和系统二象的协调发展研究视角，具有重要的指导意义。

第二，从静动相结合的角度，将绿色创新静态效率与动态效率结合起来做并列式和系统式研究，对中国制造业绿色创新系统演化过程水平进行测度研究。为了实现对中国制造业绿色创新系统演化过程水平的全面测度，本书从绿色创新静态效率与绿色创新动态效率两个方面分别展开测度。构建 Global – Malmquist – Luenberger 指数模型来测度中国 27 个制造业行业绿色创新系统 2009～2015 年的演化过程水平（绿色创新动态效率），并运用 Super – SBM 模型对演化过程水平进行测度；在此基础上，针对制造业不同行业在绿色创新静态效率与绿色创新动态效率两个方面的综合表现，将中国 27 个制造业行业绿色创新系统划分为四类。

第三，提出了一种新的有限方案多属性决策方法——基于微粒群算法定权的改进 TOPSIS 综合评价模型，对中国制造业绿色创新系统演化的状态水平进行评价。该方法的关键：在最优和最劣对象距离之和最小的基础上，通过微粒群算法（PSO）求解基于权重的非线性规划问题。在此基础上，基于集对分析联系度的思想，将理想点与负理想点视为确定不确定系统中相互对立的集合，在考察备选方案与理想点或负理想点的联系度时，充分考虑对立集合的存在，建立了基于联系度的改进 TOPSIS 法综合评价模型。

第四，通过构建协调发展度评价模型，对中国制造业绿色创新系统协调发展进行评价。二象对偶理论从理论上揭示了二象对偶机制是制造业绿色创新系统演化的本质。基于此，构建协调发展度评价模型对中国制造业绿色创新系统二象子系统的协调发展进行评价，从定量角度证实了制造业绿色创新系统演化中二象协调的真实性。

第2章

中国制造业绿色创新的基本情况分析

2.1 制造业的概念及分类

2.1.1 制造业的概念

制造就是人类按照市场需求，运用主观掌握的知识和技能，借助于手工或可以利用的客观物质工具，采用有效的工艺方法和必要的能源，将原材料转化为最终物质并投放市场的全过程。制造业是指对采掘工业和农业所生产的原材料进行加工或再加工的工业，即以经过人类劳动生产的产品作为劳动对象的工业。制造业涉及国民经济的许多部门，包括一般机械、食品工业、化工、建材、冶金、纺织、电子电器、运输机械等。

2.1.2 制造业的分类

2003年5月，中国国家统计局公布的《三次产业划分规定》中，制造业列入C门类，分为29个大类，其两位数代码自13至41，具体见表2.1。

表 2.1 中国制造业两位数代码及行业名称

行业名称	两位数代码	行业名称	两位数代码
农副食品加工业	13	化学纤维制造业	28
食品制造业	14	橡胶制品业	29
饮料制造业	15	塑料制品业	30
烟草制品业	16	非金属矿物制品业	31
纺织业	17	黑色金属冶炼及压延加工业	32
纺织服装、鞋、帽制造业	18	有色金属冶炼及压延加工业	33
皮革毛皮羽毛（绒）及其制品业	19	金属制品业	34
木材加工及木竹藤棕草制品业	20	通用设备制造业	35
家具制造业	21	专用设备制造业	36
造纸及纸制品业	22	交通运输设备制造业	37
印刷业和记录媒介的复制	23	电气机械及器材制造业	38
文教体育用品制造业	24	通信设备、计算机及其他电子设备制造业	39
石油加工炼焦及核燃料加工业	25	仪器仪表及文化、办公用机械制造业	40
化学原料及化学制品制造业	26	工艺品及其他制造业	41
医药制造业	27		

2.2 中国制造业绿色创新的投入与产出现状

2.2.1 中国制造业绿色创新的投入现状

1. 中国制造业绿色创新的人力资源投入

R&D 人员是进行绿色创新的核心人员，他们是制造业中从事 R&D

活动（基础研究、应用研究和试验发展）的研究人员。本书以"R&D
人员全时当量"来衡量中国制造业绿色创新活动的人力资源投入。

　　由图 2.1 可以看出，2009 年，中国制造业 R&D 人员全时当量为
1354195 人年，而 2015 年，这一指标为 2523024 人年，比较而言，R&D
人员全时当量在 2009～2015 年的增长率为 86.31%，年均增长率为
10.93%。具体分析各年度的增长率可知，中国制造业的 R&D 人员全时
当量能够基本保持增长态势，其中，最大同比增长率出现在 2012 年，
增长率为 32.61%。

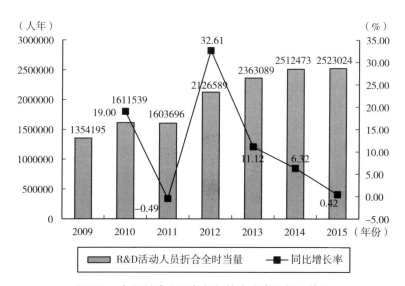

图 2.1　中国制造业绿色创新的人力资源投入情况

资料来源：根据《中国科技统计年鉴》相关年份计算。

2. 中国制造业绿色创新的财力资源投入

　　财力资源是从事绿色创新活动必不可少的资源要素，为制造业绿色
创新活动提供财力支持。一般来说，R&D 经费内部支出是衡量中国制
造业绿色创新财力资源投入的核心指标。

　　由图 2.2 可以看出，2009 年，中国制造业 R&D 经费内部支出为

35707231 万元，而 2015 年，这一指标为 96284441 万元，比较而言，R&D 人员全时当量这一指标在 2009～2015 年实现了 169.65% 的增长，年平均增长速度为 17.98%。具体分析各年可知，中国制造业的 R&D 经费内部支出能够保持增长态势，其中，最大同比增长率出现在 2012 年，增长率为 39.41%。

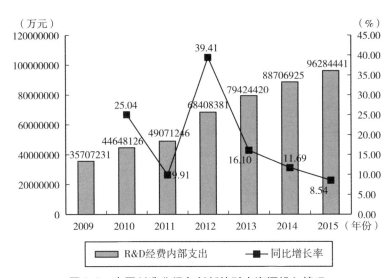

图 2.2 中国制造业绿色创新的财力资源投入情况

资料来源：根据《中国科技统计年鉴》相关年份计算。

3. 中国制造业绿色创新的能源投入

由图 2.3 可以看出，2009 年，中国制造业能源消费总量为 180535 万吨标准煤，而 2015 年，这一指标为 244679 万吨标准煤，比较而言，能源消费总量在 2009～2015 年的增长率为 35.53%，年均增长率为 5.20%。具体分析各年度的增长率可知，中国制造业的能源消费总量整体上保持较低的增长速度，并且开始逐渐出现下降态势，2015 年中国制造业能源消费总量同比增长率为 -0.05%。

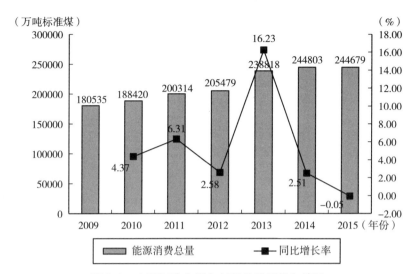

图 2.3　中国制造业绿色创新的能源投入情况

资料来源：根据《中国科技统计年鉴》相关年份计算。

2.2.2　中国制造业绿色创新的产出现状

由绿色创新的基本内涵可知，其区别于传统创新的根本在于创新的最终目的是实现经济效益、环境效益和社会效益的协调一致。现阶段，制造业推行绿色创新所带来的环境效益及社会效益应主要体现在减少环境污染。因此，本书通过考虑绿色创新的科技成果产出、经济效益产出与环境效益，进而能够全面综合地度量制造业绿色创新的产出。

1. 科技成果产出

专利作为科技成果数量和质量的体现，是制造业绿色创新科技成果的主要载体之一。本书用创造性程度最高、专利申请审查标准更为苛刻的发明专利数作为绿色创新科技成果的衡量指标。

由图 2.4 可以看出，2009 年，中国制造业发明专利申请数为 90522 个，而 2015 年，这一指标为 232567 个，比较而言，发明专利申请数这一指标在 2009～2015 年实现了 156.92% 的增长，年平均增长速度为

17.03%。具体分析各年可知，中国制造业的发明专利申请数整体上保持增长态势，同比增长率呈现先逐步上升再逐步下降的变动趋势，其中，最大同比增长率出现在 2012 年，增长率为 29.29%。

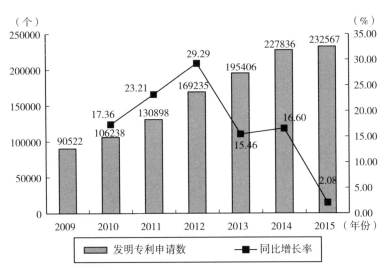

图 2.4　中国制造业绿色创新的科技成果产出情况

资料来源：根据《中国科技统计年鉴》相关年份计算。

2. 经济效益产出

制造业绿色创新的经济效益产出主要是通过新产品的社会价值来体现的，是价值的传递过程，故选取新产品销售收入来衡量。

由图 2.5 可以看出，2009 年，中国制造业新产品销售收入为 646292113 万元，而 2015 年，这一指标为 1493050469 万元，比较而言，新产品销售收入这一指标在 2009~2015 年实现了 131.02% 的增长，年平均增长速度为 14.98%。具体分析各年可知，中国制造业的新产品销售收入整体上保持增长态势，同比增长率呈现基本呈现逐步下降的变动趋势，其中，最大同比增长率出现在 2010 年，增长率为 26.81%。

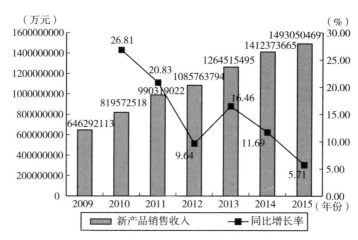

图 2.5 中国制造业绿色创新的经济效益情况

资料来源：根据《中国科技统计年鉴》相关年份计算。

3. 环境效益产出

本书选取制造业分行业的工业废水排放总量、工业废气排放量和工业固体废物排放量等非期望产出指标来衡量制造业绿色创新所带来的环境效益。

由图 2.6 可以看出，2009 年，中国制造业工业废水排放总量为 1633281 万吨，而 2015 年，这一指标为 1495584 万吨，比较而言，工业废水排放总量这一指标在 2009～2015 年出现了 8.44% 的负增长，年平均增长速度为 -1.46%。具体分析各年可知，中国制造业的工业废水排放总量整体上表现为不稳定变动态势，在 2013 年与 2014 年出现了异常变动，2013 年，工业废水排放总量同比增长率为 135.52%；2014 年，工业废水排放总量同比增长率为 -61.47%；而其他年份基本保持相对平稳的增长或下降态势。

由图 2.7 可以看出，2009 年，中国制造业工业废气排放总量为 285274 亿立方米，而 2015 年，这一指标为 468166 亿立方米，比较而言，新产品销售收入这一指标在 2009～2015 年实现了 64.11% 的增长，年平均增长速度为 8.61%。具体分析各年可知，中国制造业的工业废气排放总量整体上表现为不稳定变动态势，其中，在 2012 年和 2015 年，中国制造业的工业废气排放总量同比出现了下降，其他年份为增长态势，其中，最大同比增长率出现在 2011 年，增长率为 40.40%。

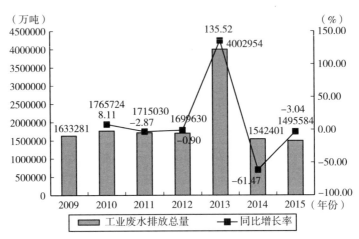

图 2.6　中国制造业绿色创新的工业废水排放情况

资料来源：根据《中国环境统计年鉴》相关年份计算。

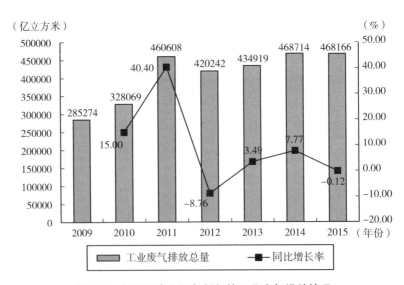

图 2.7　中国制造业绿色创新的工业废气排放情况

资料来源：根据《中国环境统计年鉴》相关年份计算。

由图 2.8 可以看出，2009 年，中国制造业工业固体废弃物产生总量为 70108 万吨，而 2015 年，这一指标为 109709 万吨，比较而言，工业固体废弃物产生总量这一指标在 2009～2015 年实现了 56.48% 的增长，年平均增长速度为 7.75%。具体分析各年可知，中国制造业的工业固体废弃物产生总量整体上保持增长态势，其中，最大同比增长率出现在 2011 年，增长率为 23.20%。

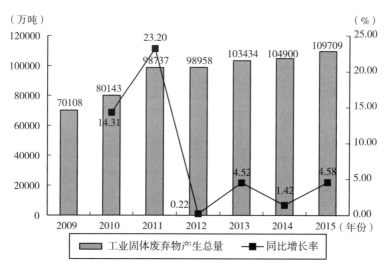

图 2.8　中国制造业绿色创新的工业固体废弃物产生情况

资料来源：根据《中国环境统计年鉴》相关年份计算。

2.3　中国制造业绿色创新存在的突出问题分析

2.3.1　绿色创新政策有待完善

首先，绿色创新政策缺乏系统性，无法形成合力。由于绿色技术领域众多，绿色产业的渗透性强、交叉面广，使促进绿色创新、实现绿色发展涉及多个归口单位。这样造成在政策的制定与实施过程中，难免出现多头管理、资源分散、协调困难，甚至部门间相互推诿和指责，引发政策孤立或冲突，导致政策体系的结构性失衡。其次，绿色创新政策体系不完善。绿色制造技术规范、标准、法规体系在制造业绿色创新体系的缺位，且具体的政策内容难以落实，这使国家扶持政策有效度大大削弱。同时，由于缺乏统一标准，制造业绿色创新评价工作也受到了相应的制约。最后，现有绿色创新政策操作性不强。我国现有的绿色创新政策大多数属于纲领性的指导文件或指南，文件当中没有明确的执行安排，缺乏对制造业绿色创新的具体支持。另外，国家各部委以及各级政府对于制造业绿色创新系统指定的配套政策较少，且这些配套措施多数与实际脱节，无法切实帮助制造业开展绿色创新。

2.3.2 政府职能亟需加强

在制造业绿色创新系统建设中，政府的部分职能发挥有限，亟需加强。首先，我国政府的宏观调控职能较弱。我国制造业开展绿色创新积极性不高，进程缓慢，与我国政府缺乏必要的调控措施有关。绿色创新本身是一项外部性很强的高风险活动，单纯依赖企业的自主决策，很难实现绿色创新的规模化。因此，政府必须发挥其调控、引导、规制职能，推动企业的绿色创新。其次，政府要加强环境监管与执法力度。在绿色创新的初级阶段，加快生态环境建设相关法律法规的制定与出台，对激励制造业企业的绿色创新活动和加强绿色技术的研发及市场化具有重要作用。而相关法律法规的执行不严，忽视法律法规约束力，必然会对绿色创新活动造成一定困难甚至是间断。我国的各级政府部门在对生态环境保护与监管执法过程中，存在监管不到位、被动执法的问题，导致制造业企业没有形成开展绿色创新的压力和紧迫感。

2.3.3 企业绿色创新能力较弱

技术创新活动本身是一项高风险的活动，而绿色创新活动作为一项更为前瞻性的创新活动，风险尤为巨大。因为绿色技术研发周期长，投入资金需求大，国内大部分中小公司研发能力受限。而大多数中小企业缺乏绿色创新的积极性，导致我国企业整体绿色创新能力较弱。同时，拥有自主知识产权和核心竞争力、且企业市场所占份额较大、具有独立研发绿色技术能力的企业少之又少，大部分绿色技术研发因资金缺少而停滞不前。综上所述，因绿色创新受多重因素影响，且技术水平要求高，治理周期长，投入风险大，运行繁琐，使绝大多数企业主观上、客观上都不愿意进行绿色创新，最终导致我国制造业整体上绿色创新能力弱。

2.3.4　企业绿色转型动力不足

目前我国经济发展已经进入新常态，经济下行压力增大。从产品全生命周期看，企业若优化生产工艺，购置先进的节能、节水、污染处理设施，或者通过绿色回收和再制造工作，其生产的产品会更加绿色，但随之而来的是成本的增加。由于我国绝大多数消费者尚未形成绿色消费观念，决定消费者购买产品的首要因素是价格，绿色产品很难获得竞争优势。基于商业利益考虑，很多制造企业绿色转型意愿不强。当然，此问题的出现与政府监管和正向激励不足存在一定联系。由于监管不严，"违法成本低、守法成本高"的问题突出，不少企业从环境违法行为中获利，而守法企业即使付出额外成本也难以获得竞争优势，这种"劣币驱逐良币"现象将进一步导致生态环境的持续恶化。由此导致大多数企业以满足法定最低标准为目标，社会责任的缺位，使企业绿色转型步伐缓慢。

2.3.5　公民绿色消费观念淡薄

公众绿色消费意识的增强会对绿色技术的需求与进步起到重要作用。由于相关条件制约，我国绿色消费还处于起步阶段。公民普遍缺乏绿色消费理念，主要表现如下：第一，低水平的绿色消费意识导致公众绿色消费水平受限。民众正确的生态观和绿色消费观没有完全树立，淡薄的绿色消费观进一步制约着绿色消费的健康发展，短时间内，很难有飞跃式的发展。第二，对环境保护的重视程度不够，个人自身利益和眼前利益至上的消费观，缺乏良好的绿色消费环境。外在价格成为公众的关注重点，较少考虑产品环保情况和质量安全，很难形成环保与质量第一的认同感。所以，公民绿色消费意识薄弱，制约了我国绿色技术的创新和发展。

2.4 本章小结

本章为中国制造业绿色创新的基本情况分析。首先，分析了制造业的内涵及分类；其次，对中国制造业绿色创新的投入（包括人力、物力及能源投入等）与产出（包括科技产出、经济效益产出及环境效益等）进行分析；最后，系统阐释了中国制造业绿色创新存在的突出问题。

第3章

制造业绿色创新系统的构建与分析

3.1　制造业绿色创新系统的基本含义分析

1. 绿色创新的内涵

自20世纪90年代开始，绿色创新成为学术界研究热点。绿色创新常被称为"生态创新""环境创新""环境驱动型创新"和"可持续创新"等。至今学术界仍未对绿色创新有一个清晰的定义，但是绿色创新的基本内涵是一致的：旨在减少对环境不利影响的创新——通过引进新的思想、行为、产品和流程来减轻企业的环境负担或者实现特定的生态可持续发展目标。基于此，本书认为绿色创新是指创新主体不断地推出和实施旨在节能、降耗、减少污染、改善环境质量的绿色创新项目，并不断实现创新经济效益。

2. 制造业绿色创新系统的含义

对于绿色创新系统的定义，国内外学术界还没有一个统一的内涵界定。本书参考和综合绿色创新系统现有相关成果，认为绿色创新系统是指在综合考虑经济效益、生态效益和社会效益的基础上，以可持续发展为目标，由相互联系、相互作用的企业、高校及科研机构、中介机构、政府等主体要素和非主体要素所构成的，采用绿色创新（包括绿色产品创新和绿色工艺创新）和绿色非技术创新（制度、管理、市场和观念等），整个创新包括技术及相关活动的各个方面，贯穿于整个绿色创新活动的设计、过程、目标和成果，通过对绿色知识或绿色技术的开发或引进、扩散和应用，最终实现节能减排和能源效率提高的复杂系统。与传统创新系统单纯追求经济效益最大化相比，绿色创新系统追求经济效益、环境效益与社会效益的统一。

本书研究的对象为中观层面的制造业，这里仅对一般意义上的制造业进行分析。本书认为，制造业绿色创新系统是从中观产业视角构建促进节能减排、污染治理与循环经济技术等绿色技术创新、扩散和使用的网络系统。它是由制造业企业、高校及科研机构、中介机构与政府等绿色创新主体，在一定的环境下相互作用和影响而形成的聚集体。

3.2 制造业绿色创新系统的结构及构成要素

3.2.1 制造业绿色创新系统的基本结构

本书认为，制造业绿色创新系统是为了实现制造业绿色发展转型升级的需要，以实现经济可持续发展、保障社会可持续发展及维护生态安全为目标，在制造业绿色创新的主体要素、资源要素以及环境要素的相互作用下，在系统内通过产生物质流、信息流和能量流交换实现协同创新，进而促进制造业绿色创新系统的演化发展，如图 3.1 所示。

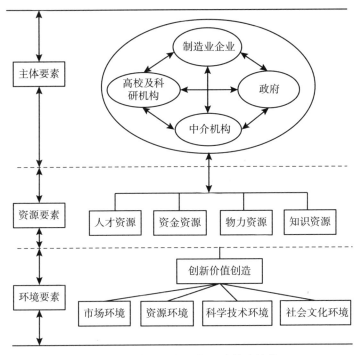

图 3.1　制造业绿色创新系统基本结构

3.2.2　制造业绿色创新系统的基本构成

制造业绿色创新系统是多主体、多要素相互作用和相互影响而形成的复杂开放系统。在国内外相关学者研究基础上，本书将制造业绿色创新系统要素分为主体要素、资源要素和环境要素。

1. 主体要素

制造业绿色创新系统主体要素包括制造业企业、高校及科研机构、科技中介机构、政府，它们共同构成了制造业绿色创新系统的行为主体。四个行为主体相互作用、相互影响和相互关联架构起整个制造业绿色创新系统的基本框架。

（1）制造业企业。制造业企业是绿色创新行为主体的核心。制造业企业不仅是绿色创新的需求者，同时也是绿色创新的实施者，制造业企业作为从事生产和经营活动的营利性组织，既有进行绿色创新的内在动力，也有来自市场竞争的外部压力。同时，相对于高校和科研机构等其他创新主体，只有制造业企业能通过对市场与技术的调研分析获得相应的市场信息，提出创新构想并作出决策，有效整合绿色创新的两阶段过程：即技术开发阶段与经济转化阶段，进而完成绿色创新全过程的功能优势。制造业企业作为核心主体，通过与其他创新主体合作与交流，使各创新主体之间形成与制造业企业为核心的制造业绿色创新系统。

（2）高校及科研机构。高校及科研院所作为绿色创新知识与人才的主要来源，为制造业企业进行绿色创新活动奠定了坚实基础，由于此类主体只需要为系统源源不断地提供人才和知识，市场环境的改变对这类主体的影响较小，因此更容易实现制造业绿色技术创新，取得突破性成就。一方面，高校及科研院所是制造业绿色创新系统的知识源泉。他们直接参与制造业生产领域的知识的生产、传播和应用，对制造业绿色创新系统的演化具有明显的"溢出效应"。另一方面，高校及科研院所是制造业绿色创新的智力源泉。它们作为新知识凝聚的载体和创新人才聚集地，为制造业提供源源不断的新知识、新理念和高素质的管理人才以及专业技术人才。

（3）中介机构。中介机构是联系制造业科技创新和经济转化的中介，是连接绿色创新主体网络系统中各创新主体的重要桥梁和纽带，在制造业绿色创新系统演化与运转中发挥着黏合剂的作用。一方面，中介机构有助于缓解信息不对称问题，实现对制造业企业的服务，加强了信息的共享，提高绿色创新效率。另一方面，中介机构也可以通过协调制造业绿色创新系统中各绿色创新主体之间的关系，达到合理配置资源的作用。

（4）政府。制造业绿色创新系统在空间上的分布，必然有一定的区域边界。区域内的各级政府作为权力机关，是制造业绿色创新系统建设的战略策划者和协调者，也是制造业绿色创新系统发展的引导者和维护者。政府主要负责相关产业政策的制定，通过制度安排和政策设计影响和改善系统的运转水平，提升整体的创新绩效，并促进系统内的各行为主体紧密结合与协同。制造业的绿色创新发展离不开政府的推动，政府政策法规是制造业绿色创新的外在诱导力，其主要作用是协调国家公共财政资源，有效配置研发资源，充分发挥示范效应，鼓励创新主体进行绿色创新活动，维护创新主体的合法利益。

2. 资源要素

（1）人才资源。绿色创新人力资源在制造业绿色创新活动中发挥创造性作用，对于制造业实施绿色创新活动起到决定性作用。相对普通生产过程而言，绿色创新人力资源显得尤为重要，起到核心引导作用，关系到绿色创新活动能否顺利开展。因为绿色创新活动的成功需要通过绿色创新人才所掌握的知识来实现，他们在解决现有问题的过程中，将进一步加深对知识的理解和运用。

（2）资金资源。资金资源是制造业绿色创新系统一切资源中具有特殊性质的资源。一方面，资金资源的获得和形成从某种角度讲是前一阶段绿色创新系统中人力资源、物力资源、知识资源和信息资源有效利用的结果；另一方面，资金资源配置和应用的情况对其他资源在制造业绿色创新系统中的投入量和产出效率产生影响。所以说，资金资源影响着制造业创新系统中其他资源的循环和再造。

（3）物力资源。制造业绿色创新系统中的物力资源，是指为了进行制造业绿色创新所投入的机器、仪器设备实验室、基地平台等等一切物质资源的总和。它们为绿色创新概念的落实、绿色技术的开发、绿色产品的试验和生产提供了操作平台。和绿色财力资源等要素相同，它可以直接投入使用，并将其价值附加到创新成果中。

（4）知识资源。绿色创新知识资源包括现有的和已经投入使用的，能够影响绿色创新活动的知识资源的总和，其具有较高的实用价值，能够为绿色创新活动提供科技、政策、经济动态和成果等相关重要知识，绿色创新知识资源作为促进技术发展的重要因素，能够为各创新主体提供有效的信息，例如，专利、学术论文、鉴定成果、技术、奖励等，绿色创新知识资源是人们通过一系列的认识和创造过程之后，为绿色创新活动的顺利开展提供支持和帮助。

3. 环境要素

制造业绿色创新系统的环境因素是指制造业绿色创新系统外部与系统相联系的创新支持要素及其相互关系的总和，主要包括市场环境、资源环境、科学技术环境与社会文化环境。

（1）市场环境。市场环境是决定制造业绿色创新系统稳定发展的重要环节之一，市场与制造业绿色创新息息相关。市场环境的构成要素主要包括市场的需求程度、市场竞争的激烈程度、市场秩序的规范程度等。市场选择驱动制造业绿色创新走向成功，市场需求决定绿色创新起点，消费者未满足的需求和消费者需求的变化是制造业行业和企业绿色创新的最佳机遇。制造业行业和企业的绿色创新重点在不同的经济发展阶段具有差异性，因为发展阶段和收入水平的差异，导致消费者对产品的需求不同。市场竞争是制造业行业和企业创新的重要外部推动力之一，市场利益驱动其进行绿色创新，使绿色创新成为可能，促使企业更积极有效地进行绿色创新活动，进而战胜竞争对手、赢得市场优势地位。市场规范程度是制造业企业进行绿色创新考虑的第三个要素，没有诚信的供应商和客户，即使创新成功也不一定能够给企业带来创新效益，规范的市场比不规范的市场更能刺激制造业企业的绿色创新热情。

（2）资源环境。对资源的需求能否得到满足直接制约制造业绿色创新的实现程度。资源是绿色创新的根本和前提条件，因此资源环境是构成制造业绿色创新系统的环境因素的重要部分。资源环境的构成要素主要包括人力资源环境和融资环境。首先，人才对制造业绿色创新绩效起到正向的拉动作用，由于人才是实施创新活动的基础，该因素对绿色创新过程的多个环节产生作用，包括发明设计、设计细化等环节，因此技术工人越充裕，劳动力综合素质水平越高，人才流动机制越有效，人才培养和引进的力度越大，则人力资源环境对创新的作用越大；其次，外部融资支持对制造业绿色创新绩效具有正向的推动作用，由于制造业绿色创新主体特别是制造业企业对研发、生产投入的资金较之传统企业更加庞大，因此在融资过程中可能会遇到种种限制，导致企业融资渠道减少和融资成本上升，进而限制了企业的 R&D 资金投入量。因此，银行筹资成本越低，市场融资渠道越通畅，资本市场越完善，则融资环境对绿色创新的正向拉动越大。

（3）科学技术环境。制造业绿色创新行为主体的创新方向依赖于科学技术的多样性，创新效率的提高在一定程度上受科学技术的影响。丰富多样的技术成果满足了制造业全方位创新的需要，推动了其创新的步伐。行业内的技术存量、技术标准体系、技术市场、技术合作、技术转移等要素构成制造业绿色创新的科学技术支持系统。该系统与制造业绿色创新的联系表现为科学技术的多样性、科学技术的标准化程度和技术市场交易活跃程度三个方面。首先，科学技术的多样性推动着制造业绿色创新绩效朝正向发展，这一因子拓宽了创新思路，提高了新产品市场化的成功率，对完善新产品功能也起到了一定作用；其次，科学技术的标准化对制造业绿色创新绩效产生正向推动作用，该因子形成的技术壁垒影响着其他创新行为主体的进入，提高了进入该领域的难度系数，实际上是为行业内现有的制造业绿色创新行为主体提供了保护；最后，技术市场交易活跃程度越高，制造业绿色创新行为主体间技术合作水平越高，高校、科研机构与制造业企业合作创新水平越高，科技市场技术转移的水平越高，科技市场对国外先进技术的消化吸收能力越强，则技术进步带来的创新绩效提高便成为可能。

（4）社会文化环境。社会文化环境指存在于制造业绿色创新系统周围并影响创新活动的各种文化因素的集合。社会文化环境的核心是文化类型和社会价值观。开放文化和封闭文化所形成的文化气质和文化底蕴，对绿色创新的激励程度具有差异性。创新文化是知识型社会的基础，创新文化是指与创新实践相关的、有利于创新的文化形态，以创新价值观为核心。崇尚创新的社会文化环境是制造业绿色创新的基础、源泉和动力。其中，社会文化环境对制造业绿色创新活动和效益产生直接影响的要素主要包括容忍失败的社会氛围、消费者购买绿色产品的意愿等。积极的创新文化对制造业绿色创新行为主体创新动力产生正向的推动作用，绿色创新并不一定总成功，反而是失败的风险要更大一些，浓厚的容忍失败的社会氛围将增强制造业的创新意愿，进而促使制造业增大对发明设计的投入。而消费者购买绿色产品的意愿实质上是对绿色创新行为的支持，并积极推动制造业特别是制造业绿色创新主体的创新行为，也激发了制造业绿色创新的动力。

3.3 制造业绿色创新系统的功能

制造业绿色创新系统的功能是系统在运行中表现出来的机能，与制造业绿色创新系统的动态过程联系在一起，有如下几种主要功能。

1. 创新与扩散功能

制造业绿色创新系统的构建改变了传统的知识创新形式，使各个创新主体彼此紧密联系，相互依托。创新与扩散功能是指制造业绿色创新系统在发展演化时，为了提高创新效益和分散创新风险，企业、高校及科研机构、中介机构及政府等创新主体要素间形成联结紧密的产学研协同创新网络，网络节点（创新主体）间实现人、财、物、信息等创新资源高效链接。这种高效链接的协同创新网络，不仅有利于提高绿色技术创新的效率、减小绿色知识扩散阻力，同时大大提高各创新主体的绿色知识创造和知识流动的能力。制造业绿色创新系统的创新与扩散功能促进绿色知识与技术成果转化为满足市场需求的绿色技术及产品，由于绿色技术及产品具有环境外部性与友好性，在实现创新主体经济效益的同时，也获得了生态效益与社会效益的提高。

2. 优化资源配置功能

制造业绿色创新系统的构建与完善，是以一定的人、财、物等绿色创新资源的投入为前提的。一定的绿色创新资源的投入数量是保障系统运行的基本前提，而合理的资源配置是保证系统高效运转的根本。绿色创新资源的有限性，决定了绿色创新资源合理配置的关键。竞争机制与协同机制是制造业绿色创新系统实现绿色创新资源优化配置的内在动力。在系统竞争机制与协同机制的作用下，制造业绿色创新系统各创新主体通过联系形成合作创新网络，高效地进行人、财、物及信息交流等，最终实现系统内资源的优化配置和组合。市场竞争机制可以激发出创新主体的主观能动性，使创新主体调整创新投入和改变激励制度来优化创新资源配置，进而影响绿色创新的条件和产出。协同机制能够促使各创新主体根据自身的创新特点，创新优势，通过资源的输出来寻求协同合作，最终实现整体协同创新的高效益。

3. 促进产业结构优化功能

产业结构优化是构建制造业绿色系统的基本要求。制造业绿色创新系统对产业结构优化升级的促进作用侧重于对产业的绿色改造。绿色知识与技术是制造业绿色创新系统的产物，通过创新主体之间的协同创新网络，在创新与扩散机制的作用下在系统加速流动，直接在各创新主体中获得应用，实现了系统内产业的绿色优化升级。同时，绿色知识和技术必然沿着产业链流动并获得应用，进而推动其他产业的技术升级，实现产业的整体结构优化。

3.4　制造业绿色创新系统的目标

制造业绿色创新系统是一个涉及社会、经济和生态的复杂系统，整个系统的发展目标应该符合当前的可持续发展要求，适应经济系统、社会系统和生态系统的基本发展方向。

1. 实现经济可持续发展

构建制造业绿色创新系统的第一目标是实现经济的可持续发展。绿色创新是经济实现绿色发展的基本保障和重要抓手。因此，作为中观产业层面的制造业绿色创新系统，必将成为面向经济可持续发展，促进产业绿色转型发展的创新系统。通过制造业绿色创新系统的构建，一方面利用技术知识创新优化和提升产业结构、促进制度创新；另一方面通过系统输出高质量的绿色创新技术及产品来提升整个市场中绿色化技术及产品的普及程度，大力发展绿色经济，最终实现经济的绿色发展质量。

2. 保障人类社会持续发展

社会是人类赖以生存的人文环境，制造业绿色创新同时追求有利于人类可持续发展的社会环境。制造业绿色创新系统的构建，特别是系统输出的绿色技术及产品和外部环境中的社会环境发生良性互动，最终在人类社会中形成绿色消费观念，引导人们采用节能减排的绿色消费品，最终形成绿色消费与生活习惯，进而改善人类的生存条件，保障整个人类社会的持续发展。

3. 维护生态安全

制造业建立绿色创新系统的目的之一是通过绿色创新主体因素更好地促进绿色创新。绿色创新与传统创新最重要的区别在于追求经济效益、社会效益与生态效益的统一。绿色创新这一创新生产方式将有利于对生态环境与自然资源的保护，也有利于维护生态安全。因此，制造业绿色创新系统的构建目标之一就是保护生态环境，维护生态安全。

3.5　制造业绿色创新系统的运行机制

运行机制是在复杂的社会系统运作过程中，能够对其产生作用的一系列要素及其本质以及各相关要素如何对系统演化产生影响的方式规律。本书从动力机制、保障机制、调节机制和协同机制四个方面来探讨制造业绿色创新系统的运行机制。

1. 动力机制

对于制造业绿色创新系统而言，其动力机制是指系统创新主体创新动机的来源及其作用于创新主体产生创新行为的机理。制造业绿色创新系统的构建有利于发挥创新主体要素的各自优势，在主体要素间交流相关创新信息、资源等，充分配合，开展协同创新，赋予系统绿色创新的原始动力。制造业绿色创新系统是一个多种因素与力量复杂交织的系统。绿色创新的出现来自其内部供给与外部动力因素的共同作用。制造业绿色创新系统演化的内部动力供给主要包括制造业企业间的竞争压力、制造业绿色创新主体的网络集群效应及制造业绿色创新主体学习机制与溢出效应三个方面。在制造业绿色创新系统外部，市场需求拉动力、资源环境承载力、科学技术推动力、社会文化渲染力等在推动系统的演变中发挥着重要作用。

2. 保障机制

绿色创新不仅具有"投入高、风险大、收益不确定"等一般技术创新活动的典型特征，还具有"外部性"特征，这些特征某种程度上极大地制约了制造业绿色创新活动的开展及制造业绿色创新活动的构建。因此，绿色创新保障机制是确保系统稳定运行的必要条件。制造业绿色创新系统保障机制主要是指建立绿色技术创新的风险分担与利益共享机制，以国家或地区相关政策的激励与扶持作用为依托，依靠制度和资源的支持，利用国家的总体财政资源分担个别企业的绿色创新风险。同时，建立绿色技术创新成果的有效扩散机制，促进绿色创新成果的产业化。

3. 调节机制

制造业绿色创新系统的良性运行，除了有赖于系统动力机制与保障机制的发挥，还需要适时对系统进行调节。对制造业绿色创新系统进行调节主要包含管理调节、制度调节以及系统内部运作调节等三个方面。

制造业绿色创新系统的运动取决于其内部结构，不仅包括系统研发设备、生产工艺等内部有形资源，还包含管理文件、相关标准。一方面，系统通过系统内部运转所必需的关键资源，如知识、财力、人力资源的投入数量和方向来对系统运转进行调节；另一方面，通过管理文件与相关制度的建立，来引导绿色创新的方向和约束系统运行的路径。制造业绿色创新系统通过长期的自主运行与外部调节逐渐形成成熟的创新系统。

4. 协同机制

协同机制是以协同理论为指导的一整套科学运作方法，它集成了协同管理方法和手段，促进知识流由无序状态向有序状态演化。同时，它以协同的方式促使绿色创新系统内部各因素的整合，实现一致性和互补性，提高系统创新绩效。协同机制使制造业绿色创新系统各个要素特别是创新主体要素相互作用、相互协调，使绿色创新过程在系统内部积累创新能量和动能，为系统跃迁（系统发生质变）提供条件，进而使系统达到更高层次。在制造业绿色创新系统中，特别强调创新主体要素的协同机制。企业作为绿色创新行为主体的核心，高校及科研机构、政府、中介机构等非核心主体为企业的绿色创新提供支持、服务和保障。在制造业绿色创新系统的运行中，各创新主体间的关系是竞争、共生、适应性关系。各创新主体之间既存在因生态位重叠而发生的竞争关系，也存在相互合作共同发展的协同共生关系。

3.6 本章小结

本章为制造业绿色创新系统的构建与分析。首先，对绿色创新及制造业绿色创新系统的基本含义进行阐述；其次，对制造业绿色创新系统的结构及基本构成（包含主体要素、资源要素和环境要素）进行分析；再次，明确了制造业绿色创新系统的功能与目标；最后，系统阐述了制造业绿色创新系统的运行机制。

第4章

制造业绿色创新系统的演化研究

4.1 制造业绿色创新系统演化的定义

作为一种普遍特性，系统演化是指系统的结构、状态、特性、行为、功能等随时间的推移而发生的变化。系统演化不仅包括从一种结构或形态到另外一种结构或形态的转变，而且包括系统从无到有的组成、从小到大、从不成熟到成熟的发育、系统的老化或退化直到消亡等。

制造业绿色创新系统的演进，主要是通过制造业绿色创新系统中主体要素中的制造业企业、高校及科研机构、中介机构与政府等绿色创新行为主体的互动，各行为主体与系统所处外部环境要素中市场环境、资源环境、科学技术环境、社会文化环境的双向互动，各创新主体积极反应与回应，及时做出相应的行为决策；各行为主体理性地做出自己的创新行为决策，但同时会对其他行为主体的行为决策产生影响，最终外显为制造业绿色创新主体要素的整体行为决策，并直接促进制造业绿色创新系统的发展演化。演化的功能体现在以下两方面：一方面，从微观层面上看，为了适应相对动态的外部环境，制造业绿色创新主体要素中的制造业企业、高校及科研机构、中介机构与政府等创新行为主体，不断学习、开展竞争与合作，在适应与学习中逐步成长，进而不断提升制造业绿色创新系统中的创新行为主体创新水平；另一方面，在宏观层面上，制造业绿色创新主体要素、制造业绿色创新资源要素与制造业绿色创新外部环境要素通过各自在组织中的功能定位，改善和优化整个制造业绿色创新系统结构。制造业绿色创新系统就是通过这种微观、宏观两个层面的作用，实现系统的发展演化。因此，制造业绿色创新系统演化是指制造业绿色创新系统在内外发展动力的影响下的时空演化，它是制造业绿色创新系统的空间整合、功能综合以及动态内生发展，最终表现为创新系统创新绩效的产出。

制造业绿色创新系统演化是一个可持续的动态演化过程。在这个过程中，演化意味着获得周期性的结果和提升自身能力的过程。从系统论角度，它是系统沿着结构复杂性上升并趋向于最小熵状态。演化一方面提高资源利用效率，即充分利用现有创新资源，挖掘其潜力（提高绿色创新效率）；另一方面提高了自身能力，演化促使系统在每个阶段获得了比过去更高层次的能力，这是在能力方面的积累（绿色创新能力的提升）。这两者是制造业绿色创新系统演化过程中最为重要的成果，也是制造业构建与发展绿色创新系统的目标。

4.2 制造业绿色创新系统的演化机理

制造业绿色创新系统的演化发展机理具有自组织和他组织的复合特性，自组织与他组织交织在一起，形成了制造业绿色创新系统的演化发展的组织机制，并复合作用于制造业绿色创新系统的演化过程来实现系统的演化发展。

4.2.1 制造业绿色创新系统的自组织演化机理

制造业绿色创新系统自组织演化是指制造业绿色创新系统的结构和功能在内外矛盾的作用下自行组织化、系统化、有序化地运动，自发地由无序状态走向有序状态或由有序状态走向更为有序的状态，没有受到外界的强加干预。根据自组织理论，系统的自组织行为需要满足开放性、非平衡性、随机涨落和非线性作用等条件，制造业绿色创新系统明显满足上述条件。

本书认为绿色创新过程的自组织演化可分为两个阶段，即在原有技术范式中的自稳定过程和新旧技术范式交替中的自重组过程，即"技术范式—技术轨道模式"。

自稳定过程是指在原有技术范式规定下的绿色创新活动，即分叉以前，沿技术轨道所进行的绿色创新活动。这种创新模式属于常规类型，且原则上是可以预测其进展趋势的，因而是渐进性的创新，通过自稳定过程实现创新系统的自组织演化。原有技术范式形成的制度和规则为绿色创新过程中诸因素提供了稳定的互动模式，影响创新的行为参数，明确哪些行为是可以接受的和可能的，哪些研究活动的方向将可能最终成功，降低了创新不确定性。因此，在绿色创新过程中的微涨落在低于临界点下，产生涨落回归，增强了原有技术范式。

自重组过程是指，新旧技术范式交替下的绿色创新活动，即系统不稳定性分叉到临界点以后，一种新的技术范式出现且取代原有技术范式，反映出绿色创新过程的非连续性。通常，制造业企业、高等学校及科研机构研究开发活动的结果会对某些技术领域乃至若干经济领域产生影响。这种非连续性使绿色创新过程中某一随机涨落的未来发展情况无法预测，只有通过环境选择机制的非线性放大作用成为巨涨落，从而完成突变性创新，产生新的技术范式。

4.2.2　制造业绿色创新系统的他组织演化机理

制造业绿色创新系统的演化发展不仅是自身发展的结果，而且更多地融入了"人"有意识的干预控制，或者说人为设计。与制造业绿色创新系统演化发展的自组织机制相对应，这种将"人"对制造业绿色创新系统的人为干预和审慎设计视为制造业绿色创新系统演化发展的他组织机制。

制造业绿色创新系统演化的他组织特性表现在：在关键时刻，为确保系统朝着理想的目标发展演化，在充分考虑外部环境影响及自身资源制约的条件下、在遵循系统自组织演化规律的前提下，作为系统最终管理者及决策者的"人"审时度势，全面把握，系统设计，制定出"适当对策"的理性适应过程。"人"的"特定"干预来自制造业绿色创新系统外部，是制造业绿色创新系统演化发展的直接外部组织手段，作用于制造业绿色创新系统的结构形成及功能确立过程。随着人类自身认知能力的提高，对制造业绿色创新系统的认识及理解不断加强，制造业绿色创新系统演化的他组织机制在不断加强——通过采取相关决策，运用信息形式控制系统内能量流、物质流和信息流的数量、方向和速度，提高系统有序度。

因此，制造业绿色创新系统是一种自组织和他组织复合发展的过程，其自组织作为一种制造业绿色创新系统发展演化的内在规律性机制，在制造业绿色创新系统的演化过程中发挥着隐性和长期的作用，而制造业绿色创新系统他组织是系统发展演化的机制，系统开发演进过程中的阶段性计划控制在制造业绿色创新系统的演化过程中发挥着重要作用。总而言之，制造业绿色创新系统具有自组织与他组织复合发展的特性，系统自组织隐性发展、有意识的人为干预，两者交替作用于制造业绿色创新系统演化发展过程中。

4.3 制造业绿色创新系统的演化阶段

4.3.1 制造业绿色创新系统的形成阶段

随着外部环境特别是市场环境的激烈变化，传统绿色产品遭遇市场不断萎缩的困境，整个系统的产出效益日益缩小。为了扭转这一不利局面，制造业绿色创新系统的主体要素开始进行新一轮的创新合作，从外部环境中获得新的绿色需求信息，通过创新主体要素的内部研究开发能力将绿色产品的绿色需求转化成为可实现的绿色技术，初步形成制造业绿色创新系统。制造业绿色创新系统形成阶段主要有以下特点。

（1）绿色创新系统内各主体要素互为引力。在这一阶段，由于系统未来发展前景的不确定性，为规避风险，各创新主体（包括企业、高校及科研机构、中介机构及政府）之间开展合作研发的意愿非常强烈，彼此之间互为引力。各创新主体通过相互合作，互为依靠来积累新的绿色创新能量，从而形成新的绿色创新系统。

（2）制造业绿色创新系统生命力弱。在这一阶段，制造业绿色创新系统处于起步阶段，系统中逐渐形成新的绿色创新技术及产品，且面临着市场开发不够、客户接受程度不高的市场风险，造成制造业绿色创新系统的产出效益低下，不能对系统形成足够的正向绿色创新反馈，系统存在较大的运行风险，生命力较弱。

（3）制造业绿色创新系统主体要素协同效果差。系统协同机制的发挥有利于制造业绿色创新系统的良性运转和正向演化。其实质在于系统的各绿色创新主体要素发挥各自的主要创新功能，协同合作，为了使制造业绿色创新系统的运行产出效益最大化，必须按照一定的技术范式进行同步互动、协调配合，继而同步于市场的生产。但是，由于系统处于刚起步阶段，各个系统创新主体要素需要一定的时间去磨合，协同创新效益低下，造成各创新主体未能形成良好的互动配合，导致市场机会的错失。

4.3.2　制造业绿色创新系统的发展阶段

在这一阶段，制造业绿色创新系统的演化逐渐进入稳定发展阶段，表现为绿色创新系统内部主体要素初步形成了分工协作机制，系统逐渐向市场推出绿色技术和产品，也开始获得一定的产出效益。由于其产品的独特竞争优势及市场同类产品的缺乏，少数创新主体获得了一定的市场垄断地位，开始对系统形成了积极的正向激励。但是，就整个制造业绿色创新系统而言，由于完整运作流程，相关协作机制的不成熟，系统的绿色创新产出相对分散，规模较小。制造业绿色创新系统发展阶段主要有以下特点。

（1）制造业绿色创新系统可获取的资源逐渐丰富。由于新的绿色技术及产品推向市场，逐渐获得了一定的市场认可。市场对绿色技术及产品的需求不断加强，也更加具体和丰富化。因此，制造业绿色创新系统开始从其外部环境中获得各种绿色信息、技术以及资源的持续流入，进而使系统中各主体要素不断积累了绿色创新能量。

（2）制造业绿色创新系统内各创新主体合作意愿愈加强烈。随着制造业绿色创新系统的产出效益逐渐增强，各创新主体合作意愿愈加强烈。随着外部各种资源的流入，各创新主体间开始主动进行各种绿色创新资源的交流和创新合作，在制度上不断完善绿色创新的知识生产体系。

4.3.3 制造业绿色创新系统的成熟阶段

在这一阶段，随着系统已经确立了固定的绿色创新技术轨道，预示着系统已经开始趋向成熟。表现为：系统内的产出（绿色技术及产品）已逐渐形成规模效应，已经在市场上获得了稳定的经济效益，创新协同与合作机制已经在各创新主体之间良好运行。制造业绿色创新系统成熟阶段主要有以下特点。

（1）系统内外部处于一种相对稳定的资源交互状态。随着系统的逐渐成熟，系统逐渐步入一种稳定的运行状态，特别是表现在与外部环境进行资源交流上，系统从外部环境获得稳定的市场需求信息，系统向外部环境不断输出绿色技术及产品，二者处于一种稳定的均衡中。

（2）制造业绿色创新系统各创新主体的协同机制充分发挥。经过前期的磨合及各主体的自我调整和适应，各创新主体的分工与合作已经形成了较为固定的组织生产结构，主体间的协同效果已达到最优状态，实现了"1＋1＞2"的系统功能。

（3）制造业绿色创新系统的市场竞争优势强。在这一阶段，鉴于市场的稳定形成，随着绿色技术轨道的确立，系统的重心已经偏向于绿色技术及产品生产效率的提高和规模经济效应的发挥。整个系统借助标准化的运作管理，极大地提高了系统的产出规模和效益，促进制造业绿色创新系统的市场竞争力显著提升。

4.3.4　制造业绿色创新系统的衰退阶段

制造业绿色创新系统在其演化过程中，由于外部环境的变化或系统内部条件的变化导致系统危机的发生，系统可能会进入衰退阶段。一方面，外部环境中市场条件变化特别是顾客需求的变更，导致制造业绿色创新系统产出的规模骤降，对系统形成负向反馈，导致系统进入衰退。另一方面，在系统内部，由于技术创新轨道的变化，系统原有的绿色技术及产品可能会偏离主流技术轨道，导致系统进入衰退。但是，必须说明的是，制造业绿色创新系统进入衰退期，并不一定意味着系统的灭亡。对于制造业绿色创新系统而言，进入衰退阶段，也可能同时意味着下一阶段制造业绿色创新系统的开始。制造业绿色创新系统衰退阶段的各种不利因素，将促使各创新主体对绿色创新基因的再开发，研究新的技术及产品，开始新一轮的绿色创新。

4.4　本章小结

本章为制造业绿色创新系统的演化研究。首先，基于复杂系统演化理论，对制造业绿色创新系统演化的内涵进行界定；其次，从自组织演化和他组织演化两个方面介绍了制造业绿色创新系统的演化机理；最后，系统阐述了制造业绿色创新系统演化的四个阶段：形成阶段、发展阶段、成熟阶段与衰退阶段。

第5章

演化视角下制造业绿色创新系统
协调发展的内生机理分析

5.1 二象对偶理论

5.1.1 二象对偶理论的理论渊源

作为一种具有普适意义的方法论，二象对偶理论整合了"二象论""对立统一规律"。

1. 系统学二象论

（1）"二象论"的基本思想。"二象论"最早来源于现代物理学。自19世纪末到20世纪初，现代物理学在研究光的特征时，曾经产生过"波动派"（认为光是波）和"粒子派"（认为光是粒子）之争。直到后来，物理学家们才发现，只有将"波动派"和"粒子派"的观点进行综合，才能得到正确结论，即光既是波，也是粒子，它具有波粒二象性。

经过深入研究后，物理学家们发现了一个重要事实：不仅光具有波粒二象性特征，而且其他任何微观物质也都具有相同的特征。时至今日，人们对物质世界的二象性认识已深刻得多了，已承认二象性是物质的一种结构特征，是物质的两面性。二象浑然一体，不可技术地分离开来，只有在概念上才能区别它们。同时，二象性就是虚实性，波属虚，粒属实。物质的二象性，比例不是固定的。随着物质宏观的程度增大，二象中的"粒"（实）性也增强，以致在介观物质中已感觉不到虚象的存在。

"二象论"的基本思想主要体现在以下六点：一是二象间既是矛盾的又是统一的；二是二象间是相互融合的，只有从概念上才能将其分开；三是二象间表现为一虚一实（波虚、粒实），且虚象较实象活跃；四是二象间具有空间实质上的差异；五是二象间不可以直接地相互转变；六是二象间比例随物质系统的不同而不同。

（2）二象系统的概念及性质。

定义 1　（二象系统）任一客观系统皆可分为满足如下性质的两个基本结构，分别称他们为该系统的虚（X^*）实（X）二象。从二象角度考察系统时称它为二象系统，记为（X，X^*）；对二象系统研究的总体（包括过程和结论）称作系统二象论。

性质 1　X^*，X 两个层次一软一硬、一虚一实，甚至可能（随对象不同）一个抽象一个实在。

性质 2　X 与 X^* 同生同灭，相互依存，不可分离，严格说只有从概念上才能把他们真正区分开来。

性质 3　本质上，X^*，X 存在空间层次的差异，表现在 X^* 的任一元素皆为 X 的宏观表象或整体映射，甚至可以说是 X 的一种提升与抽象，原则上 X，X^* 间无一一对应关系。

性质 4　X^*，X 间有所谓对偶关系，表现为任一象的改变都将内在地使其另一象产生相应改变，在应用中常表现为既竞争又合作或既对立又统一等特征。

性质 5　相对来说，X^* 较 X 更活跃、更容易改变。

性质 6　X^*，X 间内在地存在一定的比例关系，记为 $X^* : X = \alpha : \beta =$

r（可设为归一的），则有 r $\in$ (a, b) $\subset$ (0, ∞)，(a, b) 随系统不同而内在确定。

性质 7 任一系统皆有一个以其直接对象为 X，以 X 的属性空间（定义 2）为 X* 的（典型的）二象结构。

定义 2（属性，属性空间） 任一客观对象（包括物质的和非物质的事物或事务），皆存在表征其性质或区别于其他对象的抽象特征，称为它的属性。任一客观对象的属性是非唯一的、多种多样的。它所有可能的属性的集合称为它的属性空间。

传统上常常从直观出发把典型二象系统的实象 X 叫作系统，或说是把 X 与 X* 视为一体来认识。总的来说，即使从典型的二象系统来看，以上给出的也只是从（系统）结构上对系统概念做出的一种描述。下面再从系统功能上给出系统的另一种概念描述。为此先给出一个"关系"概念。

定义 3（关系） 把客观世界多个对象（基本的是两个）彼此间产生作用（正、负）的现象叫作关系。总之，往下，关系来自"作用"，是客观世界种种作用表现出来的现象的总称；往上，关系可形成对偶、属性、目标等等诸多概念。

定义 4（三元组系统） 系统是这样的一个集合 X，它有一个或一组表征其核心、功能之类的"存在"，统一叫作它的目标，记为 y，同时 f 的元素间为实现其共同目标而发生关系，记为 f。这时说系统是一个三元组，即：

$$(y, f, X) = s \qquad (5.1)$$

对于同一个 X 和同一个 y，可有非唯一的 f，把所有这样的 f（关系）记为 $\{f\}_y = F_y$；或对于同一个 X 可有非唯一的目标 y，记为 $\{y\} = Y$；进一步，对于同一 X 和所有目标 Y，把这时所有的关系 F_y 记为 $\{F_y\} = F$，从而系统的总体空间，记为（大）三元组：

$$(Y, F, X) = S \qquad (5.2)$$

命题 1 定义 1 中二象系统（二元对（X，X*））与定义 4 中三元组（式（5.2））是等价的。

（3）二象系统（X，X*）的数学模型。根据命题 1，只需考虑系统 S 的数学建模。特别知道式（5.1）是式（5.2）的微观，可转而等价地考虑式（5.1）的建模。

首先，假设是建立在欧氏空间上的模型，为此 X 应取为 ‖X‖（ρ 映射下的欧氏空间），这里仍记为 X。其次，易知所谓系统的目标，一般来说是一个变域或空间（记为 ŷ），若记其变域为 y 则 y ∈ ŷ（y 可为向量，一般是标量）。最后，对于 ∀ x ∈ X ⊂ R^n，x =（x_1，…，x_n），再记 {x_i} 间关系的总体为 f = f(x)，即可表示为：

$$y = f(x)，x \in X \tag{5.3}$$

对于数学模型来说，定义 3 中关系在这里有两个含义。一个含义是关系结构，表现为模型式的函数类型，基本可分为线性与非线性两大类。式（5.3）中 f(x) 只是在 X 为最广泛对象下的一种记号，尚不能工作，需要进一步根据具体的 X 来选、创出函数形式才行。另一个含义是在其具体结构式中必然存在的一个参数组，又称参变（向）量。参变量空间结构随 f 而定，可记为 X_f^*，从而可进一步等价地记为：

$$y = f(x，a)，x \in X；a \in X_f^* \tag{5.4}$$

定理 1 $X_f^* \subset X^*$，即式（5.3）或式（5.4）的（总）参数空间是该系统的属性空间。

2. "对立统一规律" 的基本思想

西方哲学中的 "对立统一规律" 是大自然中一切系统的固有结构特征，起源于德国哲学家康德于 1775 年提出的 "星云说"。康德认为，星云系统中存在着 "二律背反" 的特征，又称为 "对立统一规律"。后来证实，在宇宙系统中的确广泛存在着 "二律背反"（其实，这正是 20 世纪初得到的物质宇宙的二象特征）。后来，康德的学生和批判者黑格尔将 "对立统一规律" 推广到有机系统、人和一切社会事物中，发现了它在整个大自然中的普遍存在性。在上述基础上，最终马克思和恩格斯建立了以 "对立统一规律" 为核心、以辩证法为特征的一门逻辑学，并发展成为一门独立学科。

"对立统一规律"表明，客观世界中的一切系统，皆由既相互对立又相互统一的两面构成，它们相互交融、相互涨落、相辅相成、动态平衡，且彼此对照而存在。"对立统一规律"的基本特征如下：第一，"对立统一规律"作为辩证逻辑学的核心定律，发端于物质宇宙，推广至社会系统，它具有普遍适用性；第二，"对立统一规律"揭示了客观世界的一切对象或系统，均存在至少从概念上可以分开来的两个部分（或两个方面），使它们之间既相互吸引，又相互排斥，种种结构只不过是各种吸、斥作用的均衡表现；第三，特别地，这种对立统一性，即使对于同一个系统也并非一成不变，而是不断受到来自内部微观层次、深层次或外部环境种种"随机扰动"而颤动着；第四，就实质而言，辩证逻辑中的"相似规律"和"量变—质变规律"也可由"对立统一规律"衍生而来。

由此可知，这里的"对立统一规律"与前面的"二象论"和"对偶空间论"，均有本质上的共通性。

5.1.2　二象对偶理论的基本内涵

定义 1（二象对偶系统）　对于具有空间层次差异的两个对象作对偶分析时，称它们的总体为二象对偶系统。特别地，称二象系统中二象间形成的对偶系统为典型的二象对偶系统。本书主要在典型意义下来研究二象对偶系统，仍记二象为 X、X^*。

根据"二象对偶"的特征，系统经常处于动态之中，且以对立产生动力、以统一产生前进，这是它的内蕴。有些文献中给出了它最为一般的静态（结构）特征表述，这里着力于它的动态特征探索。

命题 1　对 X、X^* 间关系只能从整体意义上来研究。

根据 X、X^* 间的空间层次差异，$\forall x^* \in X^*$ 必有 X 的整体映射 $x^* = x^*(X)$，因此 $\forall x \in X$ 在 X^* 或 x^* 中都没有分析意义。换句话说，在此空间层次差异下只有 X 整体才与 x^* 或 X^* 具有平行的讨论意义。因此以下仅就 X 和 x^* 来讨论。

特别地，据文献结论可取 X、x^* 为其度量意义下的欧氏空间的量来讨论。由 X、x^* 间对偶关系（定义 1）可知，X 和 x^* 分别是由自己及其对偶象所决定的。

命题 2 有函数关系 $X = F(X, x^*)$，$x^* = G(X, x^*)$，$X \in \{X\} -$ X 的可变域；$x^* = X^* - x^*$ 的可变域。例：在线性泛函意义下有 $X^* = L(X)$，及 $X = L^{-1}(X^*)$，这时只需取特殊形式 $F(X, X^*) = L^{-1}(X^*)$ 即可。

回到一般形式，不失一般性假设 F、G 皆可导，于是有：

$$dX = \frac{\partial F}{\partial X}dX + \frac{\partial F}{\partial x^*}dx^*$$

$$dx^* = \frac{\partial G}{\partial X}dX + \frac{\partial G}{\partial x^*}dx^* \tag{5.5}$$

或：

$$\frac{dX}{dx^*} = \frac{\partial F}{\partial x^*} \Big/ \left(1 - \frac{\partial F}{\partial X}\right)$$

$$\frac{dx^*}{dX} = \frac{\partial G}{\partial X} \Big/ \left(1 - \frac{\partial G}{\partial x^*}\right) \tag{5.6}$$

抑或有对时间 t 的导数关系：

$$\frac{\overset{*}{X}}{\overset{*}{x^*}} = \frac{\dfrac{\partial F}{\partial x^*}}{\left(1 - \dfrac{\partial F}{\partial X}\right)}$$

及：

$$\frac{\overset{*}{x^*}}{\overset{*}{X}} = \frac{\dfrac{\partial G}{\partial X}}{\left(1 - \dfrac{\partial G}{\partial x^*}\right)} \tag{5.7}$$

基于式（5.7）中前后两组微分式的等价性，现取前组来讨论。由其比例关系可记为：

$$\overset{*}{X} = \frac{\partial F}{\partial x^*} = f(X, x^*)$$

$$x^* = 1 - \frac{\partial F}{\partial X} = g(X, \ x^*) \qquad (5.8)$$

并且容易假设其结构中的系数皆常数，这时式（5.8）是个动力系统。再据 X 与 X^* 是典型的"二象"关系（二者不可独立存在），可具体取式（5.9）为简单形式：

$$\dot{X} = f(X, \ X^*) = a(X_0 - X)x^*$$

$$\dot{x}^* = g(X, \ X^*) = bX(x_0^* - x^*) \qquad (5.9)$$

其中，X_0、x_0^* 系其均衡状态点。

定义 2（自然量，相对量） 把实质上具有量纲的或直接从基本度量获得的量称作自然量；把自然量通过求比而获得的率、比（百分比、权重比）的量称作相对量。可以看到，不管 X、x^* 是自然量还是权重量，皆可推出动力系统式（5.8）和式（5.9）。特别在式（5.9）中，当 X、x^* 为权重比（归一化）时，$X + x^* = 1$，则式（5.9）的前式可变成：

$$\dot{X} = aX(1 - X) \qquad (5.10)$$

这是连续的虫口方程或叫 logistic 方程，容易直接积分得到其积分曲线族为：

$$X = X(t) = \frac{1}{1 + ce^{-at}C} \text{对应于积分常数。} \qquad (5.11)$$

对偶地可求得：

$$x^* = 1 - X = \frac{1}{1 + c^{-1}e^{at}} \qquad (5.12)$$

5.2　制造业绿色创新系统演化的基本特征

5.2.1　自组织性

制造业绿色创新系统是一个自组织的复杂系统。在制造业绿色创新系统的演化过程中，系统内各创新主体要素、环境要素及资源要素的相互作用、相互影响，使各个创新主体在与系统互动的过程中实现共同生存与发展。在制造业绿色创新系统的演化过程中，涨落和非线性机制驱动系统自组织不断演化。创新主体自主自发的行为是追求利益最大化。竞争与合作时常发生在创新主体利益最大化的过程。创新主体间的竞争与合作，促进系统内外部环境的互动，促进涨落的形成。在涨落作用下，耗散结构的平衡态被打破，远离平衡态，系统需要实现与外部环境的非线性互动，实现非平衡演化。在制造业绿色创新系统的自组织演化进程中，新的适应性更强的创新主体在市场竞争机制下应运而生，当原有的市场竞争格局被新的创新主体改变时，系统的原有平衡态就会被这个涨落所打破。通过改变系统结构，系统从一种平衡态变为远离平衡态，再经过序参量的主导作用形成新的更高级的有序结构。制造业绿色创新系统演化的自组织性使系统向更加复杂和有序的方向进化，系统内的创新主体数量不断增加，系统的异质性、多样性和独特性增强，从而为下一轮的绿色创新和系统的演化提供了条件。

5.2.2 路径依赖性

路径依赖是指人类社会中的技术演进具有惯性，即一旦形成某一路径，就会对这种路径产生依赖。制造业绿色创新系统的演化如同技术演进一样，也存在报酬递增和自我强化机制。由于绿色创新本身是一项高投入的投资行为。因此，在制造业绿色创新系统中，只要创新主体要素（特别是制造业企业）对某一绿色创新技术及产品做出决策，就意味着巨大的创新资源投入。这种巨大的投入就成为绿色创新决策的沉没成本，它会导致即使原有的绿色创新决策并非最优决策时，创新主体不会放弃原有的创新决策与路径。同时，这种高投入会促使此类绿色技术及产品成为行业的主导绿色技术及产品，该企业也会成为此项技术及产品的领先者而获得更大获利能力。该项绿色技术及产品的市场主导地位的确立导致系统学习效应提高，通过系统内的创新主体间在此项技术创新上的引用和合作产生了正反馈效应。进而系统内对此项绿色技术及产品的前景更加自信，进而极大降低了不确定性，创新主体会继续沿着当前的绿色技术轨道向前推进，形成良性循环。另外，当绿色创新没有占据先机未获得先发优势，而使创新无法获得足够的追随者，创新主体巨大的绿色创新投入未能获得回报而失败时，便会陷入恶性循环，甚至被锁定在某种被动状态之中。

5.2.3　环境选择性

复杂系统在其演化的形成、发展、成熟与衰退阶段，都伴随着系统外部环境的选择。与之必然，制造业绿色创新系统的演化也不可避免要接受环境因素诸如市场环境、资源环境、科学技术环境、社会文化环境的选择。当制造业绿色创新系统的绿色创新活动适应其外部环境，系统实现正向演化才有了可能。制造业绿色创新系统的演化是在系统内部自组织和系统环境选择的双重作用下产生的。系统内自组织产生的创新成果只有经过环境的选择才能够生存和发展，进而推动系统向更高层级演化。与单个或某一类创新主体相比，面对外部环境的选择，作为各种创新主体要素自发联结的创新网络系统具有明显优势。绿色创新过程本身具有复杂性、动态性等特征，外部环境的不确定决定了单一的创新主体创新行为的高风险性。但是，对于制造业绿色创新系统而言，其绿色创新系统表现为高整体性，特别是其主体因素通过信息交流、优势互补结成创新主体网络，进而发挥多主体协同机制来规避外部环境的风险和不确定性。这种协同机制带来的风险分散效应，对创新主体的合作形成了积极的正向激励。

5.3　制造业绿色创新系统演化的二象性

5.3.1　制造业绿色创新系统演化的二象特征

制造业绿色创新系统作为一个动态系统，是有生命力和方向性的，它在发展演化过程中兼备状态性和过程性两个特征。"状态"是系统的静态描述,"过程"是系统的动态反映。

1. 制造业绿色创新系统二象子系统分析

从观念上来说,状态和过程是一对对立统一的范畴,它们与辩证法的普遍联系观点和发展观点相一致,统一于辩证唯物主义的运动学说。从客观上说,任何一种具体的运动都不仅表现为过程,而且同时表现为相应的状态。二者相互依赖,相互贯通,存在着相互之间由此达彼的桥梁,存在着向对方转化的趋势。制造业绿色创新系统的"二象性",是指在对其进行分类、组织及测度时,它具有实体状态的性质;而在对其进行培育、发展的过程中,它又具有过程的性质。在制造业绿色创新系统演化过程中,状态子系统和过程子系统是对立的双方,它们之间保持着既竞争又合作或既相生又相克、既制约又协同的关系——即对偶关系。

2. 制造业绿色创新系统状态子系统

在描述某一特定时空下制造业绿色创新系统发展水平时,必须事先预设其处于"静止"状态,通过对某一时点的状态表现给予直观感受,即用一种状态观进行理解和刻画,这就是制造业绿色创新系统"二象"结构的状态子系统。状态子系统具有较强的外在展现力,属于一种"实象"。

3. 制造业绿色创新系统过程子系统

制造业绿色创新系统演化具有过程性与动态性,决定了制造业绿色创新系统过程子系统较为抽象,难以直观感受,带有显著的"虚象"特征,它是状态子系统所映射的属性构成的虚像子系统。

4. 制造业绿色创新系统二象的关系

制造业绿色创新系统的二象子系统之间相互影响、相互制约,在一个完整系统中不可分割，二者的协调发展有利于系统的稳定和优化。协调发展强调的是二象子系统间的和谐共存和相互促进，以实现系统的整体效应。

5.3.2　制造业绿色创新系统演化的二象表征

基于时间演进视角，制造业绿色创新系统的演化实际上是由若干个时点截面静态的演化状态构成的，而连接系统的两个演化状态的演化序参量就是演化过程水平。因此，制造业绿色创新系统的演化本质上涵盖了系统的演化状态和演化过程两方面，其中，对系统演化过程的研究是从时间层面分析系统前进历程的动态分析；而对系统演化状态进行分析则是对某个时点制造业绿色创新系统的某个特性的静态分析与评价。制造业绿色创新系统的演化状态与演化过程是相辅相成，互为条件的。在某一时点，制造业绿色创新系统的演化状态水平是其所具有的系统势能，它是由前一个时点的演化状态水平及两个时点间系统的演化过程水平决定的。

1. 制造业绿色创新系统实像：演化状态子系统的表征

制造业绿色创新系统演化符合间断均衡的假说，系统通过自组织演化和他组织演化两种方式，表现出从一种状态向另一种状态演化的过程，其外显为制造业绿色创新系统状态的不断更迭。制造业绿色创新系统的演化状态是同时作为系统演化的前提条件和最终结果而出现的。系统演化是从某个时点的状态水平开始的：演化的前提条件；而系统从一个阶段演化到另一个阶段时，表现出系统的演化绩效提升到一个新的高度或下降一个新的水平，系统的演化状态水平发生变化：演化的最终结果。而制造业绿色创新系统正是在这样一种状态更替的动态变化中实现系统的演化发展。本书对制造业绿色创新系统演化状态水平的评价侧重于绿色创新绩效的衡量，特别是作为最终结果产出的绿色创新能力的测度。因此，制造业绿色创新系统的状态子系统以绿色创新能力为表征。

2. 制造业绿色创新系统虚像：演化过程子系统的度量

制造业绿色创新系统在自组织与他组织演化机制的交织作用下，遵循阶段性层次递进规律向前演化。制造业绿色创新系统演化的目的在于创新绩效的获得和提升，系统演化过程作为一个动态发展历程，用演化过程水平作为制造业绿色创新系统演化过程对系统整体绿色创新绩效贡献程度大小的衡量标准。制造业绿色创新系统作为一个有势系统，其演化过程水平反映了系统从一种演化状态水平趋达另一种演化状态水平的能力或潜力，其强调的是实现这种绿色创新绩效提升的效率。过程子系统是制造业绿色创新系统的"虚像"子系统，绿色创新效率从某种意义上承担的是"工具"身份，它用来测度制造业绿色创新系统过程子系统的发展水平。

制造业绿色创新系统的演化水平主要取决于其两个二象子系统的发展水平，绿色创新能力可视为状态子系统发展水平的外在表现，过程子系统发展水平可用绿色创新效率予以衡量。由此，制造业绿色创新系统演化表示为绿色创新能力与绿色创新效率的一种函数关系：

$$制造业绿色创新系统演化 = f(状态子系统，过程子系统)$$
$$= f(绿色创新能力，绿色创新效率)$$

$$(5.13)$$

综上，如图 5.1 所示，基于时空演化特征，制造业绿色创新系统是一个由状态子系统和过程子系统构成的"二象"系统。制造业绿色创新系统二象子系统形成后，又与制造业绿色创新系统演化产生正负反馈机制。促使系统进一步偏离原有状态的反馈是正反馈，它能够促进制造业绿色创新系统从低级向高级不断演化；促使系统保持向原有状态发展的反馈是负反馈，它会对制造业绿色创新系统的演化产生阻碍作用。制造业绿色创新系统演化进程在正负反馈的交互作用下，表现出明显的动态性与复杂性。

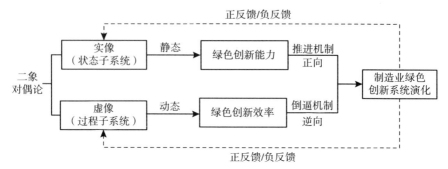

图 5.1 基于二象对偶理论的制造业绿色创新系统演化

5.4 演化视角下制造业绿色创新系统
协调发展的二象对偶机制

对具有空间层次差异的两个对象进行对偶分析时，称它们的总体为二象对偶系统。特别地，称二象系统中二象间形成的对偶系统为典型的二象对偶系统。本书主要在典型意义下研究二象对偶系统，仍记二象为 X、X^*。根据"二象对偶"的特征，系统是经常处于动态之中的，且是以对立产生动力、以统一产生前进的一种动力系统，这才是它的内蕴。

用二象对偶理论来认识和解释系统现象称为二象对偶原理，本书用其揭示制造业绿色创新系统演化的本质。根据二象对偶原理，状态子系统和过程子系统作为制造业绿色创新系统演化过程的"二象"子系统，制造业绿色创新系统在其发展演化过程中，系统的管理者或调控者向系统输入信息（体现为系统演化的他组织机制的作用）来实现对系统演化方向和演化目标的把握和控制，输入的信息直接影响系统演化的过程，表现为最终被演化过程子系统（即虚象系统 X^*）所接受。由于外部的信息的输入，导致演化过程子系统的发展水平与上一个时间点的演化状态子系统（即实象子系统 X）之间的均衡性及协调性被打破，二者之间出现了冲突及矛盾。在这种情况下，二象系统自身具有的内在二象对偶机制（实质上是系统自组织演化机理的体现）促使实象子系统 X 迅速做出相应调整，使二象子系统重新实现协调局面，而对于制造业绿色创新系统而言，也就实现系统的演化发展。需要说明的是，制造业绿色创新系统"二象"子系统的重新协调的演化过程往往是若干次反复的结果。

简言之，制造业绿色创新系统演化的本质是制造业绿色创新系统通过其"二象"子系统的内在对偶机制将系统演化过程中来自系统管理者或决策者的信息能转换成系统组织能，将系统的他组织过程内化为自组织机制的活动过程。也即管理输入的是信息能，通过的是信息集的中介虚像子系统 X^*，最后形成的则是实象子系统 X 中的组织能的增加。制造业绿色创新系统演化所对应的系统可表示为：

$$y = F(x, a), x \in X, a \in X^* \tag{5.14}$$

式（5.14）是个二象系统，其制造业绿色创新系统演化反映在 y 和 F 的结构上，制造业绿色创新系统演化过程只反映在 a 上。不管从系统演化过程角度还是系统演化状态角度，y 都是目标，因此称式（5.14）为目标函数。

5.5　本章小结

本章为制造业绿色创新系统演化的二象性特征分析。首先为基础理论分析，从二象对偶理论的理论渊源和二象对偶理论的基本内涵两个方面阐述了二象对偶理论。其次，对制造业绿色创新系统演化的自组织性、路径依赖性及环境选择性等三个基本演化特征进行分析。再次，重点阐述了制造业绿色创新系统演化的二象特征。最后，对制造业绿色创新系统演化的二象进行表征，指出绿色创新能力是制造业绿色创新系统演化状态水平的表征，而绿色创新效率是制造业绿色创新系统演化过程水平的度量。

第6章

中国制造业绿色创新系统演化
状态水平的评价研究

6.1 制造业绿色创新系统演化状态
水平评价指标体系的构建

本章主要是对中国制造业绿色创新系统演化状态水平——绿色创新能力进行评价。

6.1.1 绿色创新能力的内涵及构成

对制造业绿色创新能力的评价是基于对其内涵及构成的深刻理解。制造业绿色创新能力的研究属于产业层面的研究范畴。制造业绿色创新能力是"绿色＋创新＋能力"的集成；其中，能力是基础，创新是核心，绿色是条件。制造业绿色创新能力，是指特定时期内，制造业企业在保证经济效益、生态效益与社会效益三者协调统一的前提下，将绿色创新投入转变为创新产出的一种行业综合发展能力。

制造业绿色创新能力的构成因素是一个因素众多、结构复杂、多层次的动态系统，为科学地反映其绿色创新能力，有必要设计一个包含多个角度、多个维度的指标体系。本书认为中国制造业绿色创新系统绿色创新能力评价指标体系应该包括以下三个方面：（1）绿色创新支撑保障能力，它是制造业对绿色创新的支持程度与保障条件；（2）绿色创新投入能力，它的存量形式是一种潜在能力；（3）绿色创新产出能力，即能力效果，它是创新主体开展绿色创新的最终动力。

6.1.2　评价指标体系的具体设计

根据中国制造业绿色创新系统绿色创新能力的构成结构，并按照科学性、可操作性、系统性原则及全面性原则，本书将评价指标体系划分为目标层、准则层、指标层三个层次，在借鉴与比较分析相关文献的基础上，构建了中国制造业绿色创新系统绿色创新能力评价指标体系，如表 6.1 所示。

表 6.1　中国制造业绿色创新系统绿色创新能力评价指标体系

目标层	准则层	指标层	计算方法
中国制造业绿色创新能力	绿色创新支撑能力（B_1）	行业利润率（C_{11}）	利润/产品销售收入
		有研发机构的企业数的比重（C_{12}）	有研发机构的企业数/企业数
		有 R&D 活动的企业数的比重（C_{13}）	有 R&D 活动的企业数/企业数
	绿色创新投入能力（B_2）	R&D 人员投入强度（C_{21}）	R&D 人员全时当量/从业人数
		R&D 经费内部支出强度（C_{22}）	R&D 经费内部支出/产品销售收入
	绿色创新产出能力（B_3）	每千人发明专利申请数（C_{31}）	专利申请数×1000/从业人数
		销售收入中来自新产品的比重（C_{32}）	新产品销售收入/产品销售收入
		能源消耗减少率（C_{33}）	能源消耗减少量/前一年能源消耗总量
		工业废水排放减少率（C_{34}）	工业废水排放减少量/前一年工业废水排放总量
		工业废气排放减少率（C_{35}）	工业废气排放减少量/前一年工业废气排放总量
		工业固体废弃物产生减少率（C_{36}）	工业固体废弃物减少量/前一年工业固体废弃物产生总量

（1）绿色创新支撑能力。它是中国制造业绿色创新系统绿色创新能力的基本组成部分之一。绿色创新支撑能力是制造业对绿色创新的支持程度与保障条件，包括行业的经济实力和行业的研发基础。选用行业利润率、有研发机构的企业数的比重、有 R&D 活动的企业数的比重 3 个指标来衡量。

（2）绿色创新投入能力。绿色创新投入能力是指制造业在绿色创新过程中投入的主要创新资源数量与质量，是整个制造业绿色创新生产过程的起始点。选用 R&D 人员投入强度和 R&D 经费内部支出强度 2 个指标来衡量。

（3）绿色创新产出能力。绿色创新产出能力是制造业绿色创新能力体系的外显能力。由绿色创新的基本内涵可知，经济效益、环境效益和社会效益的协调是其区别于传统创新的根本所在。减少环境污染、创造环境友好型社会（环境效益）与资源节约（资源效益）是现阶段制造业绿色创新对环境及社会方面的贡献。为此，经济效益、环境效益和资源效益三个方面是制造业绿色创新产出能力的应有之义。采用每千人发明专利申请数、销售收入中来自新产品的比例这两个指标来衡量绿色创新给企业带来的经济效益。环境效益和资源效益指标应该来源于绿色创新成果所带来的环境污染减少、能源消耗降低。考虑到数据可得性，选取"污染物排放减少量""能源消耗减少量"来衡量制造业企业绿色创新的环境效益和资源效益。其中，"污染物排放减少量"用工业废水排放减少率、工业废气排放减少率、工业固体废弃物产生减少率 3 个指标来衡量，"能源消耗减少量"用能源消耗减少率来衡量。

6.2 制造业绿色创新系统演化状态水平评价模型的构建

6.2.1 基于微粒群算法的权重确定模型

微粒群算法（PSO）是基于群体智能的一种随机优化算法，目前已成为进化算法的一个重要分支。它源于对鸟群捕食的行为研究。粒子群算法模拟昆虫、兽群、鸟群和鱼群等的群集行为，这些群体通过合作来寻找食物，群体中的每个成员通过学习它自身的经验和其他成员的经验来不断改变其搜索模式。由于 PSO 算法相对简单且具有其他遗传算法所不可比拟的优点，因而得到了国外许多学者的关注，已广泛应用于函数优化、神经网络训练、模糊系统控制以及其他遗传算法的应用领域。本书通过以与最优和最劣对象距离之和最小为准则，建立一个关于权重的非线性规划问题，给出其数学规划模型，运用微粒群算法来求解评价指标的权重。

设有 m 个行业，每个行业共有 n 个测评指标，这样就构成了一个 $m \times n$ 阶的矩阵 $X_{m \times n}$，则基于微粒群算法的评价指标权重确定模型为：

1. 数据标准化处理，建立判断矩阵

首先将各指标的原始数据进行无量纲化处理，见式（6.1）。

$$z_{ij} = 0.1 + 0.9 \times \frac{x_{ij} - x_{jmin}}{x_{imax} - x_{jmin}} \tag{6.1}$$

$$(i = 1, 2, \cdots, m, \ j = 1, 2, \cdots, n)$$

根据指标标准化的数值，得到判断矩阵 R。其中，R 的各列表示 m 行业 n 个具体指标的标准化值，判断矩阵是运用微粒群算法确定指标权重的基础。

$$R = \begin{bmatrix} z_{11} & z_{21} & \cdots & z_{m1} \\ z_{12} & z_{22} & \cdots & z_{m2} \\ \vdots & \vdots & \ddots & \vdots \\ z_{1-n} & z_{2-n} & \cdots & z_{m-n} \end{bmatrix}$$

2. 确定指标的权重

指标权重的确定是制造业绿色创新能力评价的关键。在确定评价指标的权重时，本书建立了一个目标函数：即以与最优和最劣对象距离之和达到最小为目标，运用微粒群优化算法来求解参数，即指标权

重 ω。

设最优对象为 $G = (1, 1, \cdots, 1)^T$，最劣对象为 $H = (0, 0, \cdots, 0)^T$，目标即为：

$$\min f(\omega) = \sum_{j=1}^{n} f_j(\omega) = \sum_{j=1}^{n} \sum_{i=1}^{m} \omega_j^2 \left[\frac{(1 - R_{ij})^2 + R_{ij}^2}{mn} \right] \quad \text{s. t.} \begin{cases} \sum_{j=1}^{n} \omega_j = 1 \\ \omega_i \geqslant 0 \end{cases}$$

(6.2)

其中，m 是评价对象个数，n 是指标个数。

在利用微粒群求解指标权重 ω_i 之前，首先利用罚函数法将优化函数（6.2）转化为适应度函数：

$$F(\omega) = A \left(\sum_{j=1}^{n} \omega_j - 1 \right)^2 + B \sum_{j=1}^{n} \sum_{i=1}^{m} \omega_j^2 \left[\frac{(1 - R_{ij})^2 + R_{ij}^2}{mn} \right] \quad (6.3)$$

式中 A 与 B 为惩罚因子。一般情况下，取 A，B 随矩阵 R 的不同而有所不同。利用微粒群对函数（6.3）进行权重计算的步骤如下：

步骤一：设置微粒群的第 i 个体初始值为：

$$\omega_i(0) = \left[\omega_{ij}(0) \right] = \left[\omega_{i1}(0), \omega_{i2}(0), \cdots, \omega_{im}(0) \right] \quad (6.4)$$

其中，$i = 1, 2, \cdots, N$，N 是微粒群的规模，$j = 1, 2, \cdots, n$ 表示个体的维数，此处令 N = 200。

步骤二：设置微粒群的惯性权值 ω。为了提高微粒群的全局寻优能力，此处使惯性权值动态变化。惯性权值 ω 的变化规律为：

$$\omega = \omega_{max} - \frac{\omega_{max} - \omega_{min}}{k_{max}} \times k \quad (6.5)$$

其中，ω_{max} 为惯性初始权重，ω_{min} 为惯性最终权重，k_{max} 为微粒群算法的最大迭代次数，k 为微粒群算法当前的迭代次数。令 $\omega_{max} = 1.4$，$\omega_{min} = 0.8$，$k_{max} = 1000$。

步骤三：设置加速度常数 $c_1 = 1.8$，$c_2 = 1.8$。

步骤四：利用适应度函数（6.3）评价微粒群个体的初始适应值，并以此设置个体历史最优 p_{id} 和全局最优历史最优 p_g

$$p_g = \left\{ \omega_l \mid F(\omega_l) = \min F(\omega_L), i = 1, 2, \cdots, N \right\} \quad (6.6)$$

步骤五：利用微粒群算法进行迭代运算。

$$v_{ij}(k+1) = \omega v_{ij}(k) + c_1 \cdot rand_1 \cdot [p_{id} - \omega_{ij}(k)]$$
$$+ c_2 \cdot rand_2 \cdot [p_g - \omega_{ij}(k)]$$
$$\omega_{ij}(k+1) = \omega_{ij}(k) + v_{ij}(k+1) \tag{6.7}$$

在每次迭代运算结束后，均利用适应度函数（6.3）评价微粒的适应值。对于每个微粒，比较其当前适应值和其个体历史最好适应值，若当前适应值更优，则当前适应值为其个体历史最好适应值，并保存当前微粒为个体历史最好的。即：

$$p_{id} = \begin{cases} p_{id} & if\ F(p_{id}) < F[\omega_i(k+1)] \\ F[\omega_i(k+1)], & if\ F(p_{id}) > F[\omega_i(k+1)] \end{cases} \tag{6.8}$$

比较所有微粒的当前适应值和全局历史最好适应值，若某微粒的当前适应值更优，则该微粒的当前适应值为全局历史最好适应值，并保存该微粒为全局历史最好的。即：

$$p_g = \begin{cases} p_g & if\ F(p_g) < min\ F(p_{id}),\ i = 1,\ 2,\ \cdots,\ N \\ p_{id}\ |\ F(p_{id}) = min\ F(p_{id}), & if\ F(p_g) > min\ F(p_{id}),\ i = 1,\ 2,\ \cdots,\ N \end{cases}$$
$$\tag{6.9}$$

步骤六：若满足条件（迭代次数达到最大值2000、$\sum_{ij}^{m} \omega_{ij} = 1$、适应值变化误差达到允许范围之内），则停止计算并输出计算结果；否则，转到步骤二继续计算。

根据以上步骤，可得各指标对应的权重。

6.2.2　基于联系度的改进 TOPSIS 法的综合评价模型

1. 集对分析及联系度

集对分析的核心思想是对不确定性系统的两个关联的集合构建集对，再对集对的特性做同一性、差异性、对立性分析，然后用联系度描述集对的同、异、反关系。集对分析利用联系度指标，对模糊、随机、中介和信息不完全引起的各种不确定性进行描述，从而将对不确定性的辨证认识转换成具体的数学运算。

设集合 $A_0 = \{x_{01}, x_{02}, \cdots, x_{0n}\}$，集合 $B_1 = \{x_{11}, x_{12}, \cdots, x_{1n}\}$，则由 A_0 和 B_1 组成集对 $H = (A_0, B_1)$。对比 A_0 和 B_1 的 n 个对应项，其中有 s 项在数量上相差微小，有 p 项在数量上相差悬殊，其余的 $f = n - s - p$ 项在数量上存在一定差别，但悬殊不是很明显。若相差微小则认为是同一，相差悬殊则认为是对立，存在一定差别则认为是差异，这样，由 A_0 和 B_1 组成的集对关系就转化为同、异、反的关系。集合 A_0 与 B_1 之间不确定的定量关系的联系度可表示为：

$$\mu(A_0 - B_1) = a + bi + cj = \frac{s}{N} + \frac{F}{N}i + \frac{P}{N}j \tag{6.10}$$

其中，$a + b + c = 1$，i 为差异标记符号或相应系数，在 $[-1, 1]$ 区间视不同情况取值；j 为对立标记符号或相应系数，其取值为 -1。

2. 基于联系度的改进 TOPSIS 法的综合评价模型

设有 m 个行业 P_1，P_2，$\cdots$，P_m，n 个指标 X_1，X_2，$\cdots$，X_n；x_{ij} 为行业 P_i 在指标 X_j 下的指标值（$i = 1, 2, \cdots, m$；$j = 1, 2, \cdots, n$）；ω_j 为指标 X_j 的权重，$\omega_j \in [0, 1]$，且 $\sum\limits_{j=1}^{n} \omega_j = 1$。基于联系度的改进 TOPSIS 法计算步骤如下：

（1）由 $X = (x_{ij})_{m \times n}$ 和 ω_j 组成初始化决策矩阵。

（2）确定理想点 S^+ 与负理想点 S^-。

$$S^+ = \{s_j^+ | j = 1, 2, \cdots, n\}, \quad S^- = \{s_j^- | j = 1, 2, \cdots, n\} \tag{6.11}$$

当 X_j 为效益型指标时，有 $s_j^+ = \max\limits_{1 \leq i \leq m} \{x_{ij}\}$，$s_j^- = \min\limits_{1 \leq i \leq m} \{x_{ij}\}$；当 X_j 为成本型指标时，有 $s_j^+ = \min\limits_{1 \leq i \leq m} \{x_{ij}\}$，$s_j^- = \max\limits_{1 \leq i \leq m} \{x_{ij}\}$。根据集对分析思想，可以认为理想点 S^+ 与负理想点 S^- 在系统中互为对立关系。

当 X_1，X_2，$\cdots$，X_n 均为效益型指标时，备选方案与理想点、负理想点的联系度计算如下。

（3）计算方案 P_k 与理想点 S^+ 的联系度 u_k^+。

由方案 P_k 与理想点 S^+ 组成集对 $H^+ = (P_k, S^+)$，则有：

$$\begin{cases} u_k^+ = a_k^+ + b_k^+ i + c_k^+ j = \omega_1 u_{k1}^+ + \omega_2 u_{k2}^+ + \cdots + \omega_n u_{kn}^+ = \sum_{t=1}^{n} \omega_t u_{kt}^+ \\ u_{kt}^+ = a_{kt}^+ + b_{kt}^+ i + c_{kt}^+ j, \ k = 1, 2, \cdots, m; \ t = 1, 2, \cdots, n \end{cases}$$

$$(6.12)$$

其中，当 $x_{kt} = s_t^-$ 时，$a_{kt}^+ = b_{kt}^+ = 0$，$c_{kt}^+ = 1$；当 $x_{kt} \in (s_t^-, s_t^+]$ 时，$a_{kt}^+ = \dfrac{x_{kt}}{s_t^+}$，$b_{kt}^+ = 1 - a_{kt}^+$，$c_{kt}^+ = 0$。

（4）计算方案 P_k 与负理想点 S^- 的联系度 u_k^-。

由方案 P_k 与负理想点 S^- 组成集对 $H^- = (P_k, S^-)$，则有：

$$\begin{cases} u_k^- = a_k^- + b_k^- i + c_k^- j = \omega_1 u_{k1}^- + \omega_2 u_{k2}^- + \cdots + \omega_n u_{kn}^- = \sum_{t=1}^{n} \omega_t u_{kt}^- \\ u_{kt}^- = a_{kt}^- + b_{kt}^- i + c_{kt}^- j, \ k = 1, 2, \cdots, m; \ t = 1, 2, \cdots, n \end{cases}$$

$$(6.13)$$

其中，当 $x_{kt} = s_t^+$ 时，$a_{kt}^- = b_{kt}^- = 0$，$c_{kt}^- = 1$；当 $x_{kt} \in (s_t^-, s_t^+]$，$s_t^- \neq 0$ 时，$a_{kt}^- = \dfrac{s_t^-}{x_{kt}}$，$b_{kt}^- = 1 - a_{kt}^-$，$c_{kt}^- = 0$。

特别地，当 $s_t^- = 0$，$x_{kt} = 0$ 时，规定 $a_{kt}^- = 1$，$b_{kt}^- = c_{kt}^- = 0$。当 $s_t^- = 0$，$x_{kt} \neq 0$ 时，规定 $a_{kt}^- = \dfrac{s_t^t - x_{kt}}{s_t^+}$，$b_{kt}^- = 1 - a_{kt}^-$，$c_{kt}^- = 0$。

当 X_1，X_2，$\cdots$，X_n 中存在成本型指标时，则根据式（6.13）计算指标值与理想点对应指标值的联系度，根据式（6.12）计算指标值与负理想点对应指标值的联系度。

（5）计算方案 P_k 与理想点 S^+ 的联系向量距离。

理想点 S^+ 的联系向量为 $\overrightarrow{u^+} = (1, 0, 0)$，方案 P_k 相应的联系向量为 $\overrightarrow{u_k^+} = (a_k^+, b_k^+, c_k^+)$，则 P_k 与 S^+ 的联系向量距离为：

$$d_k^+ = \sqrt{(1 - a_k^+)^2 + (b_k^+)^2 + (c_k^+)^2}$$

$$(6.14)$$

（6）计算方案 P_k 与负理想点 S^- 的联系向量距离。

负理想点 S^- 的联系向量为 $\vec{u^-} = (1, 0, 0)$，方案 P_k 相应的联系向量为 $\vec{u_k} = (a_k^-, b_k^-, c_k^-)$，则 P_k 与 S^- 的联系向量距离为：

$$d_k^- = \sqrt{(1 - a_k^-)^2 + (b_k^-)^2 + (c_k^-)^2} \tag{6.15}$$

由步骤（1）～步骤（6）可知，基于联系度的改进 TOPSIS 法具有以下性质：与理想点的联系向量距离更近的方案，则与负理想点的联系向量距离更远，反之反是。

（7）计算方案 P_k 与理想点 S^+ 的相对贴近度。

$$c_k = \frac{d_k^-}{d_k^+ + d_k^+}, \quad k = 1, 2, \cdots, m \tag{6.16}$$

其中，c_k 越大，方案 P_k 越接近于理想点，则各方案可根据 c_k 大小进行优劣排序。

6.3 实证研究

6.3.1 样本选择与数据来源及处理

根据中国国家统计局公布的国民经济行业分类，将制造业划分为 29 个行业。自 2012 年开始，相关统计年鉴将橡胶制品业、塑料制品业合并为橡胶和塑料制品业；交通运输设备制造业被拆分为汽车制造业，铁路、船舶、航空航天和其他运输设备制造业；工艺品及其他制造业变更为其他制造业，且统计范围发生了变化。因此，考虑到行业分类的一致性和数据的可得性，本书在考察期内将橡胶制品业和塑料制品业合并为橡胶和塑料制品业，汽车制造业和铁路、船舶、航空航天和其他运输设备制造业合并为交通运输设备制造业，删去工艺品及其他制造业或其他制造业，最终共计 27 个制造业行业，如表 6.2 所示。

表 6.2 　　　　　　　　　　制造业行业名称及简称

行业名称	行业简称	行业名称	行业简称
农副食品加工业	AFPI	医药制造业	PHM
食品制造业	FOM	化学纤维制造业	CFM
饮料制造业	BEM	橡胶和塑料制品业	RPP
烟草制品业	TOI	非金属矿物制品业	NMPI
纺织业	TEI	黑色金属冶炼及压延加工业	FRPI
纺织服装鞋帽制造业	THM	有色金属冶炼及压延加工业	NRPI
皮革毛皮羽毛及其制品业	LFF	金属制品业	MPI
木材加工及木竹藤棕草制品业	WWSI	通用设备制造业	GEM
家具制造业	FUM	专用设备制造业	SEM
造纸及纸制品业	PPI	交通运输设备制造业	TEM
印刷业和记录媒介的复制	PRMR	电气机械及器材制造业	EEM
文教体育用品制造业	CSM	通信设备、计算机及其他电子设备制造业	CCEM
石油加工、炼焦及核燃料加工业	PNPI	仪器仪表及文化、办公用机械制造业	ICM
化学原料及化学制品制造业	CCPM		

　　由于《中国科技统计年鉴 2010》之后才开始统计"R&D 活动人员及经费"，之前均是统计科技活动人员及经费，导致 R&D 活动人员折合全时当量和 R&D 经费内部支出从 2009 年才可获得相应数据。因此，本书以 2009~2015 年中国制造业 27 个行业面板数据为样本。

　　R&D 活动人员折合全时当量、R&D 经费内部支出、发明专利申请数、新产品销售收入、有研发机构的企业数、有 R&D 活动的企业数、总企业数、利润总额、产品销售收入等 9 项指标数据来源于 2010~2016

年《中国科技统计年鉴》；能源消费总量这一指标数据来源于 2011～2017 年《中国统计年鉴》；行业从业人数来源于 2010～2016 年《中国统计年鉴》和《中国工业统计年鉴》；工业废水排放总量、工业废气排放总量和工业固体废弃物产生总量等 3 项指标来源于 2010～2016 年《中国环境统计年鉴》。需要说明的是：本书的统计口径为规模以上工业企业。原始指标数据见附录 Ⅰ 表 1～表 7 所示，各指标描述性统计结果如表 6.3 所示。

表 6.3 变量的描述性统计结果

变量	个数	均值	标准差	最大值	最小值
C_{11}	189	0.0687	0.0243	0.1472	0.0029
C_{12}	189	0.1133	0.0762	0.3294	0.0132
C_{13}	189	0.1519	0.1086	0.4777	0.0199
C_{21}	189	0.0219	0.0160	0.0686	0.0020
C_{22}	189	0.0073	0.0050	0.0208	0.0012
C_{31}	189	1.6886	1.6365	6.3288	0.0479
C_{32}	189	0.1190	0.0762	0.3652	0.0209
C_{33}	189	− 0.0520	0.0988	0.1228	− 0.5463
C_{34}	189	− 0.1637	1.5700	0.9608	− 19.5970
C_{35}	189	− 0.1773	0.6507	0.8180	− 5.3592
C_{36}	189	− 0.0690	0.3518	0.8529	− 2.5429

6.3.2 评价过程

1. 指标权重的确定

为克服因偶然因素引起的指标值的波动，本书首先对 2009～2015

年中国制造业绿色创新能力评价指标的数据求平均数，以此为基础来计算各评价指标的权重。用公式（6.1）借助 Excel 软件可消除指标量纲与数量级的影响，最终确定的判断矩阵为：

$$
R = \begin{bmatrix}
0.3979 & 0.1403 & 0.1428 & 0.1707 & 0.1313 & 0.1805 & 0.1124 & 0.4652 & 0.9865 & 0.8734 & 0.8381 \\
0.6285 & 0.2689 & 0.2691 & 0.2448 & 0.2788 & 0.2493 & 0.1844 & 0.8242 & 0.9793 & 0.8794 & 0.8516 \\
0.7764 & 0.2561 & 0.2426 & 0.2765 & 0.3138 & 0.1736 & 0.2248 & 0.6880 & 0.9855 & 0.8426 & 0.8299 \\
0.9998 & 0.9877 & 1.0002 & 0.3759 & 0.1276 & 0.6110 & 0.5836 & 1.0000 & 0.9859 & 0.9425 & 0.1313 \\
0.3881 & 0.2119 & 0.1860 & 0.1975 & 0.2290 & 0.1452 & 0.3357 & 0.8779 & 0.9916 & 0.9808 & 0.8735 \\
0.4552 & 0.1180 & 0.1037 & 0.1247 & 0.1469 & 0.1041 & 0.2142 & 0.7336 & 0.9737 & 0.6034 & 0.9606 \\
0.5061 & 0.1082 & 0.1001 & 0.1000 & 0.1199 & 0.1000 & 0.1753 & 0.3580 & 0.9830 & 0.8509 & 0.8342 \\
0.4739 & 0.1165 & 0.1061 & 0.1221 & 0.1022 & 0.1482 & 0.0999 & 0.6240 & 0.9629 & 0.5638 & 0.6180 \\
0.4461 & 0.0998 & 0.1142 & 0.1451 & 0.1399 & 0.1732 & 0.1754 & 0.1000 & 0.9873 & 0.6999 & 0.9121 \\
0.4237 & 0.1274 & 0.1551 & 0.2477 & 0.3210 & 0.1873 & 0.3113 & 0.9982 & 1.0000 & 0.7649 & 0.7343 \\
0.6048 & 0.1509 & 0.1644 & 0.2243 & 0.2597 & 0.1999 & 0.2288 & 0.6869 & 0.9763 & 0.6264 & 0.1000 \\
0.3717 & 0.2446 & 0.2294 & 0.1810 & 0.2121 & 0.1765 & 0.2001 & 0.3096 & 0.9577 & 0.1500 & 0.5301 \\
0.0996 & 0.2464 & 0.2693 & 0.2973 & 0.1068 & 0.2109 & 0.1519 & 0.4183 & 0.9771 & 0.8755 & 0.8433 \\
0.4327 & 0.4647 & 0.4550 & 0.5768 & 0.4539 & 0.4983 & 0.3667 & 0.4032 & 0.9839 & 0.8521 & 0.3859 \\
0.7893 & 1.0000 & 0.9419 & 0.9705 & 0.8899 & 0.8228 & 0.5793 & 0.4055 & 0.9791 & 0.6120 & 0.7976 \\
0.3118 & 0.5384 & 0.4447 & 0.6094 & 0.5354 & 0.3402 & 0.6730 & 0.6879 & 0.9919 & 1.0000 & 0.7429 \\
0.4482 & 0.2304 & 0.2480 & 0.2998 & 0.3470 & 0.2559 & 0.3037 & 0.6403 & 0.9780 & 0.6964 & 0.7604 \\
0.5595 & 0.1268 & 0.1598 & 0.2135 & 0.1951 & 0.2008 & 0.1378 & 0.6466 & 0.9505 & 0.8311 & 0.5815 \\
0.1516 & 0.2287 & 0.2145 & 0.4429 & 0.4042 & 0.2704 & 0.3462 & 0.7646 & 0.1000 & 0.8629 & 0.7112 \\
0.2744 & 0.3650 & 0.3756 & 0.5278 & 0.3999 & 0.3241 & 0.3218 & 0.3147 & 0.9250 & 0.8266 & 0.5943 \\
0.4303 & 0.2343 & 0.2576 & 0.3393 & 0.3510 & 0.2784 & 0.2511 & 0.5015 & 0.9684 & 0.3966 & 0.3754 \\
0.4987 & 0.5015 & 0.4957 & 0.5923 & 0.5856 & 0.4769 & 0.5175 & 0.7170 & 0.9944 & 0.9540 & 0.9999 \\
0.5159 & 0.6160 & 0.6261 & 0.8258 & 0.8532 & 0.7341 & 0.5858 & 0.8644 & 0.9916 & 0.0999 & 0.7002 \\
0.5861 & 0.5076 & 0.4938 & 0.7467 & 0.6840 & 0.4320 & 0.9999 & 0.5444 & 0.9688 & 0.8311 & 0.2456 \\
0.4551 & 0.6412 & 0.6224 & 0.6790 & 0.7319 & 0.6766 & 0.7491 & 0.5929 & 0.9780 & 0.7257 & 0.7394 \\
0.3092 & 0.7974 & 0.7706 & 0.7893 & 0.8563 & 1.0000 & 0.9541 & 0.6077 & 0.9618 & 0.7403 & 0.1194 \\
0.6020 & 0.9678 & 0.9839 & 0.9997 & 1.0018 & 0.8575 & 0.6686 & 0.8776 & 0.9978 & 0.7301 & 0.8842
\end{bmatrix}
$$

　　根据上述判断矩阵及基于微粒群优化算法的权重确定模型，通过软件 matlab7.0 构建相应模型，最终确立了指标层 11 个具体指标的权重。同时根据评价指标体系的要素层、准则层间的隶属关系，确定了 3 个准则层的因素权重，见表6.4。

表6.4 指标权重

目标层（A）	准则层（B）	权重	指标层（C）	权重
中国制造业绿色创新能力	绿色创新支撑能力（B_1）	0.3457	行业利润率（C_{11}）	0.0464
			有研发机构的企业数的比重（C_{12}）	0.1525
			有 R&D 活动的企业数的比重（C_{13}）	0.1469
	绿色创新投入能力（B_2）	0.2521	R&D 人员投入强度（C_{21}）	0.1202
			R&D 经费内部支出强度（C_{22}）	0.1319
	绿色创新产出能力（B_3）	0.4022	每千人发明专利申请数（C_{31}）	0.1309
			销售收入中来自新产品的比重（C_{32}）	0.1176
			能源消耗减少率（C_{33}）	0.0424
			工业废水排放减少率（C_{34}）	0.0152
			工业废气排放减少率（C_{35}）	0.0357
			工业固体废弃物产生减少率（C_{36}）	0.0604

2. 综合评价

通过确定评价指标体系指标层、准则层各指标权重，就可以利用基于联系度的改进 TOPSIS 法的评价模型来评价中国制造业绿色创新能力。以下评价过程具体以 2015 年为例。

（1）准则层综合评价。

步骤一：构建初始决策矩阵。对于农副食品加工业，其绿色创新能力的第一个准则层"绿色创新支撑能力（B_{11}）"下属的三个指标为：行业利润率（C_{11}）、有研发机构的企业数的比重（C_{12}）、有 R&D 活动的企业数的比重（C_{13}）。其初始决策矩阵为：

$$
Z_1 = \begin{bmatrix}
0.4086 & 0.2810 & 0.2646 \\
0.6149 & 0.3753 & 0.3757 \\
0.7280 & 0.3289 & 0.3299 \\
0.8829 & 0.8754 & 0.8591 \\
0.4288 & 0.3746 & 0.3129 \\
0.4643 & 0.2986 & 0.2475 \\
0.4992 & 0.2805 & 0.2488 \\
0.4739 & 0.2977 & 0.2370 \\
0.4876 & 0.2625 & 0.2420 \\
0.4366 & 0.2956 & 0.2940 \\
0.5689 & 0.3140 & 0.2971 \\
0.4463 & 0.3963 & 0.3656 \\
0.2135 & 0.3786 & 0.3920 \\
0.4306 & 0.5752 & 0.5683 \\
0.7401 & 0.8848 & 0.9049 \\
0.3474 & 0.6791 & 0.6004 \\
0.4765 & 0.3959 & 0.3820 \\
0.4834 & 0.2693 & 0.2691 \\
0.1403 & 0.3795 & 0.3376 \\
0.2592 & 0.4902 & 0.5060 \\
0.4526 & 0.4034 & 0.3953 \\
0.5002 & 0.6553 & 0.6417 \\
0.4618 & 0.6965 & 0.7022 \\
0.5904 & 0.6067 & 0.5911 \\
0.4898 & 0.7489 & 0.7135 \\
0.3922 & 0.8635 & 0.8060 \\
0.6154 & 0.9998 & 1.0000
\end{bmatrix}
$$

步骤二：确定理想点 S_1^+ 与负理想点 S_1^-，

$$S_1^+ = \{s_{11}^+ \mid j = 1, 2, \cdots, n\}, \quad S_1^- = \{s_{11}^- \mid j = 1, 2, \cdots, n\}$$

由于行业利润率（C_{11}）、有研发机构的企业数的比重（C_{12}）、有 R&D 活动的企业数的比重（C_{13}）均为效益型指标，且 $s_{11}^+ = \max\limits_{1 \leqslant i \leqslant 10} \{Z_{ij}\}$，$s_{11}^- = \min\limits_{1 \leqslant i \leqslant 10} \{Z_{ij}\}$；根据集对分析思想，可以认为理想点 S_1^+ 与负理想点 S_1^- 在系统中互为对立关系。

步骤三：计算方案 $AFPI_1$（即农副食品加工业绿色创新能力的要素层"绿色创新支撑能力"）与理想点 S_1^+ 的联系度 u_1^+。由方案 $AFPI_1$ 与理想点 S_1^+ 组成集对 $H_1^+ = (AFPI_1, S_1^+)$，则有：

$$u_1^+ = a_1^+ + b_1^+ i + c_1^+ j = \omega_{11} u_{11}^+ + \omega_{12} u_{12}^+$$

$$u_{11}^+ = a_{11}^+ + b_{11}^+ i + c_{11}^+ j, \quad u_{12}^+ = a_{12}^+ + b_{12}^+ i + c_{12}^+ j$$

其中，根据表 6.4，行业利润率（C_{11}）、有研发机构的企业数的比重（C_{12}）、有 R&D 活动的企业数的比重（C_{13}）这 3 个具体指标的权重为：

$$\omega_1 = (\omega_{11}, \omega_{12}, \omega_{13}) = (0.0464, 0.1525, 0.1469)$$

根据式（6.12）的判别：

$$a_{11}^+ = 0.4627, \quad b_{11}^+ = 0.5373, \quad c_{11}^+ = 0$$

$$a_{12}^+ = 0.2811, \quad b_{12}^+ = 0.7189, \quad c_{12}^+ = 0$$

$$a_{13}^+ = 0.2646, \quad b_{13}^+ = 0.7354, \quad c_{13}^+ = 0$$

可得：

$$u_1^+ = \omega_{11}(a_{11}^+ + b_{11}^+ i + c_{11}^+ j) + \omega_{12}(a_{12}^+ + b_{12}^+ i + c_{12}^+ j) + \omega_{13}(a_{13}^+ + b_{13}^+ i + c_{13}^+ j)$$
$$= 0.1032 + 0.2426i + 0j$$

则 $a_1^+ = 0.1032$，$b_1^+ = 0.2426$，$c_1^+ = 0$。

步骤四：计算方案 $AFPI_1$（即农副食品加工业绿色创新能力的要素层"绿色创新支撑能力"）与负理想点 S_1^- 的联系度 u_1^-。

由方案 $AFPI_1$ 与理想点 S_1^- 组成集对 $H_1^- = (AFPI_1, S_1^-)$，则有

$$u_1^- = a_1^- + b_1^- i + c_1^- j = \omega_{11} u_{11}^- + \omega_{12} u_{12}^-$$

$$u_{11}^- = a_{11}^- + b_{11}^- i + c_{11}^- j, \quad u_{12}^- = a_{12}^- + b_{12}^- i + c_{12}^- j$$

根据式（6.13）的判别：

$$a_{11}^- = 0.3435, \quad b_{11}^- = 0.6565, \quad c_{11}^- = 0$$

$$a_{12}^- = 0.9341，\quad b_{12}^- = 0.0659，\quad c_{12}^- = 0$$

$$a_{13}^- = 0.8957，\quad b_{13}^- = 0.1043，\quad c_{13}^- = 0$$

可得：

$$u_1^- = \omega_{11}(a_{11}^- + b_{11}^- i + c_{111}^- j) + \omega_{12}(a_{12}^- + b_{12}^- i + c_{12}^- j) + \omega_{13}(a_{13}^- + b_{13}^- i + c_{13}^- j)$$

$$= 0.2900 + 0.0558i + 0j$$

则 $a_1^- = 0.2900，b_1^- = 0.0558，c_1^- = 0$。

同理，根据初始决策矩阵 Z_1，按照以上步骤（1）～步骤（4）可以得出其他 26 个制造业行业的准则层"绿色创新支撑能力"这一方案与理想点 S_1^+ 的联系度 u_1^+，负理想点 S_1^- 的联系度 u_1^-。

对于方案 FOM_1：

$$u_1^+ = \omega_{11}(a_{11}^+ + b_{11}^+ i + c_{11}^+ j) + \omega_{12}(a_{12}^+ + b_{12}^+ i + c_{12}^+ j) + \omega_{13}(a_{13}^+ + b_{13}^+ i + c_{13}^+ j)$$

$$= 0.1448 + 0.2010i$$

$$u_1^- = \omega_{11}(a_{11}^- + b_{11}^- i + c_{111}^- j) + \omega_{12}(a_{12}^- + b_{12}^- i + c_{12}^- j) + \omega_{13}(a_{13}^- + b_{13}^- i + c_{13}^- j)$$

$$= 0.2099 + 0.1359i$$

对于方案 BEM_1：

$$u_1^+ = \omega_{11}(a_{11}^+ + b_{11}^+ i + c_{11}^+ j) + \omega_{12}(a_{12}^+ + b_{12}^+ i + c_{12}^+ j) + \omega_{13}(a_{13}^+ + b_{13}^+ i + c_{13}^+ j)$$

$$= 0.1369 + 0.2089i$$

$$u_1^- = \omega_{11}(a_{11}^- + b_{11}^- i + c_{111}^- j) + \omega_{12}(a_{12}^- + b_{12}^- i + c_{12}^- j) + \omega_{13}(a_{13}^- + b_{13}^- i + c_{13}^- j)$$

$$= 0.2362 + 0.1096i$$

对于方案 TOI_1：

$$u_1^+ = \omega_{11}(a_{11}^+ + b_{11}^+ i + c_{11}^+ j) + \omega_{12}(a_{12}^+ + b_{12}^+ i + c_{12}^+ j) + \omega_{13}(a_{13}^+ + b_{13}^+ i + c_{13}^+ j)$$

$$= 0.3061 + 0.0397i$$

$$u_1^- = \omega_{11}(a_{11}^- + b_{11}^- i + c_{111}^- j) + \omega_{12}(a_{12}^- + b_{12}^- i + c_{12}^- j) + \omega_{13}(a_{13}^- + b_{13}^- i + c_{13}^- j)$$

$$= 0.0863 + 0.2131i$$

对于方案 TEI_1：

$$u_1^+ = \omega_{11}(a_{11}^+ + b_{11}^+ i + c_{11}^+ j) + \omega_{12}(a_{12}^+ + b_{12}^+ i + c_{12}^+ j) + \omega_{13}(a_{13}^+ + b_{13}^+ i + c_{13}^+ j)$$

$$= 0.1256 + 0.2202i$$

$$u_1^- = \omega_{11}(a_{11}^- + b_{11}^- i + c_{111}^- j) + \omega_{12}(a_{12}^- + b_{12}^- i + c_{12}^- j) + \omega_{13}(a_{13}^- + b_{13}^- i + c_{13}^- j)$$

$= 0.2333 + 0.1125i$

对于方案 THM_1：

$$u_1^+ = \omega_{11}(a_{11}^+ + b_{11}^+ i + c_{11}^+ j) + \omega_{12}(a_{12}^+ + b_{12}^+ i + c_{12}^+ j) + \omega_{13}(a_{13}^+ + b_{13}^+ i + c_{13}^+ j)$$
$$= 0.1063 + 0.2395i$$

$$u_1^- = \omega_{11}(a_{11}^- + b_{11}^- i + c_{111}^- j) + \omega_{12}(a_{12}^- + b_{12}^- i + c_{12}^- j) + \omega_{13}(a_{13}^- + b_{13}^- i + c_{13}^- j)$$
$$= 0.2888 + 0.0570i$$

对于方案 LFF_1：

$$u_1^+ = \omega_{11}(a_{11}^+ + b_{11}^+ i + c_{11}^+ j) + \omega_{12}(a_{12}^+ + b_{12}^+ i + c_{12}^+ j) + \omega_{13}(a_{13}^+ + b_{13}^+ i + c_{13}^+ j)$$
$$= 0.1056 + 0.2402i$$

$$u_1^- = \omega_{11}(a_{11}^- + b_{11}^- i + c_{111}^- j) + \omega_{12}(a_{12}^- + b_{12}^- i + c_{12}^- j) + \omega_{13}(a_{13}^- + b_{13}^- i + c_{13}^- j)$$
$$= 0.2958 + 0.0500i$$

对于方案 $WWSI_1$：

$$u_1^+ = \omega_{11}(a_{11}^+ + b_{11}^+ i + c_{11}^+ j) + \omega_{12}(a_{12}^+ + b_{12}^+ i + c_{12}^+ j) + \omega_{13}(a_{13}^+ + b_{13}^+ i + c_{13}^+ j)$$
$$= 0.0703 + 0.1286i$$

$$u_1^- = \omega_{11}(a_{11}^- + b_{11}^- i + c_{111}^- j) + \omega_{12}(a_{12}^- + b_{12}^- i + c_{12}^- j) + \omega_{13}(a_{13}^- + b_{13}^- i + c_{13}^- j)$$
$$= 0.2951 + 0.0507i$$

对于方案 FUM_1：

$$u_1^+ = \omega_{11}(a_{11}^+ + b_{11}^+ i + c_{11}^+ j) + \omega_{12}(a_{12}^+ + b_{12}^+ i + c_{12}^+ j) + \omega_{13}(a_{13}^+ + b_{13}^+ i + c_{13}^+ j)$$
$$= 0.0612 + 0.1321i$$

$$u_1^- = \omega_{11}(a_{11}^- + b_{11}^- i + c_{111}^- j) + \omega_{12}(a_{12}^- + b_{12}^- i + c_{12}^- j) + \omega_{13}(a_{13}^- + b_{13}^- i + c_{13}^- j)$$
$$= 0.3097 + 0.0361i$$

对于方案 PPI_1：

$$u_1^+ = \omega_{11}(a_{11}^+ + b_{11}^+ i + c_{11}^+ j) + \omega_{12}(a_{12}^+ + b_{12}^+ i + c_{12}^+ j) + \omega_{13}(a_{13}^+ + b_{13}^+ i + c_{13}^+ j)$$
$$= 0.1112 + 0.2346i$$

$$u_1^- = \omega_{11}(a_{11}^- + b_{11}^- i + c_{111}^- j) + \omega_{12}(a_{12}^- + b_{12}^- i + c_{12}^- j) + \omega_{13}(a_{13}^- + b_{13}^- i + c_{13}^- j)$$
$$= 0.2688 + 0.0770i$$

对于方案 $PRMR_1$：

$$u_1^+ = \omega_{11}(a_{11}^+ + b_{11}^+ i + c_{11}^+ j) + \omega_{12}(a_{12}^+ + b_{12}^+ i + c_{12}^+ j) + \omega_{13}(a_{13}^+ + b_{13}^+ i + c_{13}^+ j)$$

$= 0.1214 + 0.2244i$

$u_1^- = \omega_{11}(a_{11}^- + b_{11}^- i + c_{111}^- j) + \omega_{12}(a_{12}^- + b_{12}^- i + c_{12}^- j) + \omega_{13}(a_{13}^- + b_{13}^- i + c_{13}^- j)$

$= 0.2561 + 0.0897i$

对于方案 CSM_1：

$u_1^+ = \omega_{11}(a_{11}^+ + b_{11}^+ i + c_{11}^+ j) + \omega_{12}(a_{12}^+ + b_{12}^+ i + c_{12}^+ j) + \omega_{13}(a_{13}^+ + b_{13}^+ i + c_{13}^+ j)$

$= 0.1376 + 0.2082i$

$u_1^- = \omega_{11}(a_{11}^- + b_{11}^- i + c_{111}^- j) + \omega_{12}(a_{12}^- + b_{12}^- i + c_{12}^- j) + \omega_{13}(a_{13}^- + b_{13}^- i + c_{13}^- j)$

$= 0.2109 + 0.1349i$

对于方案 $PNPI_1$：

$u_1^+ = \omega_{11}(a_{11}^+ + b_{11}^+ i + c_{11}^+ j) + \omega_{12}(a_{12}^+ + b_{12}^+ i + c_{12}^+ j) + \omega_{13}(a_{13}^+ + b_{13}^+ i + c_{13}^+ j)$

$= 0.1266 + 0.2192i$

$u_1^- = \omega_{11}(a_{11}^- + b_{11}^- i + c_{111}^- j) + \omega_{12}(a_{12}^- + b_{12}^- i + c_{12}^- j) + \omega_{13}(a_{13}^- + b_{13}^- i + c_{13}^- j)$

$= 0.2251 + 0.1207i$

对于方案 $CCPM_1$：

$u_1^+ = \omega_{11}(a_{11}^+ + b_{11}^+ i + c_{11}^+ j) + \omega_{12}(a_{12}^+ + b_{12}^+ i + c_{12}^+ j) + \omega_{13}(a_{13}^+ + b_{13}^+ i + c_{13}^+ j)$

$= 0.1938 + 0.1520i$

$u_1^- = \omega_{11}(a_{11}^- + b_{11}^- i + c_{111}^- j) + \omega_{12}(a_{12}^- + b_{12}^- i + c_{12}^- j) + \omega_{13}(a_{13}^- + b_{13}^- i + c_{13}^- j)$

$= 0.1460 + 0.1998i$

对于方案 PHM_1：

$u_1^+ = \omega_{11}(a_{11}^+ + b_{11}^+ i + c_{11}^+ j) + \omega_{12}(a_{12}^+ + b_{12}^+ i + c_{12}^+ j) + \omega_{13}(a_{13}^+ + b_{13}^+ i + c_{13}^+ j)$

$= 0.3068 + 0.0390i$

$u_1^- = \omega_{11}(a_{11}^- + b_{11}^- i + c_{111}^- j) + \omega_{12}(a_{12}^- + b_{12}^- i + c_{12}^- j) + \omega_{13}(a_{13}^- + b_{13}^- i + c_{13}^- j)$

$= 0.0925 + 0.2533i$

对于方案 CFM_1：

$u_1^+ = \omega_{11}(a_{11}^+ + b_{11}^+ i + c_{11}^+ j) + \omega_{12}(a_{12}^+ + b_{12}^+ i + c_{12}^+ j) + \omega_{13}(a_{13}^+ + b_{13}^+ i + c_{13}^+ j)$

$= 0.2100 + 0.1358i$

$u_1^- = \omega_{11}(a_{11}^- + b_{11}^- i + c_{111}^- j) + \omega_{12}(a_{12}^- + b_{12}^- i + c_{12}^- j) + \omega_{13}(a_{13}^- + b_{13}^- i + c_{13}^- j)$

$= 0.1357 + 0.2101i$

对于方案 RPP_1：

$$u_1^+ = \omega_{11}(a_{11}^+ + b_{11}^+ i + c_{11}^+ j) + \omega_{12}(a_{12}^+ + b_{12}^+ i + c_{12}^+ j) + \omega_{13}(a_{13}^+ + b_{13}^+ i + c_{13}^+ j)$$
$$= 0.1415 + 0.2043i$$

$$u_1^- = \omega_{11}(a_{11}^- + b_{11}^- i + c_{111}^- j) + \omega_{12}(a_{12}^- + b_{12}^- i + c_{12}^- j) + \omega_{13}(a_{13}^- + b_{13}^- i + c_{13}^- j)$$
$$= 0.2059 + 0.1399i$$

对于方案 $NMPI_1$：

$$u_1^+ = \omega_{11}(a_{11}^+ + b_{11}^+ i + c_{11}^+ j) + \omega_{12}(a_{12}^+ + b_{12}^+ i + c_{12}^+ j) + \omega_{13}(a_{13}^+ + b_{13}^+ i + c_{13}^+ j)$$
$$= 0.1060 + 0.2398i$$

$$u_1^- = \omega_{11}(a_{11}^- + b_{11}^- i + c_{111}^- j) + \omega_{12}(a_{12}^- + b_{12}^- i + c_{12}^- j) + \omega_{13}(a_{13}^- + b_{13}^- i + c_{13}^- j)$$
$$= 0.2915 + 0.0543i$$

对于方案 $FRPI_1$：

$$u_1^+ = \omega_{11}(a_{11}^+ + b_{11}^+ i + c_{11}^+ j) + \omega_{12}(a_{12}^+ + b_{12}^+ i + c_{12}^+ j) + \omega_{13}(a_{13}^+ + b_{13}^+ i + c_{13}^+ j)$$
$$= 0.1075 + 0.1919i$$

$$u_1^- = \omega_{11}(a_{11}^- + b_{11}^- i + c_{111}^- j) + \omega_{12}(a_{12}^- + b_{12}^- i + c_{12}^- j) + \omega_{13}(a_{13}^- + b_{13}^- i + c_{13}^- j)$$
$$= 0.2550 + 0.0908i$$

对于方案 $NRPI_1$：

$$u_1^+ = \omega_{11}(a_{11}^+ + b_{11}^+ i + c_{11}^+ j) + \omega_{12}(a_{12}^+ + b_{12}^+ i + c_{12}^+ j) + \omega_{13}(a_{13}^+ + b_{13}^+ i + c_{13}^+ j)$$
$$= 0.1627 + 0.1831i$$

$$u_1^- = \omega_{11}(a_{11}^- + b_{11}^- i + c_{111}^- j) + \omega_{12}(a_{12}^- + b_{12}^- i + c_{12}^- j) + \omega_{13}(a_{13}^- + b_{13}^- i + c_{13}^- j)$$
$$= 0.1756 + 0.1702i$$

对于方案 MPI_1：

$$u_1^+ = \omega_{11}(a_{11}^+ + b_{11}^+ i + c_{11}^+ j) + \omega_{12}(a_{12}^+ + b_{12}^+ i + c_{12}^+ j) + \omega_{13}(a_{13}^+ + b_{13}^+ i + c_{13}^+ j)$$
$$= 0.1434 + 0.2024i$$

$$u_1^- = \omega_{11}(a_{11}^- + b_{11}^- i + c_{111}^- j) + \omega_{12}(a_{12}^- + b_{12}^- i + c_{12}^- j) + \omega_{13}(a_{13}^- + b_{13}^- i + c_{13}^- j)$$
$$= 0.2017 + 0.1441i$$

对于方案 GEM_1：

$$u_1^+ = \omega_{11}(a_{11}^+ + b_{11}^+ i + c_{11}^+ j) + \omega_{12}(a_{12}^+ + b_{12}^+ i + c_{12}^+ j) + \omega_{13}(a_{13}^+ + b_{13}^+ i + c_{13}^+ j)$$
$$= 0.2205 + 0.1253i$$

$$u_1^- = \omega_{11}(a_{11}^- + b_{11}^- i + c_{111}^- j) + \omega_{12}(a_{12}^- + b_{12}^- i + c_{12}^- j) + \omega_{13}(a_{13}^- + b_{13}^- i + c_{13}^- j)$$
$$= 0.1284 + 0.2174i$$

对于方案 SEM_1：

$$u_1^+ = \omega_{11}(a_{11}^+ + b_{11}^+ i + c_{11}^+ j) + \omega_{12}(a_{12}^+ + b_{12}^+ i + c_{12}^+ j) + \omega_{13}(a_{13}^+ + b_{13}^+ i + c_{13}^+ j)$$
$$= 0.2337 + 0.1121i$$

$$u_1^- = \omega_{11}(a_{11}^- + b_{11}^- i + c_{111}^- j) + \omega_{12}(a_{12}^- + b_{12}^- i + c_{12}^- j) + \omega_{13}(a_{13}^- + b_{13}^- i + c_{13}^- j)$$
$$= 0.1212 + 0.2246i$$

对于方案 TEM_1：

$$u_1^+ = \omega_{11}(a_{11}^+ + b_{11}^+ i + c_{11}^+ j) + \omega_{12}(a_{12}^+ + b_{12}^+ i + c_{12}^+ j) + \omega_{13}(a_{13}^+ + b_{13}^+ i + c_{13}^+ j)$$
$$= 0.2104 + 0.1354i$$

$$u_1^- = \omega_{11}(a_{11}^- + b_{11}^- i + c_{111}^- j) + \omega_{12}(a_{12}^- + b_{12}^- i + c_{12}^- j) + \omega_{13}(a_{13}^- + b_{13}^- i + c_{13}^- j)$$
$$= 0.1359 + 0.2099i$$

对于方案 EEM_1：

$$u_1^+ = \omega_{11}(a_{11}^+ + b_{11}^+ i + c_{11}^+ j) + \omega_{12}(a_{12}^+ + b_{12}^+ i + c_{12}^+ j) + \omega_{13}(a_{13}^+ + b_{13}^+ i + c_{13}^+ j)$$
$$= 0.2448 + 0.1010i$$

$$u_1^- = \omega_{11}(a_{11}^- + b_{11}^- i + c_{111}^- j) + \omega_{12}(a_{12}^- + b_{12}^- i + c_{12}^- j) + \omega_{13}(a_{13}^- + b_{13}^- i + c_{13}^- j)$$
$$= 0.1156 + 0.2302i$$

对于方案 $CCEM_1$：

$$u_1^+ = \omega_{11}(a_{11}^+ + b_{11}^+ i + c_{11}^+ j) + \omega_{12}(a_{12}^+ + b_{12}^+ i + c_{12}^+ j) + \omega_{13}(a_{13}^+ + b_{13}^+ i + c_{13}^+ j)$$
$$= 0.2707 + 0.0751i$$

$$u_1^- = \omega_{11}(a_{11}^- + b_{11}^- i + c_{111}^- j) + \omega_{12}(a_{12}^- + b_{12}^- i + c_{12}^- j) + \omega_{13}(a_{13}^- + b_{13}^- i + c_{13}^- j)$$
$$= 0.1062 + 0.2396i$$

对于方案 ICM_1：

$$u_1^+ = \omega_{11}(a_{11}^+ + b_{11}^+ i + c_{11}^+ j) + \omega_{12}(a_{12}^+ + b_{12}^+ i + c_{12}^+ j) + \omega_{13}(a_{13}^+ + b_{13}^+ i + c_{13}^+ j)$$
$$= 0.3317 + 0.0141i$$

$$u_1^- = \omega_{11}(a_{11}^- + b_{11}^- i + c_{111}^- j) + \omega_{12}(a_{12}^- + b_{12}^- i + c_{12}^- j) + \omega_{13}(a_{13}^- + b_{13}^- i + c_{13}^- j)$$
$$= 0.0106 + 0.0358i$$

步骤五：计算方案 $AFPI_1$ 与理想点 S_1^+ 的联系向量距离。理想点 S_1^+

的联系向量为$\overrightarrow{u^+} = (1, 0, 0)$，方案 $AFPI_1$ 相应的联系向量为$\overrightarrow{u_1^+} = (a_1^+, b_1^+, c_1^+)$，则 $AFPI_1$ 与 S^+ 的联系向量距离为：

$$d_1^+ = \sqrt{(1 - a_1^+)^2 + (b_1^+)^2 + (c_1^+)^2}$$

步骤六：计算方案 $AFPI_1$ 与负理想点 S_1^- 的联系向量距离。负理想点 S_1^- 的联系向量为$\overrightarrow{u^-} = (1, 0, 0)$，方案 $AFPI_1$ 相应的联系向量为$\overrightarrow{u_1^-} = (a_1^-, b_1^-, c_1^-)$，则 $AFPI_1$ 与 S_1^- 的联系向量距离为：

$$d_1^- = \sqrt{(1 - a_1^-)^2 + (b_1^-)^2 + (c_1^-)^2}$$

步骤七：计算方案 $AFPI_1$ 与理想点 S_1^+ 的相对贴近度：

$$c_1 = \frac{d_1^-}{d_1^+ + d_1^-}$$

同理，可得其他 26 个制造业行业的准则层"绿色创新支撑能力"与理想点 S_1^+ 的相对贴近度。27 个制造业行业的其余 2 个准则层与其理想点的相对贴近度，按照以上步骤（1）~步骤（7）求解，见表6.5。

表6.5 准则层评价结果

行业简称	绿色创新支撑能力（B_1）	绿色创新投入能力（B_2）	绿色创新产出能力（B_3）
AFPI	0.4340	0.4575	0.4589
FOM	0.4771	0.4845	0.4767
BEM	0.4649	0.4755	0.4623
TOI	0.5748	0.4556	0.5588
TEI	0.4622	0.4769	0.4845
THM	0.4354	0.4553	0.4579
LFF	0.4326	0.4436	0.4402
WWSI	0.4266	0.4511	0.4403
FUM	0.4185	0.4633	0.4860

行业简称	绿色创新支撑能力（B_1）	绿色创新投入能力（B_2）	绿色创新产出能力（B_3）
PPI	0.4444	0.4945	0.4968
PRMR	0.4524	0.4761	0.4484
CSM	0.4744	0.4706	0.4682
PNPI	0.4655	0.4656	0.4699
CCPM	0.5167	0.5204	0.5224
PHM	0.5757	0.5542	0.5432
CFM	0.5260	0.5271	0.5281
RPP	0.4775	0.4991	0.4932
NMPI	0.4343	0.4744	0.4613
FRPI	0.4508	0.5088	0.5030
NRPI	0.4955	0.5069	0.4889
MPI	0.4796	0.5009	0.4969
GEM	0.5322	0.5364	0.5390
SEM	0.5394	0.5455	0.5653
TEM	0.5261	0.5443	0.5530
EEM	0.5453	0.5389	0.5617
CCEM	0.5580	0.5490	0.5966
ICM	0.6075	0.5796	0.5645

（2）目标层综合评价。

①构造初始决策矩阵。"中国制造业绿色创新能力"是本书评价的目标层，其中，绿色创新支撑能力（B_1）、绿色创新投入能力（B_2）、绿色创新产出能力（B_3）是这一目标层隶属的三个准则层指标。根据评价指标体系的隶属关系，目标层综合评价是以准则层综合评价的结果作为初始决策矩阵的。由表 6.5 可知，目标层"中国制造业绿色创新能

力"的初始决策矩阵为：

$$Z = \begin{bmatrix} 0.4340 & 0.4575 & 0.4589 \\ 0.4771 & 0.4845 & 0.4767 \\ 0.4649 & 0.4755 & 0.4623 \\ 0.5748 & 0.4556 & 0.5588 \\ 0.4622 & 0.4769 & 0.4845 \\ 0.4354 & 0.4553 & 0.4579 \\ 0.4326 & 0.4436 & 0.4402 \\ 0.4266 & 0.4511 & 0.4403 \\ 0.4185 & 0.4633 & 0.4860 \\ 0.4444 & 0.4945 & 0.4968 \\ 0.4524 & 0.4761 & 0.4484 \\ 0.4744 & 0.4706 & 0.4682 \\ 0.4655 & 0.4656 & 0.4699 \\ 0.5167 & 0.5204 & 0.5224 \\ 0.5757 & 0.5542 & 0.5432 \\ 0.5260 & 0.5271 & 0.5281 \\ 0.4775 & 0.4991 & 0.4932 \\ 0.4343 & 0.4744 & 0.4613 \\ 0.4508 & 0.5088 & 0.5030 \\ 0.4955 & 0.5069 & 0.4889 \\ 0.4796 & 0.5009 & 0.4969 \\ 0.5322 & 0.5364 & 0.5390 \\ 0.5394 & 0.5455 & 0.5653 \\ 0.5261 & 0.5443 & 0.5530 \\ 0.5453 & 0.5389 & 0.5617 \\ 0.5580 & 0.5490 & 0.5966 \\ 0.6075 & 0.5796 & 0.5645 \end{bmatrix}$$

②确定理想点 S^+ 与负理想点 S^-,

$S^+ = \{s_1^+ \mid j=1, 2, \cdots, n\}$, $S^- = \{s_1^- \mid j=1, 2, \cdots, n\}$

绿色创新支撑能力（B_1）、绿色创新投入能力（B_2）、绿色创新产出能力（B_3）为效益型指标, 有 $s_1^+ = \max\limits_{1 \leqslant i \leqslant 10} \{Z_{ij}\}$, $s_1^- = \min\limits_{1 \leqslant i \leqslant 10} \{Z_{ij}\}$; 根据集对分析思想, 可以认为理想点 S^+ 与负理想点 S^- 在系统中互为对立关系。

③计算方案 AFPI（农副食品加工业绿色创新能力）与理想点 S^+ 的联系度 u^+。

由方案 AFPI 与理想点 S^+ 组成集对 $H^+ = (A, S^+)$, 则有:

$u^+ = a^+ + b^+ i + c^+ j = \omega_1 u_1^+ + \omega_2 u_2^+ + \omega_3 u_3^+ + \omega_4 u_4^+ + \omega_5 u_5^+$,

$u_1^+ = a_1^+ + b_1^+ i + c_1^+ j$, $u_2^+ = a_2^+ + b_2^+ i + c_2^+ j$, $u_3^+ = a_3^+ + b_3^+ i + c_3^+ j$

根据表 6.4, 绿色创新支撑能力（B_1）、绿色创新投入能力（B_2）、绿色创新产出能力（B_3）这 3 个准则层指标的权重为:

$$\omega = (\omega_1, \omega_2, \omega_3) = (0.3457, 0.2521, 0.4022)$$

根据公式（6.12）的判别:

$$a_1^+ = 0.7144, \quad b_1^+ = 0.2856, \quad c_1^+ = 0$$
$$a_2^+ = 0.7893, \quad b_2^+ = 0.2107, \quad c_2^+ = 0$$
$$a_3^+ = 0.7692, \quad b_3^+ = 0.2308, \quad c_3^+ = 0$$

可得:

$u^+ = \omega_1(a_1^+ + b_1^+ i + c_1^+ j) + \omega_2(a_2^+ + b_2^+ i + c_2^+ j) + \omega_3(a_3^+ + b_3^+ i + c_3^+ j)$

$= 0.7553 + 0.2447i + 0j$

则 $a^+ = 0.7553$, $b^+ = 0.2447$, $c^+ = 0$。

④计算方案 AFPI（农副食品加工业绿色创新能力）与理想点 S^- 的联系度 u^-。

由方案 AFPI 与理想点 S^- 组成集对 $H^- = (FY, S^-)$, 则有:

$u^- = a^- + b^- i + c^- j = \omega_1 u_1^- + \omega_2 u_2^- + \omega_3 u_3^- + \omega_4 u_4^-$,

$u_1^- = a_1^- + b_1^- i + c_1^- j$, $u_2^- = a_2^- + b_2^- i + c_2^- j$, $u_3^- = a_3^- + b_3^- i + c_3^- j$

根据公式（6.13）的判别:

$$a_1^- = 0.9645, \quad b_1^- = 0.0355, \quad c_1^- = 0$$
$$a_2^- = 0.9695, \quad b_2^- = 0.0305, \quad c_2^- = 0$$
$$a_3^- = 0.9594, \quad b_3^- = 0.0406, \quad c_3^- = 0$$

可得：

$$u^- = \omega_1(a_1^- + b_1^- i + c_1^- j) + \omega_2(a_2^- + b_2^- i + c_2^- j) + \omega_3(a_3^- + b_3^- i + c_3^- j)$$
$$= 0.9637 + 0.0363i$$

则 $a^- = 0.9637$, $b^- = 0.0363$, $c^- = 0$。

⑤计算方案 AFPI 与理想点 S^+ 的联系向量距离。

理想点 S^+ 的联系向量为 $\overrightarrow{u^+} = (1, 0, 0)$，方案 AFPI 相应的联系向量为 $\overrightarrow{u^+} = (a^+, b^+, c^+)$，则 AFPI 与 S^+ 的联系向量距离为：

$$d^+ = \sqrt{(1-a^+)^2 + (b^+)^2 + (c^+)^2}$$

⑥计算方案 AFPI 与负理想点 S^- 的联系向量距离。

负理想点 S^- 的联系向量为 $\overrightarrow{u^-} = (1, 0, 0)$，方案 AFPI 相应的联系向量为 $\overrightarrow{u^-} = (a^-, b^-, c^-)$，则 AFPI 与 S^- 的联系向量距离为：

$$d^- = \sqrt{(1-a^-)^2 + (b^-)^2 + (c^-)^2}$$

⑦计算方案 AFPI 与理想点 S^+ 的相对贴近度：

$$c = \frac{d^-}{d^+ + d^-}$$

同理，可得其他 26 个制造业行业的目标层"绿色创新能力"与理想点 S^+ 的相对贴近度，见表6.6。

表6.6　　　　　　　　　　目标层评价结果

评价对象	评价结果
AFPI	0.1291
FOM	0.3249
BEM	0.2455
TOI	0.6549
TEI	0.3001

评价对象	评价结果
THM	0.1257
LFF	0.0156
WWSI	0.0391
FUM	0.1031
PPI	0.3179
PRMR	0.1779
CSM	0.2742
PNPI	0.2506
CCPM	0.5660
PHM	0.7723
CFM	0.6060
RPP	0.3891
NMPI	0.1671
FRPI	0.3696
NRPI	0.4271
MPI	0.4052
GEM	0.6556
SEM	0.7410
TEM	0.6863
EEM	0.7345
CCEM	0.9211
ICM	0.9676

综上，中国制造业27个行业2015年的绿色创新支撑能力、绿色创新投入能力、绿色创新产出能力及绿色创新能力见表6.6。同时，根据基于微粒群算法定权的改进TOPSIS法的综合评价模型的原理及评价步骤，同理得出中国制造业27个行业在2009～2014年绿色创新支撑能

力、绿色创新投入能力、绿色创新产出及绿色创新能力的得分，见表 6.7～表 6.13。再对各行业 7 年的得分进行平均，即可得到各行业的绿色创新支撑能力、绿色创新投入能力、绿色创新产出能力及综合能力的平均得分，见表 6.14。

表 6.7　　　　　2015 年中国制造业绿色创新能力的评价结果

行业简称	绿色创新支撑能力		绿色创新投入能力		绿色创新产出能力		综合能力	
	得分	排名	得分	排名	得分	排名	得分	排名
AFPI	0.4340	24	0.4575	23	0.4589	23	0.1291	23
FOM	0.4771	14	0.4845	15	0.4767	18	0.3249	15
BEM	0.4649	17	0.4755	18	0.4623	21	0.2455	20
TOI	0.5748	3	0.4556	24	0.5588	5	0.6549	8
TEI	0.4622	18	0.4769	16	0.4845	17	0.3001	17
THM	0.4354	22	0.4553	25	0.4579	24	0.1257	24
LFF	0.4326	25	0.4436	27	0.4402	27	0.0156	27
WWSI	0.4266	26	0.4511	26	0.4403	26	0.0391	26
FUM	0.4185	27	0.4633	22	0.4860	16	0.1031	25
PPI	0.4444	21	0.4945	14	0.4968	13	0.3179	16
PRMR	0.4524	19	0.4761	17	0.4484	25	0.1779	21
CSM	0.4744	15	0.4706	20	0.4682	20	0.2742	18
PNPI	0.4655	16	0.4656	21	0.4699	19	0.2506	19
CCPM	0.5167	10	0.5204	9	0.5224	10	0.5660	10
PHM	0.5757	2	0.5542	2	0.5432	7	0.7723	3
CFM	0.5260	9	0.5271	8	0.5281	9	0.6060	9
RPP	0.4775	13	0.4991	13	0.4932	14	0.3891	13
NMPI	0.4343	23	0.4744	19	0.4613	22	0.1671	22
FRPI	0.4508	20	0.5088	10	0.5030	11	0.3696	14
NRPI	0.4955	11	0.5069	11	0.4889	15	0.4271	11
MPI	0.4796	12	0.5009	12	0.4969	12	0.4052	12

续表

行业简称	绿色创新支撑能力		绿色创新投入能力		绿色创新产出能力		综合能力	
	得分	排名	得分	排名	得分	排名	得分	排名
GEM	0.5322	7	0.5364	7	0.5390	8	0.6556	7
SEM	0.5394	6	0.5455	4	0.5653	2	0.7410	4
TEM	0.5261	8	0.5443	5	0.5530	6	0.6863	6
EEM	0.5453	5	0.5389	6	0.5617	4	0.7345	5
CCEM	0.5580	4	0.5490	3	0.5966	1	0.9211	2
ICM	0.6075	1	0.5796	1	0.5645	3	0.9676	1

表 6.8　　　2014 年中国制造业绿色创新能力的评价结果

行业简称	绿色创新支撑能力		绿色创新投入能力		绿色创新产出能力		综合能力	
	得分	排名	得分	排名	得分	排名	得分	排名
AFPI	0.4437	23	0.4548	23	0.4555	25	0.1617	23
FOM	0.4861	12	0.4800	16	0.4836	17	0.3819	15
BEM	0.4771	15	0.4837	15	0.4743	21	0.3444	17
TOI	0.5864	2	0.4544	24	0.5501	6	0.6980	7
TEI	0.4708	17	0.4713	19	0.4864	16	0.3414	18
THM	0.4416	24	0.4490	25	0.4603	24	0.1594	24
LFF	0.4244	26	0.4367	27	0.4472	26	0.0307	27
WWSI	0.4413	25	0.4402	26	0.4356	27	0.0330	26
FUM	0.4221	27	0.4600	22	0.4624	23	0.0783	25
PPI	0.4481	21	0.4914	14	0.4982	14	0.3524	16
PRMR	0.4658	19	0.4761	17	0.4759	20	0.3107	20
CSM	0.4761	16	0.4676	20	0.4813	18	0.3339	19
PNPI	0.4650	20	0.4617	21	0.4804	19	0.2964	21
CCPM	0.5184	10	0.5175	9	0.5244	10	0.6059	10
PHM	0.5812	3	0.5548	2	0.5445	7	0.8337	2
CFM	0.5266	9	0.5232	8	0.5344	8	0.6544	9

续表

行业简称	绿色创新支撑能力		绿色创新投入能力		绿色创新产出能力		综合能力	
	得分	排名	得分	排名	得分	排名	得分	排名
RPP	0.4791	14	0.4982	12	0.4981	15	0.4326	14
NMPI	0.4446	22	0.4724	18	0.4668	22	0.2287	22
FRPI	0.4685	18	0.5097	10	0.5092	12	0.4545	13
NRPI	0.5034	11	0.5013	11	0.5079	13	0.5116	11
MPI	0.4827	13	0.4977	13	0.5145	11	0.4797	12
GEM	0.5340	7	0.5350	7	0.5322	9	0.6814	8
SEM	0.5448	6	0.5447	3	0.5547	4	0.7712	5
TEM	0.5295	8	0.5405	5	0.5541	5	0.7332	6
EEM	0.5454	5	0.5362	6	0.5620	3	0.7772	4
CCEM	0.5584	4	0.5442	4	0.5626	2	0.8168	3
ICM	0.6077	1	0.5796	1	0.5726	1	1.0000	1

表6.9　　　　　2013年中国制造业绿色创新能力的评价结果

行业简称	绿色创新支撑能力		绿色创新投入能力		绿色创新产出能力		综合能力	
	得分	排名	得分	排名	得分	排名	得分	排名
AFPI	0.4407	23	0.4549	24	0.4485	26	0.1105	24
FOM	0.4819	13	0.4819	15	0.4894	19	0.3547	16
BEM	0.4774	15	0.4819	16	0.4726	21	0.3044	19
TOI	0.5925	1	0.4710	20	0.5485	8	0.8070	3
TEI	0.5054	11	0.4716	19	0.4907	18	0.3880	13
THM	0.4404	24	0.4574	22	0.4677	23	0.1685	23
LFF	0.4259	25	0.4362	27	0.4595	24	0.0468	26
WWSI	0.4224	26	0.4378	26	0.4423	27	0.0050	27
FUM	0.4205	27	0.4574	23	0.4579	25	0.0535	25
PPI	0.4424	22	0.4903	14	0.5032	13	0.3140	18
PRMR	0.4596	19	0.4785	17	0.4955	15	0.3166	17

续表

行业简称	绿色创新支撑能力		绿色创新投入能力		绿色创新产出能力		综合能力	
	得分	排名	得分	排名	得分	排名	得分	排名
CSM	0.4713	17	0.4644	21	0.4695	22	0.2559	21
PNPI	0.4574	20	0.4532	25	0.4921	17	0.2625	20
CCPM	0.5145	10	0.5170	9	0.5348	10	0.5688	10
PHM	0.5817	3	0.5574	2	0.5618	5	0.8070	4
CFM	0.5203	9	0.5197	8	0.5432	9	0.6008	9
RPP	0.4756	16	0.4977	13	0.5123	12	0.4172	12
NMPI	0.4435	21	0.4736	18	0.4738	20	0.2190	22
FRPI	0.4621	18	0.5088	10	0.5019	14	0.3816	15
NRPI	0.4980	12	0.5034	11	0.5178	11	0.4820	11
MPI	0.4801	14	0.4992	12	0.4933	16	0.3858	14
GEM	0.5282	7	0.5335	7	0.5553	7	0.6600	8
SEM	0.5423	5	0.5487	3	0.5728	3	0.7439	5
TEM	0.5252	8	0.5435	5	0.5613	6	0.6806	7
EEM	0.5413	6	0.5358	6	0.5678	4	0.7133	6
CCEM	0.5534	4	0.5450	4	0.6247	1	0.9273	2
ICM	0.5892	2	0.5796	1	0.5948	2	0.9492	1

表 6.10　　　　　2012 年中国制造业绿色创新能力的评价结果

行业简称	绿色创新支撑能力		绿色创新投入能力		绿色创新产出能力		综合能力	
	得分	排名	得分	排名	得分	排名	得分	排名
AFPI	0.4356	24	0.4555	24	0.4787	25	0.2090	24
FOM	0.4778	13	0.4865	16	0.4984	19	0.4166	16
BEM	0.4801	12	0.4934	14	0.5047	17	0.4485	15
TOI	0.5925	2	0.4776	18	0.5613	8	0.7888	6
TEI	0.4663	17	0.4728	20	0.5018	18	0.3762	17
THM	0.4447	21	0.4603	23	0.4898	20	0.2717	22

行业简称	绿色创新支撑能力		绿色创新投入能力		绿色创新产出能力		综合能力	
	得分	排名	得分	排名	得分	排名	得分	排名
LFF	0.4185	27	0.4380	26	0.4423	27	0.0037	27
WWSI	0.4198	26	0.4330	27	0.4646	26	0.0512	26
FUM	0.4288	25	0.4522	25	0.4796	24	0.1867	25
PPI	0.4368	23	0.4894	15	0.5114	15	0.3573	19
PRMR	0.4529	19	0.4845	17	0.5060	16	0.3755	18
CSM	0.4709	16	0.4700	21	0.4854	22	0.3398	20
PNPI	0.4501	20	0.4649	22	0.4897	21	0.2929	21
CCPM	0.5139	10	0.5202	9	0.5454	10	0.6598	10
PHM	0.5836	3	0.5652	2	0.5789	2	0.9603	2
CFM	0.5161	9	0.5240	8	0.5565	9	0.6970	9
RPP	0.4763	15	0.5026	12	0.5141	14	0.4780	14
NMPI	0.4414	22	0.4731	19	0.4837	23	0.2696	23
FRPI	0.4563	18	0.5176	10	0.5251	12	0.4829	13
NRPI	0.4928	11	0.5105	11	0.5279	11	0.5590	11
MPI	0.4778	14	0.5008	13	0.5175	13	0.4866	12
GEM	0.5283	7	0.5371	7	0.5630	5	0.7581	8
SEM	0.5432	5	0.5521	3	0.5776	3	0.8490	5
TEM	0.5259	8	0.5469	5	0.5629	6	0.7682	7
EEM	0.5423	6	0.5394	6	0.5822	1	0.9167	3
CCEM	0.5615	4	0.5517	4	0.5714	4	0.8713	4
ICM	0.5952	1	0.5685	1	0.5629	7	0.9797	1

表 6.11　　　　　2011 年中国制造业绿色创新能力的评价结果

行业简称	绿色创新支撑能力		绿色创新投入能力		绿色创新产出能力		综合能力	
	得分	排名	得分	排名	得分	排名	得分	排名
AFPI	0.4568	22	0.4596	22	0.4597	22	0.2680	22
FOM	0.4965	13	0.4879	13	0.4833	14	0.4498	13

行业简称	绿色创新支撑能力		绿色创新投入能力		绿色创新产出能力		综合能力	
	得分	排名	得分	排名	得分	排名	得分	排名
BEM	0.5002	11	0.5008	11	0.4746	17	0.4550	12
TOI	0.5962	2	0.4819	15	0.5199	9	0.7028	7
TEI	0.4651	19	0.4813	16	0.4819	15	0.3750	17
THM	0.4036	27	0.4525	23	0.4485	26	0.0571	26
LFF	0.4416	25	0.4382	26	0.4530	24	0.1785	25
WWSI	0.4382	26	0.4314	27	0.4319	27	0.0374	27
FUM	0.4442	24	0.4483	25	0.4700	19	0.2478	24
PPI	0.4567	23	0.4879	14	0.4777	16	0.3574	18
PRMR	0.4630	21	0.4913	12	0.4690	20	0.3545	19
CSM	0.4863	14	0.4784	17	0.4517	25	0.3373	20
PNPI	0.4732	17	0.4682	20	0.4612	21	0.3199	21
CCPM	0.5229	8	0.5242	8	0.4934	12	0.5736	10
PHM	0.5966	1	0.5669	2	0.5505	4	0.9388	3
CFM	0.5179	10	0.5298	7	0.5259	8	0.6450	8
RPP	0.4795	15	0.4615	21	0.4925	13	0.3980	16
NMPI	0.4650	20	0.4517	24	0.4581	23	0.2680	23
FRPI	0.4667	18	0.4764	18	0.4968	11	0.4057	15
NRPI	0.4990	12	0.5552	4	0.4993	10	0.5854	9
MPI	0.4787	16	0.5093	10	0.4703	18	0.4152	14
GEM	0.5197	9	0.4697	19	0.5260	7	0.5611	11
SEM	0.5422	6	0.5643	3	0.5497	6	0.7911	4
TEM	0.5316	7	0.5126	9	0.5539	3	0.7066	6
EEM	0.5442	5	0.5439	6	0.5500	5	0.7666	5
CCEM	0.5574	4	0.5548	5	0.5910	1	0.9447	2
ICM	0.5883	3	0.5691	1	0.5877	2	0.9830	1

表 6.12   2010 年中国制造业绿色创新能力的评价结果

行业简称	绿色创新支撑能力		绿色创新投入能力		绿色创新产出能力		综合能力	
	得分	排名	得分	排名	得分	排名	得分	排名
AFPI	0.4500	20	0.4610	23	0.4736	22	0.2484	23
FOM	0.4898	12	0.4910	16	0.4983	14	0.4439	12
BEM	0.4894	13	0.5028	13	0.4912	16	0.4430	13
TOI	0.6179	1	0.4922	15	0.5305	6	0.8544	3
TEI	0.4464	21	0.4769	20	0.4860	18	0.3000	17
THM	0.3976	27	0.4366	26	0.4546	27	0.0020	27
LFF	0.4248	26	0.4405	25	0.4609	25	0.1128	25
WWSI	0.4322	24	0.4429	24	0.4611	24	0.1372	24
FUM	0.4266	25	0.4340	27	0.4759	20	0.1003	26
PPI	0.4403	22	0.4826	18	0.4847	19	0.2921	19
PRMR	0.4331	23	0.4869	17	0.4877	17	0.2899	20
CSM	0.4594	17	0.4658	22	0.4738	21	0.2782	21
PNPI	0.4716	14	0.4725	21	0.4598	26	0.2762	22
CCPM	0.5085	8	0.5224	9	0.5180	9	0.5735	10
PHM	0.5881	2	0.5796	1	0.5700	2	0.9542	1
CFM	0.5032	9	0.5358	7	0.5275	7	0.6049	7
RPP	0.4654	15	0.5061	12	0.4990	12	0.4192	14
NMPI	0.4571	18	0.4818	19	0.4736	23	0.2989	18
FRPI	0.4553	19	0.5214	10	0.4984	13	0.4188	15
NRPI	0.4923	11	0.5078	11	0.4995	11	0.4767	11
MPI	0.4626	16	0.4935	14	0.4976	15	0.3909	16
GEM	0.4997	10	0.5325	8	0.5243	8	0.5860	9
SEM	0.5305	5	0.5607	4	0.5620	3	0.7733	5
TEM	0.5151	7	0.5496	5	0.5074	10	0.5986	8
EEM	0.5259	6	0.5488	6	0.5540	4	0.7283	6
CCEM	0.5396	4	0.5637	3	0.5727	1	0.9068	2
ICM	0.5658	3	0.5663	2	0.5517	5	0.8237	4

表 6.13　　　　　　 **2009 年中国制造业绿色创新能力的评价结果**

行业简称	绿色创新支撑能力		绿色创新投入能力		绿色创新产出能力		综合能力	
	得分	排名	得分	排名	得分	排名	得分	排名
AFPI	0.4521	20	0.4521	23	0.4501	24	0.2317	22
FOM	0.4899	13	0.4864	16	0.4841	14	0.4480	14
BEM	0.4980	10	0.5032	12	0.4764	16	0.4687	12
TOI	0.6056	1	0.4895	14	0.5218	6	0.8444	3
TEI	0.4450	21	0.4728	21	0.4727	17	0.3096	20
THM	0.3970	27	0.4335	26	0.4493	25	0.0350	27
LFF	0.4344	25	0.4204	27	0.4469	26	0.0858	26
WWSI	0.4342	26	0.4407	25	0.4508	23	0.1729	24
FUM	0.4378	24	0.4465	24	0.4608	22	0.2195	23
PPI	0.4417	22	0.4830	17	0.4713	19	0.3144	19
PRMR	0.4390	23	0.4751	19	0.4645	20	0.2787	21
CSM	0.4607	16	0.4748	20	0.4811	15	0.3666	16
PNPI	0.4783	14	0.4649	22	0.4400	27	0.1492	25
CCPM	0.5089	8	0.5210	9	0.5136	7	0.6004	8
PHM	0.5938	2	0.5692	1	0.5532	3	0.9417	1
CFM	0.4949	11	0.5302	8	0.5132	8	0.5864	10
RPP	0.4639	15	0.4924	13	0.4882	13	0.4162	15
NMPI	0.4589	18	0.4758	18	0.4719	18	0.3417	17
FRPI	0.4556	19	0.5154	10	0.4960	11	0.4501	13
NRPI	0.4911	12	0.5077	11	0.4947	12	0.5058	11
MPI	0.4602	17	0.4868	15	0.4623	21	0.3363	18
GEM	0.5017	9	0.5330	7	0.5112	9	0.5981	9
SEM	0.5267	5	0.5626	3	0.5082	10	0.6775	7
TEM	0.5143	7	0.5469	5	0.5632	2	0.7567	5
EEM	0.5235	6	0.5428	6	0.5372	5	0.7103	6
CCEM	0.5419	4	0.5573	4	0.5781	1	0.9228	2
ICM	0.5628	3	0.5630	2	0.5501	4	0.8406	4

表6.14　　2009～2015年中国制造业绿色创新能力的评价结果（平均值）

行业简称	绿色创新支撑能力		绿色创新投入能力		绿色创新产出能力		综合能力	
	得分	排名	得分	排名	得分	排名	得分	排名
AFPI	0.4447	22	0.4565	23	0.4607	25	0.1941	23
FOM	0.4856	12	0.4855	16	0.4877	16	0.4028	15
BEM	0.4839	13	0.4916	14	0.4794	18	0.3871	16
TOI	0.5951	1	0.4746	19	0.5416	7	0.7643	4
TEI	0.4659	17	0.4748	18	0.4863	17	0.3415	17
THM	0.4229	27	0.4492	25	0.4612	24	0.1171	25
LFF	0.4289	25	0.4362	27	0.4500	26	0.0677	27
WWSI	0.4307	24	0.4396	26	0.4467	27	0.0680	26
FUM	0.4284	26	0.4517	24	0.4704	21	0.1413	24
PPI	0.4443	23	0.4884	15	0.4919	15	0.3294	18
PRMR	0.4523	20	0.4812	17	0.4781	19	0.3005	20
CSM	0.4713	16	0.4702	21	0.4730	20	0.3123	19
PNPI	0.4659	18	0.4644	22	0.4704	22	0.2640	21
CCPM	0.5148	10	0.5204	9	0.5217	10	0.5926	10
PHM	0.5858	3	0.5639	2	0.5574	4	0.8869	3
CFM	0.5150	9	0.5271	7	0.5327	9	0.6278	9
RPP	0.4739	15	0.4939	13	0.4996	13	0.4215	13
NMPI	0.4493	21	0.4718	20	0.4699	23	0.2561	22
FRPI	0.4593	19	0.5083	11	0.5043	12	0.4233	12
NRPI	0.4960	11	0.5133	10	0.5051	11	0.5068	11
MPI	0.4745	14	0.4983	12	0.4932	14	0.4142	14
GEM	0.5205	8	0.5253	8	0.5359	8	0.6429	8
SEM	0.5384	5	0.5541	3	0.5558	5	0.7639	5
TEM	0.5240	7	0.5406	6	0.5508	6	0.7043	7
EEM	0.5383	6	0.5408	5	0.5593	3	0.7638	6
CCEM	0.5529	4	0.5522	4	0.5853	1	0.9015	2
ICM	0.5881	2	0.5722	1	0.5692	2	0.9348	1

6.3.3　实证结果分析

1. 指标权重结果分析

（1）指标层的指标。根据表 6.2 和图 6.1 的 11 个评价指标，权重值大小排名前三的分别是有研发机构的企业数的比重（C_{12}）、有 R&D 活动的企业数的比重（C_{13}）、R&D 经费内部支出强度（C_{22}），分别为 0.1525、0.1469、0.1319，表明对于中国制造业绿色创新能力而言，研发机构的企业数的比重、有 R&D 活动的企业数的比重、R&D 经费内部支出强度是影响其绿色创新能力的关键指标。值得注意的是，这三个指标均与制造业企业研发活动密切相关，这也表明了研发活动的投入处于制造业绿色创新能力的核心地位。

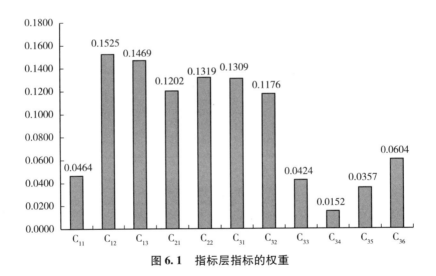

图 6.1　指标层指标的权重

而工业废水排放减少率（C_{34}）、工业废气排放减少率（C_{35}）、能源消耗减少率（C_{33}）这 3 个指标权重数值是 11 个指标中最小的，权重分别为 0.0152、0.0357、0.0424，这三个指标均为制造业绿色创新产出中的环境效益与能源效益产出，这说明当前制造业通过绿色创新减少对环境的污染及能源消费量的效果还不明显，我国制造业绿色创新还停留在起步阶段。

（2）准则层的指标。图6.2列出了3个准则层指标的权重值，3个准则层指标的相对重要性依次为：B_3、B_1、B_2。因此，在制造业绿色创新能力的3个组成部分中，绿色创新产出能力（B_3）是核心，其次是绿色创新支撑能力（B_1），最后是绿色创新投入能力（B_3）。由此可知，虽然绿色创新支撑能力、绿色创新投入能力和绿色创新产出能力是制造业绿色创新能力的3个有机构成，但是，这3个组成部分的子能力相对重要性是存在一定差异的。

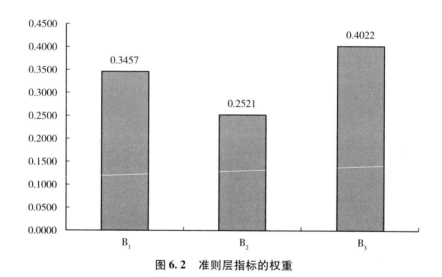

图6.2　准则层指标的权重

2. 综合评价结果分析

（1）中国制造业分行业绿色创新系统绿色创新能力发展变化曲线如图6.3～图6.6所示。可以看出，同一年份的绿色创新能力在不同的行业绿色创新系统中表现出较大的差异，同一行业绿色创新系统的绿色创新能力在不同年份是不断发展变化的，并呈现出一定的演化趋势。

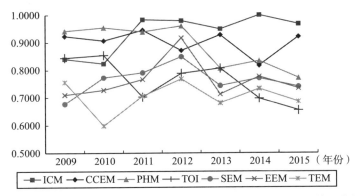

图 6.3　2009～2015 年中国制造业绿色创新能力变化情况（ICM 等 7 个行业）

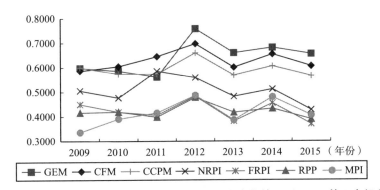

图 6.4　2009～2015 年中国制造业绿色创新能力变化情况（GEM 等 7 个行业）

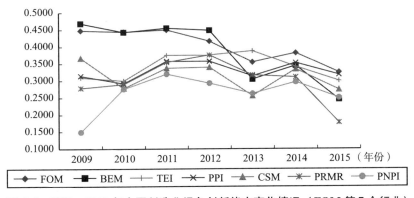

图 6.5　2009～2015 年中国制造业绿色创新能力变化情况（FOM 等 7 个行业）

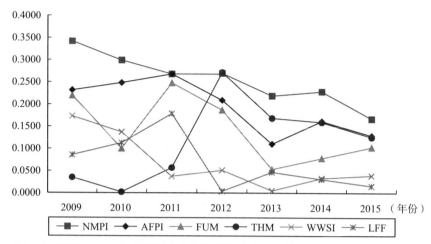

图 6.6　2009～2015 年中国制造业绿色创新能力变化情况（NMPI 等 6 个行业）

根据各个行业 2009～2015 年绿色创新能力值的波动幅度，27 个行业绿色创新系统绿色创新能力变动趋势可以分为两类。

第一类：小波动幅度的行业（标准差 < 0.05），食品制造业（FOM）、通信设备、计算机及其他电子设备制造业（CCEM）、文教体育用品制造业（CSM）、黑色金属冶炼及压延加工业（FRPI）、化学纤维制造业（CFM）、纺织业（TEI）、化学原料及化学制品制造业（CCPM）、橡胶和塑料制品业（RPP）、造纸及纸制品业（PPI）9 个行业表现为各行业各年的绿色创新能力值每年都有小幅波动（在绿色创新能力均值附近），2009～2015 年，这些行业的绿色创新能力处于相对停滞状态。

第二类：大波动幅度的行业（标准差 > 0.05），此类行业包括纺织服装鞋帽制造业（THM）、饮料制造业（BEM）、医药制造业（PHM）、烟草制品业（TOI）、家具制造业（FUM）、电气机械及器材制造业（EEM）、仪器仪表及文化、办公用机械制造业（ICM）、通用设备制造业（GEM）、印刷业和记录媒介的复制（PRMR）、皮革毛皮羽毛及其制品业（LFF）、木材加工及木竹藤棕草制品业（WWSI）、农副食品加工业（AFPI）、交通运输设备制造业（TEM）、非金属矿物制品业（NMPI）、石油加工炼焦及核燃料加工业（PNPI）、金属制品业（MPI）、有色金属冶炼及压延加工业（NRPI）、专用设备制造业（SEM）等18个行业。这18个行业根据2009~2015年绿色创新能力值的波动趋势，可以划分为以下几类。

①倒"V"型。纺织服装鞋帽制造业（THM）、通用设备制造业（GEM）、印刷业和记录媒介的复制（PRMR）、有色金属冶炼及压延加工业（NRPI）、专用设备制造业（SEM）5个制造业行业，2009~2015年，其绿色创新能力的变动呈现倒"V"型。具体表现为：纺织服装鞋帽制造业（THM）的绿色创新能力值在2009~2012年呈现出大幅度的上升趋势，直达波峰（由2001年的0.0350上升到2012年的0.2717），而后保持连续3年下降趋势（直接由2012年的0.2717下降到2015年的0.1257）。通用设备制造业（GEM）的绿色创新能力值在2009~2012年间呈现出大幅度的上升趋势，直达波峰（由2001年的0.5981上升到2012年的0.7581），而后基本保持连续3年下降趋势（直接由2012年的0.7581下降到2015年的0.6556）。印刷业和记录媒介的复制（PRMR）的绿色创新能力值在2009~2012年呈现出大幅度的上升趋势，直达波峰（由2009年的0.2787上升到2012年的0.3755），而后保持连续3年下降趋势（直接由2012年的0.3755下降到2015年的0.1779）。有色金属冶炼及压延加工业（NRPI）的绿色创新能力的变动呈现出倒"V"型，具体表现为：绿色创新能力值在2009~2011年基本呈现上升趋势，直达波峰（2011年的0.5854），而后保持连续4年下降趋势（直接由2011年的0.5854下降到2015年的0.4271）。专用设备制造业（SEM）的绿色创新能力值在2009~2012年基本呈现上升趋势，直达波峰（2012年的0.849），而后保持连续3年下降趋势（直接由2011年的0.849下降到2015年的0.741）。

②逐步下降型。饮料制造业（BEM）、医药制造业（PHM）、非金属矿物制品业（NMPI）3个制造业行业，在2009~2015年，其绿色创新能力值大体上一直保持逐步下降的趋势。其中，饮料制造业（BEM）由2009年的0.4687逐步下降到2015年的0.2455；医药制造业（PHM）

由 2009 年的 0.9417 逐步下降到 2015 年的 0.7723。非金属矿物制品业（NMPI）由 2009 年的 0.3417 逐步下降到 2015 年的 0.1671。

③"И"型。烟草制品业（TOI），在 2009～2015 年其绿色创新能力值呈现出先下降再上升然后下降的剧烈波动的"И"型趋势，具体表现为：其绿色创新能力在 2009～2011 年呈现出一定幅度的下降趋势（由 2009 年的 0.8444 下降到 2011 年的 0.7028）；再在 2012～2013 年保持两年的连续升势，然后在 2014～2015 年保持连续下降趋势，直到波谷（2015 年其绿色创新能力值为 0.6549）。

④"W"型。家具制造业（FUM），在 2009～2015 年其绿色创新能力的变动趋势为"W"型，其绿色创新能力值由 2009 年的 0.2195 下降到 2010 的 0.1003，然后上升到 2011 年的 0.2478，然后经历了 2012 年和 2013 年连续 2 年的下降趋势，并到达波谷（绿色创新能力值为 0.0535），然后就进入下一个上升区间（2014～2015 年）。

⑤"M"型。电气机械及器材制造业（EEM）、皮革毛皮羽毛及其制品业（LFF）、农副食品加工业（AFPI）、金属制品业（MPI）4 个制造业行业，在 2009～2015 年其绿色创新能力值呈现 M 型的波动趋势。电气机械及器材制造业（EEM）的绿色创新能力值首先经历了连续 3 年的增长期，由 2009 年的 0.7103 上升到 2012 的 0.9167，然后下降到 2013 年的 0.7133，接着呈现出先上升再下降的波动趋势。皮革毛皮羽毛及其制品业（LFF）的绿色创新能力值首先经历了连续 2 年的增长期，由 2009 年的 0.0858 上升到 2011 年的 0.1785，然后下降到 2012 年的 0.0037，接着呈现出先上升再下降的波动趋势。农副食品加工业（AFPI）的绿色创新能力值首先由 2009 年的 0.2317 逐渐上升到 2011 年的 0.2680，再经历连续 2 年的下降期在 2013 年到达波谷（绿色创新能力值为 0.1105），接着呈现出先上升再下降的波动趋势。金属制品业（MPI）的绿色创新能力值首先由 2009 年的 0.3363 逐渐上升到 2012 年的 0.4866，在接下来 3 年，经历先下降再上升然后再下降的波动趋势。

⑥先逐步上升再保持稳定型。仪器仪表及文化、办公用机械制造业（ICM）、石油加工炼焦及核燃料加工业（PNPI）2 个制造业行业，在

2009～2015年其绿色创新能力呈现出先逐步上升再保持稳定剧烈的波动趋势。其中，仪器仪表及文化、办公用机械制造业（ICM）的绿色创新能力值在2009～2011年呈现出连续的上升趋势，然后在2012～2015年保持基本稳定。石油加工炼焦及核燃料加工业（PNPI）的绿色创新能力值在2009～2011年呈现出连续的上升趋势，然后在2012～2015年保持基本稳定。

⑦"V"型。木材加工及木竹藤棕草制品业（WWSI）2个行业，在2009～2015年其绿色创新能力的变动呈现出"V"型。其中，木材加工及木竹藤棕草制品业（WWSI）的绿色创新能力值在2009～2013年基本呈现下降趋势（由2009年的0.1729下降到2013年的0.0050），在2013年到达谷底后，再进入一个连续两年的平稳上升期。

⑧连续剧烈波动型。交通运输设备制造业（TEM），在2009～2015年其绿色创新能力呈现出连续剧烈的波动趋势，其具体表现为：每一个连续期间，绿色创新能力保持相反的趋势，即前一年上涨（下降），则下一年必然下降（上涨）。

（2）根据表6.14所示的中国制造业绿色创新系统绿色创新能力在2009～2015年间的平均值做图6.7和图6.8，由表6.14、图6.7和图6.8可知，27个制造业行业绿色创新系统绿色创新能力强弱依次为：仪器仪表及文化、办公用机械制造业（ICM）、通信设备、计算机及其他电子设备制造业（CCEM）、医药制造业（PHM）、烟草制品业（TOI）、专用设备制造业（SEM）、电气机械及器材制造业（EEM）、交通运输设备制造业（TEM）、通用设备制造业（GEM）、化学纤维制造业（CFM）、化学原料及化学制品制造业（CCPM）、有色金属冶炼及压延加工业（NRPI）、黑色金属冶炼及压延加工业（FRPI）、橡胶和塑料制品业（RPP）、金属制品业（MPI）、食品制造业（FOM）、饮料制造业（BEM）、纺织业（TEI）、造纸及纸制品业（PPI）、文教体育用品制造业（CSM）、印刷业和记录媒介的复制（PRMR）、石油加工炼焦及核燃料加工业（PNPI）、非金属矿物制品业（NMPI）、农副食品加工业（AFPI）、家具制造业（FUM）、纺织服装鞋帽制造业（THM）、木材加工及木竹藤棕草制品业（WWSI）、皮革毛皮羽毛及其制品业（LFF）。

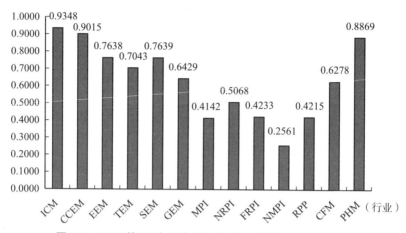

图 6.7　ICM 等 13 个制造业行业绿色创新能力（平均值）

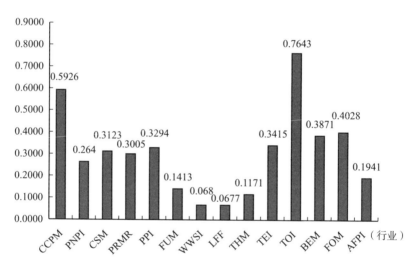

图 6.8　CCPM 等 14 个制造业行业绿色创新能力（平均值）

　　为进一步比较制造业绿色创新能力的行业差异，我们对 27 个制造业行业进行了分类处理。根据生产中不同生产要素的密集程度，可以将制造业划分为劳动密集型、资本密集型和技术密集型，如表 6.15 所示。根据 2009～2015 年中国 27 个制造业行业绿色创新系统绿色创新能力的均值及排名可知，绿色创新能力强弱基本为：技术密集型制造业（均值为0.7738）>资本密集型制造业（均值为0.4663）>劳动密集型制造业（均值为0.2563），这在一定程度上反映了行业绿色创新能力的强弱与行业技术含量密切相关。技术密集型产业除了化学原料及化学制品制造业（CCPM）的排名处于中间水平（排名第10位），其他7个行业均处于前八名；资本密集型产业除了石油加工炼焦及核燃料加工业（PNPI）和非金属矿物制品业（NMPI）的绿色创新能力则比较靠后（排名21和22位），其他5个行业均处于中间位置。而劳动密集型产业除了金属制品业（MPI）和食品制造业（FOM）处于中间水平（排名分别为14和15位），其他10个行业均处于末端。

表6.15　　根据不同生产要素密集程度的制造业分类及类别均值

类型	行业简称	绿色创新能力均值
技术密集型	CCPM、PHM、GEM、SEM、TEM、EEM、CCEM、ICM	0.7738
资本密集型	TOI、PNPI、CFM、RPP、NMPI、FRPI、NRPI	0.4663
劳动密集型	AFPI、FOM、BEM、TEI、THM、LFF、WWSI、FUM、PPI、PRMR、CSM、MPI	0.2563

（3）绿色创新支撑能力、绿色创新资源投入与绿色创新产出能力等3个核心子能力构成中国制造业绿色创新系统绿色创新能力，它们之间相互协调、相互匹配才能使系统达到最为理想的状态。表6.14列出了27个制造业行业绿色创新系统绿色创新能力的3个构成能力及综合能力2009~2015年的平均值以及排名。

根据3个组成部分排名两两之间差距的均值，中国制造业27个行业可以归为3类："强匹配型""弱匹配型""不匹配型"，第一种类型的特征为：排名差值平均数属于［0，3］；第二种类型的特征为：排名差值平均数属于［4，5］；剩余的归为第三种类型。根据绿色创新能力的综合得分排名，将27个行业分为高、中、低三种类型，其中综合得分排名第1~9为高水平；综合得分排名第10~18为中水平；综合得分排名第 19～27 为低水平。见表 6.16。

表 6.16　　　　　制造业绿色创新能力组成能力的匹配类型划分

强匹配性			弱匹配型	不匹配型
TEI、LFF、CCPM、PHM、CFM、RPP、NRPI、MPI、GEM、SEM、TEM、ICM、AFPI、FOM、BEM、THM、WWSI、FUM、PRMR、CSM、PNPI、NMPI、EEM、CCEM			PPI、FRPI	TOI
高水平	中水平	低水平	中水平	高水平
PHM、CFM、GEM、SEM、TEM、ICM、EEM、CCEM	TEI、CCPM、RPP、NRPI、MPI、FOM、BEM	LFF、AFPI、THM、WW-SI、FUM、PRMR、CSM、PNPI、NMPI	PPI、FRPI	TOI

　　属于"强匹配型"的制造业行业有纺织业（TEI）、皮革毛皮羽毛及其制品业（LFF）、化学原料及化学制品制造业（CCPM）、医药制造业（PHM）、化学纤维制造业（CFM）、橡胶和塑料制品业（RPP）、有色金属冶炼及压延加工业（NRPI）、金属制品业（MPI）、通用设备制造业（GEM）、专用设备制造业（SEM）、交通运输设备制造业（TEM）、仪器仪表及文化、办公用机械制造业（ICM）、农副食品加工业（AFPI）、食品制造业（FOM）、饮料制造业（BEM）、纺织服装鞋帽制造业（THM）、木材加工及木竹藤棕草制品业（WWSI）、家具制造业（FUM）、印刷业和记录媒介的复制（PRMR）、文教体育用品制造业（CSM）、石油加工炼焦及核燃料加工业（PNPI）、非金属矿物制品业（NMPI）、电气机械及器材制造业（EEM）、通信设备、计算机及其他电子设备制造业（CCEM）24 个行业，该类型行业的特征在于：行业的绿色创新支撑能力、绿色创新资源投入能力与绿色创新产出能力有着显著的匹配性，各组成能力在数值与排名上表现一致。处于该类型的 24 个行业，其各组成能力的发展已经处于协调匹配的阶段。其中，这 24 个"强匹配型"行业，根据其绿色创新能力的整体水平（排名），又可以分为三种类型：医药制造业（PHM）、化学纤维制造业（CFM）、通用设备制造业（GEM）、专用设备制造业（SEM）、交通运输设备制造

业（TEM）、仪器仪表及文化、办公用机械制造业（ICM）、电气机械及器材制造业（EEM）、通信设备、计算机及其他电子设备制造业（CCEM）8 个行业属于高水平的"强匹配型"；纺织业（TEI）、化学原料及化学制品制造业（CCPM）、橡胶和塑料制品业（RPP）、有色金属冶炼及压延加工业（NRPI）、金属制品业（MPI）、食品制造业（FOM）、饮料制造业（BEM）7 个行业属于中水平的"强匹配型"；皮革毛皮羽毛及其制品业（LFF）、农副食品加工业（AFPI）、纺织服装鞋帽制造业（THM）、木材加工及木竹藤棕草制品业（WWSI）、家具制造业（FUM）、印刷业和记录媒介的复制（PRMR）、文教体育用品制造业（CSM）、石油加工炼焦及核燃料加工业（PNPI）、非金属矿物制品业（NMPI）9 个行业属于低水平的"强匹配型"。对于属于高水平的"强匹配型"的 8 个行业，这是 27 个制造业行业绿色创新系统状态水平较为理想的行业，其较强的整体创新能力是由较为突出且发展较为一致的各组成能力共同决定的，对于该类行业，要继续保持这种协调状态，继续向更高水平的绿色创新能力水平跃进。对于属于中水平的"强匹配型"和低水平的"强匹配型"的 16 个行业，这种组成能力间的协同一致趋势，可能会限制其绿色创新能力的继续提升，必须打破这种均衡，通过增加创新资源投入来实现行业绿色创新能力的提升。

　　属于"不匹配型"的制造业行业有烟草制品业（TOI）。该类型行业的特征在于：行业的绿色创新支撑能力、绿色创新资源投入能力与绿色创新产出能力三者在发展水平上表现出显著的非协调性，差异巨大，某几部分或一部分组成能力成为行业创新状态水平演进的障碍，阻碍了行业绿色创新能力的提升。烟草制品业（TOI）的绿色创新支撑能力得分为 0.5951（排名第 1），但是其绿色创新产出能力得分为 0.5416（排名第 7），绿色创新投入能力得分为 0.4746（排名第 19），通过以上分析可知，该行业有着极优的绿色创新支撑能力，但是其绿色创新投入能力较为落后，导致了整体能力的低水平。

　　属于"弱匹配型"的制造业行业有造纸及纸制品业（PPI）、黑色金属冶炼及压延加工业（FRPI）2 个行业。该类型行业的特征在于：行业的绿色创新支撑能力、绿色创新资源投入能力与绿色创新产出能力在发展演进中呈现出一定的"背离"趋势，行业向"不匹配型"行业转化的可能性较大，表现为 3 个组成部分的能力分值及排名存在一定的差距。如黑色金属冶炼及压延加工业（FRPI）、造纸及纸制品业（PPI），其绿色创新支撑能力得分分别为 0.4593（排名第 19）和 0.4443（排名第 23），但绿色创新投入能力得分分别为 0.5083（排名第 11）和 0.4884（排名第 15），绿色创新产出能力得分为 0.5043（排名第 12）和 0.4919（排名第 15）。这表明该行业的绿色创新支撑能力水平与其他 2 个组成能力水平存在一定的差距，努力提升其绿色创新支撑能力是该行业提升自身绿色创新能力的关键。

6.4 本 章 小 结

本章为中国制造业绿色创新系统演化状态水平的评价研究。制造业绿色创新系统的状态子系统是以绿色创新能力为表征。首先，构建了中国制造业绿色创新系统演化状态水平评价体系，包括制造业绿色创新能力的内涵及构成、具体指标选取；其次，构建基于微粒群算法定权的改进 TOPSIS 法的中国制造业绿色创新系统演化状态水平评价模型；最后，对中国 27 个制造业行业绿色创新系统 2009～2015 年的演化状态水平进行实证分析，探析中国制造业绿色创新系统演化状态的真实水平及发展趋势。

第7章

中国制造业绿色创新系统演化
过程水平的测度研究

7.1　制造业绿色创新系统演化过程
水平的评价模型与方法

本章主要是对中国制造业绿色创新系统演化过程水平——绿色创新效率的评价。为了实现对中国制造业绿色创新系统演化过程水平的全面测度，从绿色创新静态效率与动态效率两个方面分别展开测度。

7.1.1　Super – SBM 模型

传统的 CCR 和 BCC 模型从径向（投入和产出等比例变化）、角度（投入或产出角度）两方面来测算效率，因未考虑投入产出的松弛问题，影响了效率测算的准确性，因而托恩（Tone，2001）提出了一种基于松弛变量测度的非径向、非角度的 SBM 模型。但 SBM 模型无法对效率值均为 1 的有效决策单元做出进一步的评价与排序，托恩（Tone，2003）进一步提出了引入非期望产出的超效率 SBM 模型（Super –

SBM）。假设某生产系统有 n 个决策单元（DMU），每个 DMU 均包含投入、期望产出、非期望产出 3 个要素向量，分别为 $x \in R^m$，$y^d \in R^{s1}$，$y^u \in R^{s2}$；m、s_1、s_2 代表投入、期望产出、非期望产出的种类。其对应的矩阵 X，Y^d，Y^u 可表示为：$X = [x_1, \cdots, x_n] \in R^{m \times n} > 0$，$Y^d = [y_1^d, \cdots, y_n^d] \in R^{s_1 \times n} > 0$，$Y^u = [y_1^u, \cdots, y_n^u] \in R^{s_2 \times n} > 0$，包含非期望产出的 SBM 模型表示为：

$$\min \rho = \frac{1 - \frac{1}{m} \sum_{i=1}^{m} s_i^- / x_{i0}}{1 + \frac{1}{s_1 + s_2} \left(\sum_{r=1}^{s_1} \frac{s_r^d}{y_{r0}^d} + \sum_{r=1}^{s_2} \frac{s_l^u}{y_{l0}^d} \right)}$$

$$\text{s. t. : } x_{i0} = \sum_{j=1}^{n} x_{ij} \lambda_j + s_i^-, \quad i = 1, \cdots, m;$$

$$y_{r0}^d = \sum_{j=1}^{n} y_{jr}^d \lambda_j - s_r^d, \quad i = 1, \cdots, s_1 \qquad (7.1)$$

$$y_{r0}^u = \sum_{j=1}^{n} y_{ij}^u \lambda_j + s_i^u, \quad l = 1, \cdots, s_2;$$

$$\lambda_j > 0, \sum \lambda_j = 1, s_i^- \geq 0, s_r^d \geq 0, s_l^u \geq 0$$

式（7.1）中 ρ 为目标效率，且 $0 \leq \rho \leq 1$，s^-、s^d、s^u 表示要素投入、期望产出和非期望产出的松弛变量，λ 为权重向量，下标"0"表示被评价决策单元。当且仅当 $\rho = 1$ 且 $s^- = 0$、$s^d = 0$、$s^u = 0$ 时，被评价决策单元是有效的；$\rho < 1$ 表明被评价决策单元无效，需要对投入产出进行调整。

包含非期望产出的 Super – SBM 模型为：

$$\min \delta = \frac{\frac{1}{m} \sum_{i=1}^{m} \overline{x} / x_{i0}}{\frac{1}{s_1 + s_2} \left(\sum_{r=1}^{s_1} \frac{\overline{y}^d}{y_{r0}^d} + \sum_{r=1}^{s_2} \frac{\overline{y}^u}{y_{l0}^u} \right)}$$

$$\text{s. t. : } \overline{x} \geq \sum_{j=1, \neq 0}^{n} y_{lj}^u \lambda_j, \quad i = 1, \cdots, m; \quad \overline{y}^d \leq \sum_{j=1, \neq 0}^{n} y_{jr}^d \lambda_j, \quad r = 1, \cdots, s_1$$

$$(7.2)$$

$$\bar{y}^u \geq \sum_{j=1, \neq 0}^{n} y_{ij}^u \lambda_j, \ l=1, \ \cdots, \ s_2; \ \bar{x}, \ \geq x_{ij} \bar{y}^d \leq y_{rj}^d, \ \bar{y}^u \geq y_{lj}^u, \ \lambda_j \geq 0$$

Super $-$ SBM 模型可有效解决效率评价中的非期望产出、松弛性以及多个 DMU 同时有效而无法排序等问题。

7.1.2 Global $-$ Malmquist $-$ Luenberger 指数模型

首先构造一个生产可能性集合,该集合同时包含期望产出("好"产出)和非期望产出("坏"产出)。假设每个决策单元使用 N 项投入 $x = (x_1, \ \cdots, \ x_n) \in R_+^N$,得到 M 项期望产出 $y = (y_1, \ \cdots, \ y_n) \in R_+^M$,J 项非期望产出 $b = (b_1, \ \cdots, \ b_n) \in R_+^J$。那么,生产可能性集合可以表示为:

$$P(x) = \{(y, \ b) \mid x \text{ 可以生产 } (y, \ b)\} \tag{7.3}$$

钟等(Chung et al., 1997)认为,利用方向性距离函数可以求得生产可能性集合最优解,从而较好地解决包含非期望产出的效率评价问题。设方向性向量为 $g = (g_y, \ g_b)$,其中 $g \in R^M \times R^J$,相应的方向性距离函数定义为:

$$D(x, \ y, \ b; \ g_y, \ g_b) = \max \{\beta \mid (y + \beta g_y, \ b - \beta g_b)\} \in P(x) \tag{7.4}$$

这个函数说明"好"产出增长的同时,"坏"产出亦在同比例减少,而 β 是试图寻求产出 y 最大化、污染物 b 最小化的方向性距离函数值。在本书中,我们将方向性向量设定为 $g = (y, \ b)$,对应的方向性距离函数简写为 $D(x, \ y, \ b)$。

为了对 GML 指数进行定义和分解,欧(Oh, 2010)引入当期生产可能性集合和全局生产可能性集合两个概念。当期生产可能性集合表述为:

$$P^t(x^t) = \{(y^t, \ b^t) \mid x^t \text{ 可以生产 } (y^t, \ b^t)\}, \ t=1, \ \cdots, \ T \tag{7.5}$$

全局生产可能性集合表示所有当期生产可行集的并集,即 $P^G = P^1 \cup P^2 \cup \cdots \cup P^T$,该集合同时涵盖了所有观测单元的当期生产可能性集合。

为克服传统 ML 指数在形式上不具备循环性和线性规划中无可行解这两个缺陷，基于全局生产可能性集合，欧在对传统 ML 指数进行改进的基础上提出了 GML 指数。GML 指数及其分解形式为：

$$GML^{t, t+1}(x^t, y^t, b^t, x^{t+1}, y^{t+1}, b^{t+1}) = \frac{1 + D^G(x^t, y^t, b^t)}{1 + D^G(x^{t+1}, y^{t+1}, b^{t+1})}$$

$$= \frac{1 + D^t(x^t, y^t, b^t)}{1 + D^t(x^{t+1}, y^{t+1}, b^{t+1})} \times \left[\frac{\dfrac{1 + D^G(x^t, y^t, b^t)}{1 + D^t(x^t, y^t, b^t)}}{\dfrac{1 + D^G(x^{t+1}, y^{t+1}, b^{t+1})}{1 + D^{t+1}(x^{t+1}, y^{t+1}, b^{t+1})}} \right]$$

$$= TEC^{t, t+1} TC^{t, t+1} \tag{7.6}$$

在式（7.4）中，$D^G(x, y, b) = \max\{\beta \mid (y + \beta y, b - \beta b) \in P^G(x)\}$ 为全局方向性距离函数，其依赖于全局生产可能性集合 $P^G(x)$。$TEC^{t, t+1}$ 表示两个时期间的技术效率变化，而 $TC^{t, t+1}$ 表示两时期间的技术进步。为了测算和分解 GML 指数，我们利用 DEA 线性规划模型对式（7.4）中 4 个方向性距离函数进行求解。以 t 期为例，当期的方向距离函数 $D^t(x^t, y^t, b^t)$ 和建立在全局生产可能性集合上的全局方向距离函数 $D^G(x^t, y^t, b^t)$ 可分别通过求解以下两个线性规划得到。

$$D^t(x^t, y^t, b^t) = \max \beta \qquad\qquad D^G(x^t, y^t, b^t) = \max \beta$$

$$s.t. \quad Y^t z^t \geq (1 + \beta) y^t_k \qquad\qquad s.t. \quad \sum_{\tau=1}^{T} Y^\tau z^\tau \geq (1 + \beta) y^t_k$$

$$B^t z^t = (1 - \beta) b^t_k \qquad\qquad \sum_{\tau=1}^{T} B^\tau z^\tau = (1 - \beta) b^t_k$$

$$X^t z^t \leq x^t_k \qquad\qquad\qquad \sum_{\tau=1}^{T} X^\tau z^\tau \leq x^t_k$$

$$z^t \geq 0 \qquad\qquad\qquad\qquad z^\tau \geq 0 \tag{7.7}$$

同理可以得到 t + 1 期的当期方向距离函数 $D^{t+1}(x^{t+1}, y^{t+1}, b^{t+1})$ 和全局方向距离函数 $D^G(x^{t+1}, y^{t+1}, b^{t+1})$。本书运用 Global – Malmquist – Luenberger 指数模型来测度制造业绿色创新系统的绿色创新全要素生产率（即绿色创新动态效率）指数及其分解。

7.2　评价指标体系的构建

7.2.1　投入指标

1. 非资源投入要素

就投入指标而言，现有研究文献大都将 R&D 人员与经费作为切入点，在此基础上对科技人员数量等其他投入指标进行细化和补充。借鉴已有研究成果，本书拟将评价指标体系的投入指标按 R&D 人员、经费两个方面进行划分。人力投入对创新绩效的影响较为显著，并且全时当量实现对人力投入的量化。本书也采用 R&D 活动人员折合全时当量作为制造业绿色创新活动的人力资源投入的衡量指标。另外，绿色创新过程不仅需要智力支持，还需物力资源或物力资本提供支持和前提保障。R&D 经费内部支出是度量绿色创新过程中所需的物质资源的关键指标，其主要用于流动资本消耗和增加固定资本。本书采用 R&D 经费内部支出作为制造业绿色创新活动的物力资源投入的衡量指标。

2. 资源投入要素：能源消费总量

考虑到本书的研究对象是绿色创新效率，而在上述非资源要素的基础上补充一些可以体现能源消耗情况的指标，能够更好地反映资源消耗与绿色创新效率的关系。基于研究目的，本书拟选取能源终端消费量即分行业的能源消费总量作为资源投入要素。

7.2.2　期望产出

绿色创新活动的知识生产和产品生产这两个连续过程应该作为度量

制造业绿色创新的期望产出指标。其中，专利是绿色创新知识生产过程的主要产出，包括专利申请数和专利授权数。相对而言，由于受到政府专利审查机构审查能力的影响和制约，专利授权数隐含的不确定性因素增加，并进一步导致专利授权数出现异常变动。因此，专利申请数更能反映绿色创新的真实水平。另外，专利包含发明、实用新型和外观设计三种，而不同类型专利在创新程度、技术重要性、经济价值等方面存在显著差异，采用总的专利数作为创新产出可能并不合适（李习保，2007），而其中的发明专利以其新颖性强、技术含量高、市场运用前景好而广受市场认可。因此，选取发明专利申请数作为衡量绿色创新过程的知识产出。但是，由于专利不能准确反映创新成果的转化能力和市场价值，用其衡量绿色创新的经济效益产出存在较大的局限性。因此，有必要选取其他补充指标衡量制造业绿色创新经济效益产出。

新产品销售收入可以有效地衡量创新成果的市场价值，其代表了企业将其研发的新产品或服务投入市场之后能够带给所有者的经济效益，它能够量化创新成果质量，从而合理反映创新成果的商业化水平。因此，基于市场效益的指标—新产品销售收入作为绿色创新过程的新产品模型（包括理论模型）的产出，以衡量绿色创新给企业带来的经济效益。

7.2.3 非期望产出

创新在促进社会发展中发挥着越来越重要的作用，而作为国民经济的主要组成部分，制造业绿色创新带来的综合效益逐渐受到重视。在能源环境约束下，制造业绿色创新的理想效果是产生经济、环境和社会效益。现阶段，制造业推行绿色创新所带来的环境效益及社会效益应主要体现在减少环境污染、创造环境友好型社会（环境效益）方面所作的贡献。创新的过程伴随着环境的污染，极易产生负面产出，也就是非期望产出。就非期望产出的选取问题，目前还没有统一标准。非期望产出指标如果过于单一，如仅选用一种污染物指标，这将导致研究结果偏离实际情况。本书选取制造业分行业的工业废水排放量、工业废气排放量和工业固体废物产生量 3 个非期望产出指标来衡量制造业绿色创新所带来的环境效益。绿色创新效率的投入与产出指标体系如图 7.1 所示。

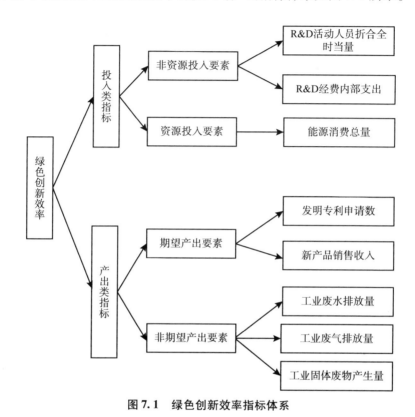

图 7.1　绿色创新效率指标体系

7.3　实 证 研 究

7.3.1　样本选择与数据来源及处理

1. 数据来源

根据中国国家统计局公布的国民经济行业分类，将制造业划分为

29 个行业。自 2012 年开始，相关统计年鉴将橡胶制品业、塑料制品业合并为橡胶和塑料制品业；交通运输设备制造业被拆分为汽车制造业，铁路、船舶、航空航天和其他运输设备制造业；工艺品及其他制造业变更为其他制造业，且统计范围发生了变化。因此，考虑行业分类的一致性和数据的可得性，本书在考察期内将橡胶制品业和塑料制品业合并为橡胶和塑料制品业，汽车制造业和铁路、船舶、航空航天和其他运输设备制造业合并为交通运输设备制造业，删去工艺品及其他制造业，最终共计 27 个制造业行业，见表 7.1。

表 7.1 制造业行业名称及简称

行业名称	行业简称	行业名称	行业简称
农副食品加工业	AFPI	医药制造业	PHM
食品制造业	FOM	化学纤维制造业	CFM
饮料制造业	BEM	橡胶和塑料制品业	RPP
烟草制品业	TOI	非金属矿物制品业	NMPI
纺织业	TEI	黑色金属冶炼及压延加工业	FRPI
纺织服装鞋帽制造业	THM	有色金属冶炼及压延加工业	NRPI
皮革毛皮羽毛及其制品业	LFF	金属制品业	MPI
木材加工及木竹藤棕草制品业	WWSI	通用设备制造业	GEM
家具制造业	FUM	专用设备制造业	SEM
造纸及纸制品业	PPI	交通运输设备制造业	TEM
印刷业和记录媒介的复制	PRMR	电气机械及器材制造业	EEM
文教体育用品制造业	CSM	通信设备、计算机及其他电子设备制造业	CCEM
石油加工炼焦及核燃料加工业	PNPI	仪器仪表及文化、办公用机械制造业	ICM
化学原料及化学制品制造业	CCPM		

　　由于《中国科技统计年鉴 2010》之后才开始统计 "R&D 活动人员

及经费",之前均是统计"科技活动人员及经费",导致"R&D 活动人员折合全时当量"和"R&D 经费内部支出"从 2009 年才可获得。因此,本书以 2009～2015 年中国制造业 27 个行业面板数据为样本。其中,"R&D 活动人员折合全时当量""R&D 经费内部支出""发明专利申请数""新产品销售收入"4 项指标数据来源于 2010～2016 年《中国科技统计年鉴》;"能源消费总量"这一指标数据来源于 2011～2017 年《中国统计年鉴》;"工业废水排放总量""工业废气排放总量""工业固体废弃物产生总量"3 项指标来源于 2010～2016 年《中国环境统计年鉴》。需要说明的是:本书的统计口径为"规模以上工业企业"。

2. 数据调整

(1) 平减处理与价格有关的指标数据。为了消除价格变化带来的误差,本书中的指标新产品销售收入、R&D 经费内部支出数据均以各行业的工业生产者出厂价格指数进行平减,以 2009 年为基期。行业的工业生产者出厂价格指数来自 2010～2016 年《中国统计年鉴》,固定资产投资价格指数见表 7.2。

表 7.2　　　　　2009～2015 年制造业分行业工业生产者出厂价格指数

行业简称	2009 年	2010 年	2011 年	2012 年	2013 年	2014 年	2015 年
AFPI	96.0	105.5	110.6	102.2	101.2	99.1	98.7
FOM	101.1	103.3	106.3	102.2	101.7	102.0	99.9
BEM	100.6	102.9	104.4	101.9	100.1	100.5	99.7
TOI	100.5	100.4	100.3	101.3	100.4	100.3	100.4
TEI	98.3	108.5	111.1	96.6	99.8	99.4	97.7
THM	99.9	101.7	103.7	102.3	101.1	100.2	100.7
LFF	98.5	101.7	104.5	102.3	102.2	101.8	100.8
WWSI	98.8	101.7	104.1	102.2	100.8	100.0	99.8
FUM	100.2	101.4	102.4	101.7	100.5	100.8	100.6
PPI	94.4	103.5	103.0	98.5	97.7	99.2	98.8

续表

行业简称	2009 年	2010 年	2011 年	2012 年	2013 年	2014 年	2015 年
PRMR	99. 9	100. 7	101. 9	100. 4	99. 5	100. 0	99. 6
CSM	100. 3	102. 4	103. 7	100. 8	99. 1	99. 8	99. 5
PNPI	91. 2	117. 8	114. 9	101. 6	96. 3	94. 8	78. 5
CCPM	88. 1	108. 0	109. 8	96. 0	96. 7	98. 0	93. 3
PHM	100. 2	103. 2	102. 5	100. 1	100. 6	100. 7	100. 5
CFM	90. 5	114. 1	112. 1	88. 0	95. 6	94. 7	90. 6
RPP	97. 8	103. 0	107. 3	99. 3	98. 8	98. 7	96. 7
NMPI	99. 9	102. 1	107. 0	98. 6	99. 0	100. 0	96. 5
FRPI	83. 9	107. 4	109. 8	90. 2	94. 0	93. 3	83. 3
NRPI	83. 4	117. 3	113. 0	93. 1	94. 6	95. 6	91. 7
MPI	96. 8	101. 7	104. 1	99. 1	98. 2	98. 6	97. 1
GEM	98. 7	100. 1	102. 7	100. 0	99. 3	99. 5	98. 8
SEM	100. 0	101. 2	101. 5	100. 4	100. 2	99. 8	99. 2
TEM	99. 9	100. 3	100. 4	99. 5	99. 3	99. 5	99. 5
EEM	95. 0	103. 2	103. 1	97. 5	98. 4	98. 8	98. 0
CCEM	95. 7	98. 3	98. 3	97. 8	97. 3	98. 3	98. 4
ICM	99. 1	99. 1	99. 8	100. 2	99. 7	100. 0	99. 4

（2）R&D 经费投入的累积性。R&D 经费内部支出反映了年度内执行单位的实际创新资金投入，是一项流量指标。但创新活动对知识生产的影响不仅反映在当期，对以后的知识生产也将产生影响。因此，用 R&D 经费内部支出存量代替 R&D 经费内部支出的流量数据。

参考吴延兵（2006）、白俊红等（2010）和吴传清、杜宇（2018）的做法，R&D 经费内部支出存量的核算公式为：

$$k_t = (1 - \delta)k_{t-1} + E_{t-1} \qquad (7.8)$$

式（7.8）中，k_t、k_{t-1} 分别表示各行业第 t 和 t-1 期的资本存量，δ 为折旧率，δ = 15%，E_{t-1} 表示各行业第 t − 1 期的实际 R&D 经费内部支出（即按照工业生产者出厂价格指数调整后的 R&D 经费内部支出）。

进一步需要估算基期资本存量，假设 R&D 经费内部支出资本存量的增长率等于 R&D 经费内部支出的增长率，则基期资本存量的估算公式为：

$$k_0 = E_0 / (g + \delta) \tag{7.9}$$

对于 g，我们使用了 2009 ~ 2015 年各行业 R&D 经费内部经费实际支出的算术平均增长率，使用这 6 年的平均增长率是为了消除因宏观经济或政策变化而导致的 R&D 经费内部支出的大幅波动。其计算公式为：

$$g = \left(\frac{E_7}{E_0} \right)^{1/6} - 1 \tag{7.10}$$

按照式（7.9）、式（7.10）计算出基期（即 2009 年）的 R&D 经费内部支出资本存量后，就可以运用式（7.7）计算出历年分行业的 R&D 经费内部支出的存量。

具体指标数据经过调整，调整后的指标数据见附录 Ⅱ 表 8 ~ 表 14，各指标描述性统计结果见表 7.3。

表 7.3　　　　　　　　　　　变量的描述性统计结果

变量	指标	个数	均值	标准差	最大值	最小值
人力投入	R&D 活动人员折合全时当量（人年）	189	74225.7835	89575.8529	426583.0000	3194.1000
资金投入	R&D 经费内部支出（万元）	189	7464632.6816	9762025.9175	56622593.4647	160218.1917
能源投入	能源消费总量（万吨标准煤）	189	7893.4599	14346.7955	69342.4183	183.8100
科技成果	发明专利申请数（个）	189	6076.1552	9916.8633	60533.0000	142.0000
经济效益	新产品销售收入（万元）	189	42037615.0006	61035675.3769	360039482.3861	1485519.8563

变量	指标	个数	均值	标准差	最大值	最小值
环境效益	工业废水排放总量（万吨）	189	73119.0423	178861.3527	2186335.0000	526.0000
	工业废气排放总量（亿立方米）	189	15117.6878	35959.4479	181694.0000	53.0000
	工业固体废弃物产生总量（万吨）	189	3521.5214	8987.8356	44076.0000	3.0000

7.3.2　中国制造业绿色创新静态效率分析

本书使用 Maxdea 软件，基于 Super – SBM 模型测算了中国 27 个制造业行业 2009 ~ 2015 年的绿色创新静态效率，测算结果见表 7.4。

表 7.4　中国制造业绿色创新系统绿色创新静态效率的评价结果

行业简称	2009 年	2010 年	2011 年	2012 年	2013 年	2014 年	2015 年	均值	排序
AFPI	0.1554	0.1628	0.1620	0.1924	0.1782	0.1783	0.1855	0.1735	18
FOM	0.1873	0.1987	0.1690	0.1772	0.1809	0.2101	0.1966	0.1885	17
BEM	0.0848	0.0917	0.0864	0.1227	0.1064	0.1137	0.1145	0.1029	27
TOI	0.4379	0.4692	1.0771	0.8238	1.0161	0.8841	1.0751	0.8262	3
TEI	0.1213	0.1419	0.1442	0.1436	0.1543	0.1583	0.1788	0.1489	20
THM	0.2385	0.2960	0.2364	1.0296	1.0109	0.6533	0.5128	0.5682	8
LFF	0.2272	0.2491	0.2415	0.2681	0.2793	0.2394	0.2480	0.2504	13
WWSI	0.2655	0.2208	0.2175	0.1826	0.1845	0.1609	0.1612	0.1990	16
FUM	0.3790	1.1430	0.4168	0.4150	1.0132	0.5161	1.0128	0.6994	7
PPI	0.1050	0.1172	0.1165	0.1261	0.1270	0.1348	0.1221	0.1212	24
PRMR	0.2523	0.3221	0.2259	0.3306	0.3882	0.3392	0.3278	0.3123	12
CSM	0.5182	0.4563	0.3930	1.0292	1.0256	1.0805	0.6052	0.7297	6
PNPI	0.1033	0.0992	0.1049	0.1308	0.1805	0.1791	0.1804	0.1397	22
CCPM	0.1332	0.1196	0.1381	0.1537	0.1574	0.1575	0.1460	0.1436	21

续表

行业简称	2009 年	2010 年	2011 年	2012 年	2013 年	2014 年	2015 年	均值	排序
PHM	0.3549	0.4033	0.3493	0.3935	0.4069	0.4142	0.3142	0.3766	11
CFM	0.1284	0.1083	0.1427	0.1746	0.1730	0.1682	0.1784	0.1534	19
RPP	0.1873	0.2048	0.2801	0.2046	0.2430	0.2576	0.2539	0.2330	14
NMPI	0.1811	0.1284	0.1389	0.1337	0.1372	0.1346	0.1196	0.1391	23
FRPI	0.1040	0.0963	0.1127	0.1106	0.1043	0.1014	0.1015	0.1044	26
NRPI	0.1078	0.1140	0.1037	0.1077	0.1207	0.1347	0.1299	0.1169	25
MPI	0.1843	0.2304	0.1730	0.2192	0.1921	0.2045	0.2228	0.2038	15
GEM	0.2497	0.2748	1.0731	0.4531	0.4923	0.4500	0.4511	0.4920	9
SEM	0.2763	0.3514	0.3886	0.4986	0.5854	0.5681	0.5751	0.4634	10
TEM	1.0169	0.6599	1.0497	0.6038	0.5877	0.6744	0.6831	0.7536	5
EEM	0.6212	1.0318	0.8462	0.9253	1.0013	1.0489	1.0361	0.9301	2
CCEM	1.0015	0.7075	1.0342	1.0007	1.0450	1.0132	1.0229	0.9750	1
ICM	0.4323	0.4328	1.0532	0.6538	1.0598	1.0684	0.8734	0.7962	4
均值	0.2983	0.3271	0.3880	0.3928	0.4500	0.4164	0.4085	0.3830	

1. 总体情况分析

根据表 7.4 中的中国制造业绿色创新系统绿色创新静态效率在 2009 ~ 2015 年的平均值做图 7.2 和图 7.3，由表 7.4、图 7.2 和图 7.3 可知，27 个制造业行业绿色创新系统绿色创新静态效率按大小排序为：通信设备、计算机及其他电子设备制造业（CCEM）、电气机械及器材制造业（EEM）、烟草制品业（TOI）、仪器仪表及文化、办公用机械制造业（ICM）、交通运输设备制造业（TEM）、文教体育用品制造业（CSM）、家具制造业（FUM）、纺织服装鞋帽制造业（THM）、通用设备制造业（GEM）、专用设备制造业（SEM）、医药制造业（PHM）、印刷业和记录媒介的复制（PRMR）、皮革毛皮羽毛及其制品业（LFF）、橡胶和塑料制品业（RPP）、金属制品业（MPI）、木材加工及木竹藤棕

草制品业（WWSI）、食品制造业（FOM）、农副食品加工业（AFPI）、
化学纤维制造业（CFM）、纺织业（TEI）、化学原料及化学制品制造业
（CCPM）、石油加工炼焦及核燃料加工业（PNPI）、非金属矿物制品业
（NMPI）、造纸及纸制品业（PPI）、有色金属冶炼及压延加工业（NRPI）、
黑色金属冶炼及压延加工业（FRPI）、饮料制造业（BEM）。

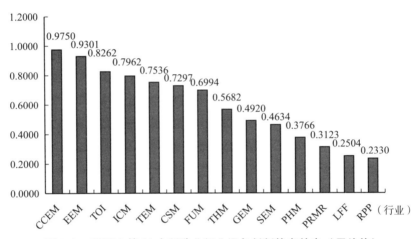

图 7.2　CCEM 等 14 个制造业行业绿色创新静态效率（平均值）

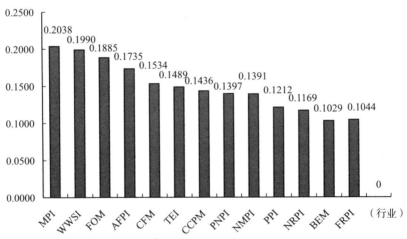

图 7.3　MPI 等 13 个制造业行业绿色创新静态效率（平均值）

根据劳动力、资本和技术三种生产要素在各产业中的相对密集度可以将制造业划分为劳动密集型、资本密集型和技术密集型。根据不同类型制造业的绿色创新静态效率2009~2015年的均值可知，技术密集型制造业（均值为0.6163）＞劳动密集型制造业（0.3082）＞资本密集型制造业（0.2447），这在一定程度上反映了行业绿色创新绩效的强弱与行业技术含量密切相关。绿色创新静态效率前五位是通信设备、计算机及其他电子设备制造业（CCEM）、电气机械及器材制造业（EEM）、烟草制品业（TOI）、仪器仪表及文化、办公用机械制造业（ICM）、交通运输设备制造业（TEM），均为技术密集型制造业。但是，这些行业大类中也出现了几个表现特殊的行业，如在技术密集型制造业中，化学原料及化学制品制造业（CCPM）的绿色创新静态效率排名处于末尾水平（排名21）；在资本密集型制造业中，烟草制品业（TOI）的绿色创新静态效率则比较靠前（排名3）；在劳动密集型制造业中，饮料制造业（BEM）的绿色创新静态效率则处于最末尾（排名27），具体如表7.5所示。

表7.5　根据不同生产要素密集程度的制造业分类（绿色创新静态效率）

行业简称	均值	排序	类型
CCEM	0.9750	1	技术密集型
EEM	0.9301	2	技术密集型
TOI	0.8262	3	资本密集型
ICM	0.7962	4	技术密集型
TEM	0.7536	5	技术密集型
CSM	0.7297	6	劳动密集型
FUM	0.6994	7	劳动密集型
THM	0.5682	8	劳动密集型
GEM	0.4920	9	技术密集型
SEM	0.4634	10	技术密集型

行业简称	均值	排序	类型
PHM	0.3766	11	技术密集型
PRMR	0.3123	12	劳动密集型
LFF	0.2504	13	劳动密集型
RPP	0.2330	14	资本密集型
MPI	0.2038	15	劳动密集型
WWSI	0.1990	16	劳动密集型
FOM	0.1885	17	劳动密集型
AFPI	0.1735	18	劳动密集型
CFM	0.1534	19	资本密集型
TEI	0.1489	20	劳动密集型
CCPM	0.1436	21	技术密集型
PNPI	0.1397	22	资本密集型
NMPI	0.1391	23	资本密集型
PPI	0.1212	24	劳动密集型
NRPI	0.1169	25	资本密集型
FRPI	0.1044	26	资本密集型
BEM	0.1029	27	劳动密集型

2. 年度变化规律

27 个中国制造业行业绿色创新系统绿色创新静态效率的年度发展变化曲线如图 7.4～图 7.7 所示。由图可知，不同制造业行业的绿色创新静态效率在同一年份表现出较大的差异性；同一制造业行业的绿色创新静态效率在 2009～2015 年呈现出一定的动态变化趋势，部分行业表现出相同的演化步调与变动趋势。

根据各个行业 2009～2015 年绿色创新静态效率值的波动幅度，划分为两种类型。

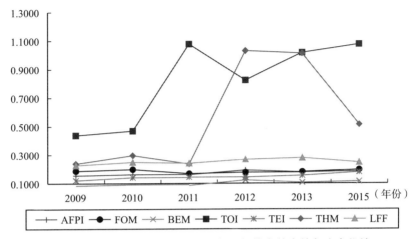

图 7.4　**AFPI** 等 7 个制造业行业绿色创新静态效率的年度变化情况

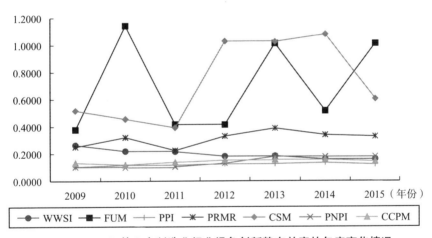

图 7.5　**WWSI** 等 7 个制造业行业绿色创新静态效率的年度变化情况

　　第一种类型：平稳发展型（标准差＜0.05）。具体特征为：考察期内，各行业的绿色创新静态效率值基本保持平稳，围绕着平均值小幅度波动。属于这种类型的行业有：黑色金属冶炼及压延加工业（FRPI）、造纸及纸制品业（PPI）、有色金属冶炼及压延加工业（NRPI）、农副食品加工业（AFPI）、食品制造业（FOM）、化学原料及化学制品制造业（CCPM）、饮料制造业（BEM）、纺织业（TEI）、皮革毛皮羽毛及其制

131

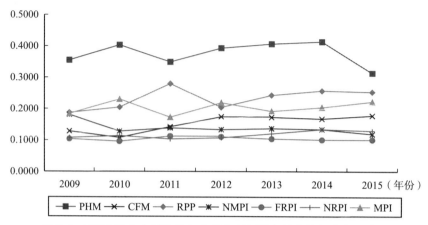

图 7.6　PHM 等 7 个制造业行业绿色创新静态效率的年度变化情况

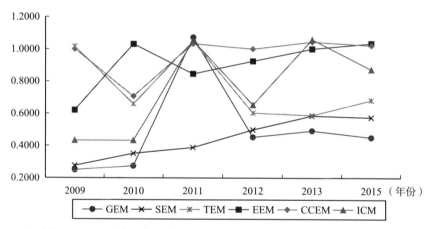

图 7.7　GEM 等 6 个制造业行业绿色创新静态效率的年度变化情况

品业（LFF）、非金属矿物制品业（NMPI）、金属制品业（MPI）、化学纤维制造业（CFM）、橡胶和塑料制品业（RPP）、医药制造业（PHM）、木材加工及木竹藤棕草制品业（WWSI）、石油加工炼焦及核燃料加工业（PNPI）16 个行业。其中，根据各个行业 2009～2015 年绿色创新静态效率的均值，又分为两个小类。

第一小类：低水平效率类型。具体表现为：各行业的绿色创新静态效率均值低于 0.3717（整体均值），且效率值在各年间保持小幅度的上下波动（围绕着绿色创新静态效率均值）。处于此类型的行业，其绿色创新静态效率近年来处于一种相对停滞状态。属于该类型的行业有黑色金属冶炼及压延加工业（FRPI）、造纸及纸制品业（PPI）、有色金属冶炼及压延加工业（NRPI）、农副食品加工业（AFPI）、食品制造业（FOM）、化学原料及化学制品制造业（CCPM）、饮料制造业（BEM）、纺织业（TEI）、皮革毛皮羽毛及其制品业（LFF）、非金属矿物制品业（NMPI）、金属制品业（MPI）、化学纤维制造业（CFM）、橡胶和塑料制品业（RPP）、木材加工及木竹藤棕草制品业（WWSI）、石油加工炼焦及核燃料加工业（PNPI）15个行业。

第二小类：中等水平效率类型。具体表现为：各行业各年的绿色创新静态效率均值高于0.3717但小于0.7000，且效率值在各年间保持小幅度的上下波动（围绕着绿色创新静态效率均值）。处于此类型的行业，其绿色创新静态效率近年来维持着中等水平的平稳发展状态。属于该类型的行业只有医药制造业（PHM）1个行业。

第二种类型：剧烈波动型（标准差 > 0.05）。具体特征为：考察期内，各行业的绿色创新静态效率剧烈波动，围绕着平均值大幅度波动。属于这种类型的行业有：印刷业和记录媒介的复制（PRMR）、通信设备、计算机及其他电子设备制造业（CCEM）、专用设备制造业（SEM）、电气机械及器材制造业（EEM）、交通运输设备制造业（TEM）、烟草制品业（TOI）、通用设备制造业（GEM）、仪器仪表及文化、办公用机械制造业（ICM）、文教体育用品制造业（CSM）、家具制造业（FUM）、纺织服装鞋帽制造业（THM）11个行业。这11个行业根据2009～2015年绿色创新静态效率值的波动趋势，划分为8种类型。

① "M"型。印刷业和记录媒介的复制（PRMR）、仪器仪表及文化、办公用机械制造业（ICM）2个行业的绿色创新静态效率值随时间的演进呈现不断波动趋势，表现出"M"型波动趋势，即先上升再下将然后再上升再下降。印刷业和记录媒介的复制（PRMR）的绿色创新静态效率值在2009～2010年呈现上升趋势，在2010年达到次波峰后，又开始下降到2011年的0.2259，而后在2013年到达波峰（效率值为

0.3882），然后就进入下一个下降区间段。仪器仪表及文化、办公用机械制造业（ICM）的绿色创新静态效率值在2009~2011年呈现上升趋势，在2011年达到次波峰后（效率值为1.0532），又开始下降到2012年的0.6538，而后在2013年到达次波峰（效率值为1.0598），然后就进入下一个下降区间段。

②"✓"型。通信设备、计算机及其他电子设备制造业（CCEM）在2009~2015年，其绿色创新静态效率值在某一年呈现急剧下降后，然后上升并保持稳定的波动趋势。具体表现为：绿色创新静态效率值在2009~2010年呈现出较大幅度的下降趋势，到达波谷后（效率值为0.7075），再上升；然后在2012~2015年基本保持稳定。

③"⌐"型。专用设备制造业（SEM）在2009~2015年，其绿色创新静态效率值呈现先逐步上升再保持稳定的波动趋势，其具体表现为：效率值在2009~2012年呈现出连续增长趋势后，然后在2013~2015年保持基本稳定。

④"N"型。电气机械及器材制造业（EEM）在2009~2015年，其绿色创新静态效率值呈现出先上升再下将然后上升的剧烈波动趋势，具体表现为：绿色创新静态效率值在2009~2010年呈现出较大幅度的上升趋势，直到波峰（峰值为1.0318）；再由2010年的波峰逐渐下降到2011年的0.8462，而后又进入一个相对平稳的上升期，由2011年的0.8462逐步上升到2015年的1.0361。

⑤"Ⅵ"型。交通运输设备制造业（TEM）在2009~2015年，其绿色创新静态效率值呈现出先下降再上升然后下降最后保持稳定的剧烈波动趋势，具体表现为：绿色创新静态效率值在2009~2010年呈现出较大幅度的下降趋势，直到波谷（波谷值0.6599）；再由2010年的波谷上升到2011年的1.0497，然后下降，之后进入一个稳定期（2012~2015年绿色创新静态效率值保持基本稳定）。

⑥"И"型。文教体育用品制造业（CSM）在2009~2015年，其绿色创新静态效率值呈现出先下降再上升然后下降的剧烈波动趋势，具体表现为：绿色创新静态效率值在2009~2011年呈现出一定幅度的下

降趋势，直到波谷（波谷值为 0.3930）；再由 2011 年的波谷上升到 2012 年的 1.0292，然后在 2013～2015 年保持下降趋势。

⑦倒"V"型。通用设备制造业（GEM）、纺织服装鞋帽制造业（THM）在 2009～2015 年，其绿色创新静态效率的变动呈现出倒"V"型。其中，通用设备制造业（GEM）的绿色创新静态效率值在 2009～2010 年呈现出小幅度的上升趋势（由 2009 年的 0.2497 上升到 2010 年的 0.2748），在 2011 年快速提升到波峰（峰值为 1.0731），而后又出现大幅度的下降（直接由 2011 年的 1.0731 下降到 2012 年的 0.4531），其后的 3 年围绕着 2012 年的 0.4531 微幅上下波动。纺织服装鞋帽制造业（THM）的绿色创新静态效率值在 2009～2011 年基本保持稳定，在 2012 年快速提升到波峰（直接由 2011 年的 0.2364 大幅度上升到 2012 年的 1.0296），而后又出现大幅度的下降（直接由 2013 年的 1.0109 连续下降到 2015 年的 0.5128）。

⑧"ⵑⵑ"型。烟草制品业（TOI）、家具制造业（FUM）在 2009～2015 年，其绿色创新静态效率的变动呈现出"ⵑⵑ"型。其中，烟草制品业（TOI）的绿色创新效率值在 2009～2011 年呈现上升趋势，由波谷（波谷值为 0.4379）连续上升到波峰（峰值为 1.0771），然后开始下降（由 2011 年的 1.0771 大幅度下降到 2012 年的 0.8238），接着上升（由 2012 年的 0.8238 大幅度下降到 2013 年的 1.0161），之后经历先下降再上升的波动趋势。家具制造业（FUM）的绿色创新效率值在 2009～2010 年呈现上升趋势，直接由波谷（数值为 0.3790）急剧上升到波峰（数值为 1.1430），然后开始连续两年的下降（由 2010 年的 1.1430 大幅度下降到 2012 年的 0.4150），接着开始急剧上升到次波峰（数值为 1.0132），之后经历 2014 年快速下降，2015 年急剧上升的波动趋势。

7.3.3　中国制造业绿色创新动态效率分析

本书使用 Maxdea 软件，利用 GML 指数模型测度了 2009～2015 年中国制造业绿色创新动态效率（即绿色创新全要素生产率）。具体结果见表 7. 6 ~ 表 7. 11。

表 7. 6　　　　2009 ~ 2010 年制造业分行业绿色创新动态效率评价结果

行业简称	全要素生产率指数（TFP）	技术进步指数（TC）	技术效率变化指数（TEC）	行业简称	全要素生产率指数（TFP）	技术进步指数（TC）	技术效率变化指数（TEC）
AFPI	1. 0473	1. 2765	0. 8205	PHM	1. 1365	0. 9534	1. 1921
FOM	1. 0609	1. 3575	0. 7815	CFM	0. 8431	1. 0489	0. 8037
BEM	1. 0806	1. 0388	1. 0403	RPP	1. 0933	1. 2450	0. 8782
TOI	1. 0715	1. 0683	1. 0030	NMPI	0. 7091	1. 6326	0. 4343
TEI	1. 1700	1. 0893	1. 0741	FRPI	0. 9259	1. 6299	0. 5681
THM	1. 2410	1. 2621	0. 9833	NRPI	1. 0578	1. 1544	0. 9163
LFF	1. 0966	1. 1025	0. 9946	MPI	1. 2500	1. 3420	0. 9314
WWSI	0. 8314	2. 8059	0. 2963	GEM	1. 1004	0. 9697	1. 1348
FUM	3. 0161	2. 7029	1. 1159	SEM	1. 2721	0. 9649	1. 3183
PPI	1. 1165	1. 1228	0. 9944	TEM	0. 6490	0. 6710	0. 9672
PRMR	1. 2768	1. 1313	1. 1286	EEM	1. 6610	1. 4439	1. 1504
CSM	0. 8806	0. 9263	0. 9506	CCEM	0. 7065	0. 7185	0. 9833
PNPI	0. 9603	1. 1682	0. 8220	ICM	1. 0010	0. 7881	1. 2701
CCPM	0. 8977	1. 3350	0. 6724				

表 7. 7　　　　2010 ~ 2011 年制造业分行业绿色创新动态效率评价结果

行业简称	全要素生产率指数（TFP）	技术进步指数（TC）	技术效率变化指数（TEC）	行业简称	全要素生产率指数（TFP）	技术进步指数（TC）	技术效率变化指数（TEC）
AFPI	0. 9956	1. 0000	0. 9956	PHM	0. 8661	1. 1227	0. 7714
FOM	0. 8508	0. 8434	1. 0087	CFM	1. 3176	1. 4835	0. 8882
BEM	0. 9431	1. 2964	0. 7275	RPP	1. 3682	0. 8479	1. 6136

续表

行业简称	全要素生产率指数（TFP）	技术进步指数（TC）	技术效率变化指数（TEC）	行业简称	全要素生产率指数（TFP）	技术进步指数（TC）	技术效率变化指数（TEC）
TOI	2.2957	2.2323	1.0284	NMPI	1.0821	0.6961	1.5544
TEI	1.0163	1.3719	0.7408	FRPI	1.1706	1.5079	0.7763
THM	0.7986	3.2283	0.2474	NRPI	0.9094	1.3145	0.6918
LFF	0.9692	3.6977	0.2621	MPI	0.7509	0.8893	0.8443
WWSI	0.9852	0.7931	1.2423	GEM	3.9052	1.3621	2.8671
FUM	0.3647	0.4243	0.8596	SEM	1.1058	0.9926	1.1141
PPI	0.9945	1.3038	0.7628	TEM	1.5906	1.5503	1.0260
PRMR	0.7013	1.1422	0.6140	EEM	0.8201	0.9977	0.8221
CSM	0.8613	0.8647	0.9961	CCEM	1.4617	1.4235	1.0268
PNPI	1.0578	1.1723	0.9024	ICM	2.4338	1.2290	1.9803
CCPM	1.1553	0.8687	1.3299				

表 7.8　2011～2012 年制造业分行业绿色创新动态效率评价结果

行业简称	全要素生产率指数（TFP）	技术进步指数（TC）	技术效率变化指数（TEC）	行业简称	全要素生产率指数（TFP）	技术进步指数（TC）	技术效率变化指数（TEC）
AFPI	1.1871	0.9657	1.2293	PHM	1.1266	0.9466	1.1902
FOM	1.0481	0.9712	1.0792	CFM	1.2237	0.9442	1.2960
BEM	1.4196	0.9959	1.4255	RPP	0.7304	1.2262	0.5956
TOI	0.7648	0.7237	1.0568	NMPI	0.9621	0.9550	1.0075
TEI	0.9962	0.9439	1.0553	FRPI	0.9816	0.9415	1.0426
THM	4.3558	1.0042	4.3374	NRPI	1.0391	0.8405	1.2362
LFF	1.1103	0.8758	1.2677	MPI	1.2667	1.0054	1.2599
WWSI	0.8394	1.0163	0.8259	GEM	0.4222	0.9206	0.4587
FUM	0.9956	1.9359	0.5143	SEM	1.2830	1.0659	1.2036

续表

行业简称	全要素生产率指数（TFP）	技术进步指数（TC）	技术效率变化指数（TEC）	行业简称	全要素生产率指数（TFP）	技术进步指数（TC）	技术效率变化指数（TEC）
PPI	1.0819	0.8844	1.2234	TEM	0.5752	0.6093	0.9441
PRMR	1.4636	0.9951	1.4709	EEM	1.0935	0.9985	1.0951
CSM	2.6186	2.2298	1.1744	CCEM	0.9676	0.9951	0.9724
PNPI	1.2466	1.0858	1.1481	ICM	0.6207	0.7641	0.8123
CCPM	1.1125	0.9448	1.1775				

表 7.9   2012～2013 年制造业分行业绿色创新动态效率评价结果

行业简称	全要素生产率指数（TFP）	技术进步指数（TC）	技术效率变化指数（TEC）	行业简称	全要素生产率指数（TFP）	技术进步指数（TC）	技术效率变化指数（TEC）
AFPI	0.9262	1.1583	0.7996	PHM	1.0340	1.0310	1.0028
FOM	1.0211	1.1330	0.9012	CFM	0.9906	1.1591	0.8546
BEM	0.8673	1.1735	0.7391	RPP	1.1879	1.0819	1.0979
TOI	1.2335	1.1337	1.0879	NMPI	1.0262	1.3579	0.7557
TEI	1.0738	1.3487	0.7962	FRPI	0.9431	1.3433	0.7021
THM	0.9819	0.9998	0.9821	NRPI	1.1200	1.5947	0.7023
LFF	1.0417	0.9645	1.0800	MPI	0.8765	0.9820	0.8925
WWSI	1.0107	1.1726	0.8620	GEM	1.0866	0.9997	1.0870
FUM	2.4414	1.2267	1.9902	SEM	1.1741	0.7148	1.6426
PPI	1.0074	1.3672	0.7369	TEM	0.9732	0.9806	0.9925
PRMR	1.1743	1.0455	1.1232	EEM	1.0821	1.1489	0.9419
CSM	0.9965	1.0127	0.9839	CCEM	1.0443	1.0192	1.0246
PNPI	1.3803	1.3431	1.0277	ICM	1.6211	1.3118	1.2358
CCPM	1.0239	1.3364	0.7662				

表 7.10　2013～2014 年制造业分行业绿色创新动态效率评价结果

行业简称	全要素生产率指数（TFP）	技术进步指数（TC）	技术效率变化指数（TEC）	行业简称	全要素生产率指数（TFP）	技术进步指数（TC）	技术效率变化指数（TEC）
AFPI	1.0008	0.9544	1.0486	PHM	1.0179	1.0223	0.9957
FOM	1.1615	0.9721	1.1948	CFM	0.9722	1.0489	0.9269
BEM	1.0687	0.9238	1.1568	RPP	1.0598	1.1047	0.9594
TOI	0.8701	0.8669	1.0036	NMPI	0.9814	0.9534	1.0293
TEI	1.0264	0.8567	1.1981	FRPI	0.9725	0.9688	1.0039
THM	0.6463	0.6739	0.9590	NRPI	1.1166	0.9962	1.1209
LFF	0.8571	0.9462	0.9058	MPI	1.0648	1.1022	0.9660
WWSI	0.8722	0.9755	0.8941	GEM	0.9140	1.1399	0.8018
FUM	0.5094	0.8641	0.5895	SEM	0.9705	1.7191	0.5645
PPI	1.0614	0.8976	1.1825	TEM	1.1475	1.1434	1.0036
PRMR	0.8737	1.0264	0.8513	EEM	1.0475	1.0310	1.0160
CSM	1.0535	1.0600	0.9939	CCEM	0.9696	1.0046	0.9651
PNPI	0.9919	0.9537	1.0400	ICM	1.0081	1.0682	0.9437
CCPM	1.0012	0.9574	1.0457				

表 7.11　2014～2015 年制造业分行业绿色创新动态效率评价结果

行业简称	全要素生产率指数（TFP）	技术进步指数（TC）	技术效率变化指数（TEC）	行业简称	全要素生产率指数（TFP）	技术进步指数（TC）	技术效率变化指数（TEC）
AFPI	1.0402	1.2253	0.8489	PHM	0.7586	0.9520	0.7968
FOM	0.9356	1.2171	0.7687	CFM	1.0610	1.0888	0.9745
BEM	1.0069	1.2375	0.8136	RPP	0.9858	0.9923	0.9934
TOI	1.2160	1.1905	1.0215	NMPI	0.8887	1.2190	0.7290
TEI	1.1294	1.1227	1.0060	FRPI	1.0005	1.0476	0.9551
THM	0.7848	0.7653	1.0256	NRPI	0.9637	1.0496	0.9182
LFF	1.0359	1.1944	0.8673	MPI	1.0892	1.0355	1.0519

行业简称	全要素生产率指数（TFP）	技术进步指数（TC）	技术效率变化指数（TEC）	行业简称	全要素生产率指数（TFP）	技术进步指数（TC）	技术效率变化指数（TEC）
WWSI	1.0016	1.2047	0.8314	GEM	1.0025	0.9051	1.1076
FUM	1.9622	1.1098	1.7680	SEM	1.0123	0.5706	1.7741
PPI	0.9058	1.2528	0.7230	TEM	1.0129	1.0183	0.9947
PRMR	0.9665	0.9772	0.9890	EEM	0.9879	0.9852	1.0027
CSM	0.5601	0.6215	0.9012	CCEM	1.0096	0.9952	1.0145
PNPI	1.0074	1.0745	0.9376	ICM	0.8174	0.8701	0.9395
CCPM	0.9265	1.2246	0.7566				

1. 总体变化特征

2009～2015 年的中国制造业绿色创新动态效率的变化指数、技术进步指数及技术效率变化指数，见表 7.12。

表 7.12   2009～2015 年中国制造业绿色创新动态效率的变化指数及其分解

年份	全要素生产率指数（TFP）	技术进步指数（TC）	技术效率变化指数（TEC）
2009～2010	1.0644	1.1889	0.8953
2010～2011	1.0902	1.1909	0.9155
2011～2012	1.0801	0.9936	1.0871
2012～2013	1.0964	1.1392	0.9625
2013～2014	0.9596	0.9965	0.9630
2014～2015	0.9819	1.0247	0.9582
均值	1.0440	1.0855	0.9617

2009～2015 年，中国制造业绿色创新动态效率全要素生产率指数平均值为 1.0440，这表明考察期内，中国制造业整体的绿色创新效率每年平均提升 4.4%。对中国制造业绿色创新效率变动结构进行分解可

知，考察期内，中国制造业绿色创新动态效率的提升主要源于技术进步，2009～2015 年技术进步指数平均值为 1.0855，年均进步率为 8.55%；而技术效率变化指数平均值为 0.9617，年均下降 3.83%。

2. 年度变化规律

整体而言，中国制造业绿色创新动态效率变化指数（TFP）在考察期内（2009～2015 年）分别出现了一个上升波峰和一个下降波谷。波峰出现在 2012～2013 年（TFP = 1.0964），波谷出现在 2013～2014 年（TFP = 0.9596）。对绿色创新动态效率变化指数（TFP）进行分解可知，中国制造业绿色创新技术进步的变化指数（TC）在考察期内出现了一个上升波峰和两个下降波谷。波峰呈现在 2012～2013 年（TC = 1.1392）。第一个下降波谷出现在 2011～2012 年（TC = 0.9936），第二个下降波谷出现在 2013～2014 年（TC = 0.9965）。中国制造业绿色创新技术效率的变化指数（TEC）在考察期内出现了一个上升波峰的特征。波峰出现在 2011～2012 年（TEC = 1.0871），其他时段基本保持稳定态势，且值都在 1 以下。按照年度的平均值结果画出图 7.8，可直观展示出 2009～2015 年中国制造业绿色创新动态效率变化的路径及其主要来源。

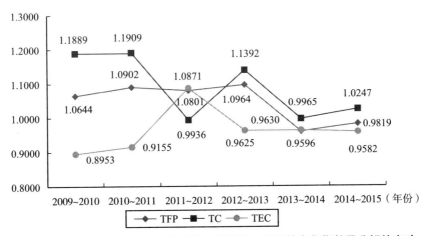

图 7.8　2009～2015 年中国制造业绿色创新动态效率的变化指数及分解的变动

具体分析 2009～2015 年各年度的绿色创新动态效率的变化及来源可知：

（1）2009～2010 年，中国制造业绿色创新动态效率的变化指数为 1.0644，上升 6.44%，引起这一时期绿色创新效率提升的根本原因在于技术进步（进步幅度为 18.89%），但是技术进步对绿色创新动态效率的提升作用受到了技术效率下降的负面冲击，技术效率下降 10.47%。

（2）2010～2011 年，中国制造业绿色创新动态效率的变化指数为 1.0902，上升 9.02%，引起这一时期绿色创新效率提升的根本原因在于技术进步（进步幅度为 19.09%），但是技术进步对绿色创新动态效率的提升作用受到了技术效率下降的负面冲击，技术效率下降 8.45%。

（3）2011～2012 年，中国制造业绿色创新动态效率的变化指数为 1.0801，绿色创新效率提升 8.01%，绿色创新效率获得提升的源头是其技术效率增长 8.71%，但是技术效率提升对绿色创新动态效率的积极影响受到了技术退步的负面冲击，技术进步下降幅度为 0.64%。

（4）2012～2013 年，中国制造业绿色创新动态效率的变化指数为 1.0964，上升 9.64%，引起这一时期绿色创新效率提升的根本原因在于技术进步（进步幅度为 13.92%）；但是，技术进步对绿色创新动态效率的提升作用受到了技术效率下降的负面冲击，技术效率下降 3.75%。

（5）2013～2014 年，中国制造业绿色创新动态效率的变化幅度为 0.9596，下降 4.04%，技术退步与技术效率恶化是造成这一时期绿色创新效率下降的原因。其中，技术效率下降 3.70%，技术退步 0.35%。

（6）2014～2015 年，中国制造业绿色创新动态效率的变化指数为 0.9819，下降 1.81%，技术效率的下降（下降幅度为 4.18%）是导致绿色创新效率下降的根源，而技术进步则"减缓"了技术效率的下降对绿色创新效率产生的消极影响，技术进步 2.47%。

3. 中国制造业绿色创新动态效率的变动及差异分析

表 7.13 给出了 2009～2015 年中国制造业绿色创新动态效率的变化指数（TFP）、技术进步指数（TC）、技术效率变化指数（TEC）的均值。

表 7. 13　　　　　2009～2015 年中国制造业绿色创新动态
效率的变化指数及其分解的均值

行业简称	TFP	TC	TEC	行业简称	TFP	TC	TEC
AFPI	1.0299	1.0892	0.9456	PHM	0.9799	1.0028	0.9772
FOM	1.0081	1.0688	0.9432	CFM	1.0563	1.1172	0.9454
BEM	1.0513	1.1028	0.9533	RPP	1.0521	1.0741	0.9795
TOI	1.1615	1.1243	1.0331	NMPI	0.9333	1.0939	0.8532
TEI	1.0669	1.1060	0.9646	FRPI	0.9960	1.2110	0.8225
THM	1.1361	1.1325	1.0032	NRPI	1.0315	1.1340	0.9096
LFF	1.0147	1.2542	0.8090	MPI	1.0321	1.0506	0.9823
WWSI	0.9202	1.2086	0.7614	GEM	1.1036	1.0385	1.0627
FUM	1.1780	1.1735	1.0038	SEM	1.1300	0.9458	1.1947
PPI	1.0256	1.1215	0.9144	TEM	0.9358	0.9475	0.9877
PRMR	1.0446	1.0511	0.9939	EEM	1.0890	1.0902	0.9990
CSM	1.0262	1.0297	0.9966	CCEM	1.0035	1.0061	0.9975
PNPI	1.0974	1.1268	0.9739	ICM	1.1243	0.9830	1.1437
CCPM	1.0154	1.0943	0.9279				

注：均值为几何均值。

2009～2015 年，家具制造业（FUM）、烟草制品业（TOI）、纺织服装鞋帽制造业（THM）、专用设备制造业（SEM）、仪器仪表及文化、办公用机械制造业（ICM）、通用设备制造业（GEM）、石油加工炼焦及核燃料加工业（PNPI）、电气机械及器材制造业（EEM）、纺织业（TEI）、化学纤维制造业（CFM）、橡胶和塑料制品业（RPP）、饮料制造业（BEM）、印刷业和记录媒介的复制（PRMR）、金属制品业（MPI）、有色金属冶炼及压延加工业（NRPI）、农副食品加工业（AFPI）、文教体育用品制造业（CSM）、造纸及纸制品业（PPI）、化学原料及化学制品制造业（CCPM）、皮革毛皮羽毛及其制品业（LFF）、食品制造业

（FOM）、通信设备、计算机及其他电子设备制造业（CCEM）22 个制造业行业的绿色创新动态效率正向增长，占所评价总体的 81.48%，其中增长幅度较大的依次为家具制造业（FUM）、烟草制品业（TOI）、纺织服装鞋帽制造业（THM）、专用设备制造业（SEM）、仪器仪表及文化、办公用机械制造业（ICM）、通用设备制造业（GEM）6 个制造业行业，增长幅度都超过 10%。这 22 个制造业行业绿色创新动态效率的增长情况可具体细分为三类：第一，技术进步和技术效率的改善共同促进了绿色创新动态效率的提升，此类包括家具制造业（FUM）、烟草制品业（TOI）、纺织服装鞋帽制造业（THM）、通用设备制造业（GEM）4 个制造业行业，占评价总体的 14.81%，这 4 个制造业行业的绿色创新活动进入了较为理想的发展阶段。第二，技术效率改善是绿色创新动态效率提升的动力来源，此类包括专用设备制造业（SEM）、仪器仪表及文化、办公用机械制造业（ICM）2 个制造业行业，占所评价总体的 7.41%。第三，技术进步是绿色创新动态效率提升的动力来源，此类包括石油加工炼焦及核燃料加工业（PNPI）、电气机械及器材制造业（EEM）、纺织业（TEI）、化学纤维制造业（CFM）、橡胶和塑料制品业（RPP）、饮料制造业（BEM）、印刷业和记录媒介的复制（PRMR）、金属制品业（MPI）、有色金属冶炼及压延加工业（NRPI）、农副食品加工业（AFPI）、文教体育用品制造业（CSM）、造纸及纸制品业（PPI）、化学原料及化学制品制造业（CCPM）、皮革毛皮羽毛及其制品业（LFF）、食品制造业（FOM）、通信设备、计算机及其他电子设备制造业（CCEM）16 个制造业行业，占所评价总体的 59.26%。

剩余 5 个制造业行业绿色创新动态效率出现了负增长（TFP<1），占所评价总体的 18.52%。通过探析绿色创新动态效率出现负增长的原因，这 5 个制造业行业又可细分为两类：第一类是交通运输设备制造业（TEM），占所评价总体的 3.71%，表现为技术进步和技术效率的增长率都为负值，也就是说，这两个制造业行业绿色创新动态效率的降低是由于技术退步和技术效率的恶化共同导致的。第二类有黑色金属冶炼及压延加工业（FRPI）、医药制造业（PHM）、非金属矿物制品业

（NMPI）、木材加工及木竹藤棕草制品业（WWSI）4 个制造业行业，占所评价总体的 14.81%；这 4 个制造业绿色创新动态效率的恶化是技术效率的"恶化"所致，表现为技术进步的变化指数不小于 1，而技术效率变化指数小于 1，且前者增长的幅度低于后者下降的幅度。

根据生产中不同生产要素的密集程度，可以将制造业划分为"劳动密集型、资本密集型和技术密集型"，见表 7.14。根据中国 27 个制造业行业绿色创新系统绿色创新动态效率 2009～2015 年的均值与排名可知，绿色创新动态效率强弱基本为：技术密集型制造业（1.0477）>资本密集型制造业（1.0469）>劳动密集型制造业（1.0445），这一结论进一步揭示了制造业绿色创新动态效率的行业异质性，这与行业自身特征及技术特征是相符的。但是，可以看到，这些行业大类中也出现了几个异常的行业，比如在技术密集型制造业中，通信设备、计算机及其他电子设备制造业（CCEM）、医药制造业（PHM）、交通运输设备制造业（TEM）的排名处于末尾水平（排名分别为第 22、第 24 和第 25）；资本密集型制造业中，非金属矿物制品业（NMPI）的排名比较靠后（排名第 26），而烟草制品业（TOI）的排名比较靠前（排名第 2）；劳动密集型制造业中，家具制造业（FUM）的排名位列第 1。

表 7.14　　　根据不同生产要素密集程度的制造业分类

（绿色创新动态效率）

行业简称	均值	排序	类型
FUM	1.1780	1	劳动密集型
TOI	1.1615	2	资本密集型
THM	1.1361	3	劳动密集型
SEM	1.1300	4	技术密集型
ICM	1.1243	5	技术密集型
GEM	1.1036	6	技术密集型
PNPI	1.0974	7	资本密集型

行业简称	均值	排序	类型
EEM	1.0890	8	技术密集型
TEI	1.0669	9	劳动密集型
CFM	1.0563	10	资本密集型
RPP	1.0521	11	资本密集型
BEM	1.0513	12	劳动密集型
PRMR	1.0446	13	劳动密集型
MPI	1.0321	14	劳动密集型
NRPI	1.0315	15	资本密集型
AFPI	1.0299	16	劳动密集型
CSM	1.0262	17	劳动密集型
PPI	1.0256	18	劳动密集型
CCPM	1.0154	19	技术密集型
LFF	1.0147	20	劳动密集型
FOM	1.0081	21	劳动密集型
CCEM	1.0035	22	技术密集型
FRPI	0.996	23	资本密集型
PHM	0.9799	24	技术密集型
TEM	0.9358	25	技术密集型
NMPI	0.9333	26	资本密集型
WWSI	0.9202	27	劳动密集型

4. 绿色创新动态效率变动分析

中国制造业分行业绿色创新系统绿色创新动态效率的发展变化曲线如图 7.9 ~ 图 7.12 所示。可以看出，同一年份，27 个行业绿色创新系统的绿色创新动态效率是有差别的，部分行业间差距较大；同一行业绿色创新系统的绿色创新动态效率在 2009 ~ 2015 年呈现出动态变化趋势，部分行业表现出相同的演化步调。

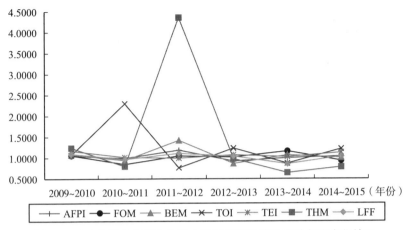

图 7.9   AFPI 等 7 个制造业行业绿色创新动态效率的年度变化情况

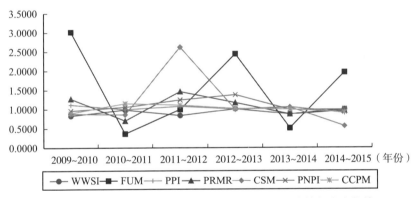

图 7.10   WWSI 等 7 个制造业行业绿色创新动态效率的年度变化情况

根据各个行业 2009～2015 年绿色创新动态效率值的波动幅度，可以分为两类：

第一类：小波动幅度的行业（标准差＜0.1），有纺织业（TEI）、造纸及纸制品业（PPI）、有色金属冶炼及压延加工业（NRPI）、木材加工及木竹藤棕草制品业（WWSI）、农副食品加工业（AFPI）、黑色金属冶炼及压延加工业（FRPI）、皮革毛皮羽毛及其制品业（LFF）7 个行业。表现为各行业各年的效率值在各年间保持小幅度的上下波动（围绕

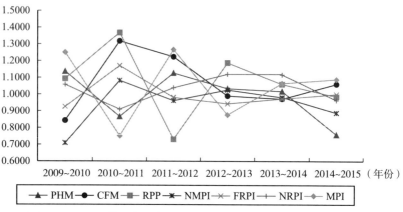

图 7.11　PHM 等 7 个制造业行业绿色创新动态效率的年度变化情况

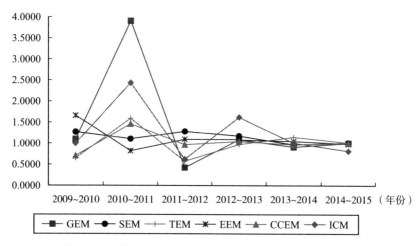

图 7.12　GEM 等 7 个制造业行业绿色创新动态效率的年度变化情况

着绿色创新动态效率均值），即这些行业的绿色创新效率在考察期内相对稳定。

第二类：大波动幅度的行业（标准差 > 0.1），有化学原料及化学制品制造业（CCPM）、非金属矿物制品业（NMPI）、石油加工炼焦及核燃料加工业（PNPI）、电气机械及器材制造业（EEM）、文教体育用品制造业（CSM）、食品制造业（FOM）、医药制造业（PHM）、印刷业和记录媒介的复制（PRMR）、纺织服装鞋帽制造业（THM）、专用设备制造业（SEM）、化学纤维制造业（CFM）、饮料制造业（BEM）、金属制品业（MPI）、家具制造业（FUM）、橡胶和塑料制品业（RPP）、交通运输设备制造业（TEM）、仪器仪表及文化、办公用机械制造业（ICM）、通信设备、计算机及其他电子设备制造业（CCEM）、通用设备制造业（GEM）、烟草制品业（TOI）20 个行业。这 20 个行业的绿色创新动态效率值在考察期内的波动趋势呈现出 8 种情形。

①倒"V"型。化学原料及化学制品制造业（CCPM）、非金属矿物制品业（NMPI）、石油加工炼焦及核燃料加工业（PNPI）、文教体育用品制造业（CSM）4 个行业在 2009～2015 年，其绿色创新动态效率的变动呈现出倒"V"型。化学原料及化学制品制造业（CCPM）绿色创新动态效率值在 2009～2010 年、2010～2011 年呈现出大幅度的上升趋势（由 2009～2010 年的 0.8977 上升到 2010～2011 年的 1.1553），在 2010～2011 年快速提升到波峰，而后逐渐呈现连续的下降趋势，直到 2014～2015 年到达次波谷（效率值为 0.9265）。非金属矿物制品业（NMPI）绿色创新动态效率值在 2009～2010 年、2010～2011 年呈现出大幅度的上升趋势（由 2009～2010 年的 0.7091 上升到 2010～2011 年的 1.0821），在 2010～2011 年快速提升到波峰，而后逐渐呈现连续的下降趋势，直到 2014～2015 年到达波谷（效率值为 0.8887）。石油加工炼焦及核燃料加工业（PNPI）绿色创新动态效率值在 2009～2010 年、2010～2011 年、2011～2012 年、2012～2013 年呈现出大幅度的上升趋势（由 2009～2010 年的 0.9603 上升到 2012～2013 年的 1.3803），在 2012～2013 年到达波峰，而后逐渐呈现的下降趋势。文教体育用品制造业（CSM）的绿色创新动态效率值在 2009～2010 年、2010～2011 年、2011～2012 年呈现出大幅度的上升趋势（由 2009～2010 年的 0.8806 上升到 2011～2012 年的 2.6186），在 2011～2012 年快速提升到波峰，而后逐渐呈现连续的下降趋势，直到 2014～2015 年到达波谷（效率值为 0.5601）。

②"И"型。食品制造业（FOM）、医药制造业（PHM）、印刷业和记录媒介的复制（PRMR）、纺织服装鞋帽制造业（THM）、专用设备制造业（SEM）、电气机械及器材制造业（EEM）6个行业在2009～2015年，其绿色创新效率值呈现出先下降再上升然后下降的剧烈波动趋势。食品制造业（FOM）的绿色创新动态效率值在2009～2010年、2010～2011年呈现出一定幅度的下降趋势，直到波谷（由2009～2010年的0.5182下降到2010～2011年的0.3930）；再由波谷逐渐上升到2011～2012年的1.0292，然后在2012～2013年、2013～2014年和2014～2015年保持下降趋势。医药制造业（PHM）的绿色创新动态效率值在2009～2010年和2010～2011年呈现出一定幅度的下降趋势，直到次波谷（2010～2011年的效率值为0.8661）；再由2010～2011年的波谷上升到2011～2012年的1.1266，然后在2012～2013年、2013～2014年和2014～2015年保持连续下降趋势，在2014～2015年到达波谷（效率值为0.7586）。印刷业和记录媒介的复制（PRMR）的绿色创新动态效率值在2009～2010年、2010～2011年呈现出一定幅度的下降趋势，直到波谷（2010～2011年的效率值为0.7013）；再由2010～2011年的波谷上升到波峰（2011～2012年的1.4636），然后在2012～2013年、2013～2014年、2014～2015年基本保持连续下降趋势。纺织服装鞋帽制造业（THM）的绿色创新动态效率值在2009～2010年、2010～2011年呈现出一定幅度的下降趋势，直到次波谷（2010～2011年的效率值为0.7986）；再由2010～2011年的波谷上升到波峰（2011～2012年的4.3558），然后在2012～2013年、2013～2014年、2014～2015年基本保持连续下降趋势。专用设备制造业（SEM）的绿色创新动态效率值在2009～2010年、2010～2011年呈现出一定幅度的下降趋势，在2011～2012年又重新开始上升，到达波峰（效率值为1.283），然后在2012～2013年、2013～2014年、2014～2015年基本保持连续下降趋势。电气机械及器材制造业（EEM）的绿色创新动态效率值在2009～2010年、2010～2011年呈现出一定幅度的下降趋势，在2010～2011年到达波谷（效率值为0.8201），在2011～2012年又重新开始上升（效率值

为 1.0935），然后在 2012～2013 年、2013～2014 年、2014～2015 年基本保持连续下降趋势。

③"N"型。化学纤维制造业（CFM）在 2009～2015 年，其绿色创新效率值呈现出先上升再下降然后上升的剧烈波动趋势，其具体表现为：动态效率值在 2009～2010 年、2010～2011 年呈现出较大幅度的上升趋势，直到波峰（由 2009～2010 年的 0.8431 上升到 2010～2011 年的 1.3176）；再由 2010～2011 年的波峰逐渐下降到 2013～2014 年的波谷（效率值为 0.9722），而后又逐步上升。

④"W"型。饮料制造业（BEM）、金属制品业（MPI）、家具制造业（FUM）3 个行业在 2009～2015 年，其绿色创新效率的变动趋势为"W"型。饮料制造业（BEM）的绿色创新效率值在 2009～2010 年、2010～2011 年呈现下降趋势，再快速上升到达波峰（2011～2012 年的效率值为 1.4196），而后效率值急剧下降，在 2012～2013 年到达波谷（效率值为 0.8673），然后就进入下一个上升区间段。金属制品业（MPI）的效率值在 2009～2010 年、2010～2011 年呈现下降趋势，在 2010～2011 年到达波谷（效率值为 0.7509），再快速上升到达波峰（2011～2012 年效率值为 1.2667），而后效率值急剧下降，在 2012～2013 年到达波谷（效率值为 0.8675），然后就进入下一个上升区间段，在 2014～2015 年效率值上升到 1.0892。家具制造业（FUM）的绿色创新效率值在 2009～2010 年、2010～2011 年呈现下降趋势，在 2010～2011 年到达波谷（效率值为 0.3647），再逐渐连续上升到达波峰（2012～2013 年效率值为 2.4414），而后效率值急剧下降，在 2013～2014 年到达次波谷（效率值为 0.5094），然后就进入下一个上升区间段，在 2014～2015 年效率值上升到 1.9622。

⑤"M"型。橡胶和塑料制品业（RPP）、交通运输设备制造业（TEM）、仪器仪表及文化、办公用机械制造业（ICM）3 个行业的绿色创新效率值随时间的演进呈现不断波动趋势，表现出"M"型波动趋势，即先上升再下降然后再上升再下降。饮料制造业（BEM）的绿色创新效率值在 2009～2010 年、2010～2011 年呈现上升趋势，再快速下

降到达波谷（2011～2012 年的效率值为 0.7304），而后效率值急剧上升，在 2012～2013 年到达次波峰（效率值为 1.1879），然后就进入下一个连续下降区间段（2013～2014 年和 2014～2015 年）。交通运输设备制造业（TEM）的绿色创新效率值在 2009～2010 年、2010～2011 年呈现上升趋势，并在 2010～2011 年到达波峰（效率值为 1.5906），再快速下降到达波谷（2011～2012 年的效率值为 0.5752），而后效率值逐渐连续上升，在 2013～2014 年到达次波峰（效率值为 1.1475），然后又开始下降。仪器仪表及文化、办公用机械制造业（ICM）的绿色创新效率值在 2009～2010 年、2010～2011 年呈现上升趋势，并在 2010～2011 年到达波峰（效率值为 2.4338），再快速下降到达波谷（2011～2012 年的效率值为 0.6207），而后效率值逐渐连续上升，在 2012～2013 年到达次波峰（效率值为 1.6211），然后就进入下一个连续下降区间段（2013～2014 年和 2014～2015 年）。

⑥ "∧" 型。通信设备、计算机及其他电子设备制造业（CCEM）在 2009～2015 年，其绿色创新效率值呈现出先上升再下降然后保持稳定的波动趋势，其具体表现为：效率值在 2009～2010 年、2010～2011 年呈现出一定幅度的上升趋势，直到波峰（效率值为 2.4338），然后急剧下降到达波谷（效率值为 0.6207），之后在 2012～2013 年、2013～2014 年、2014～2015 年保持稳定趋势。

⑦ "N" 型。通用设备制造业（GEM）在 2009～2015 年，其绿色创新效率值呈现出先上升再下降然后上升最后保持稳定的波动趋势，其具体表现为：效率值在 2009～2010 年、2010～2011 年呈现出较大幅度的上升趋势，2010～2011 年直到波峰（效率值为 3.9052），再急剧下降到达波谷（2011～2012 年效率值为 0.4222），而后又重拾升势，之后进入一个稳定期（2013～2014 年和 2014～2015 年）。

⑧连续剧烈波动型。烟草制品业（TOI）在 2009～2015 年，其绿色创新效率值呈现出连续剧烈的波动趋势，其具体表现为每一个连续期间，效率值保持相反的趋势，即前一年上涨（下降），则下一年必然下降（上涨）。

7.3.4　基于绿色创新静态效率—绿色创新动态效率的分析

绿色创新静态效率较高意味着该制造业行业在绿色创新方面具有较强的竞争力，而较高的绿色创新动态效率指数则表示该制造业行业在绿色创新过程中技术进步的步伐较快。表 7.15 中国制造业绿色创新静态效率（SBM）与动态效率（GML）的均值，显示了针对不同制造业行业在绿色创新静态效率与绿色创新动态效率两个方面的综合表现，做散点图标示各行业，可将我国 27 个制造业行业划分为四种类型，如图 7.13 所示。其中，图中横轴表示绿色创新静态效率，纵轴表示绿色创新动态效率，并以二者的均值为标准将整个区域划分为 A、B、C、D 四个部分。

表 7.15　中国制造业绿色创新静态效率（SBM）与动态效率（GML）

行业简称	SBM	GML	行业简称	SBM	GML
AFPI	0.1735	1.0299	PHM	0.3766	0.9799
FOM	0.1885	1.0081	CFM	0.1534	1.0563
BEM	0.1029	1.0513	RPP	0.2330	1.0521
TOI	0.8262	1.1615	NMPI	0.1391	0.9333
TEI	0.1489	1.0669	FRPI	0.1044	0.9960
THM	0.5682	1.1361	NRPI	0.1169	1.0315
LFF	0.2504	1.0147	MPI	0.2038	1.0321
WWSI	0.1990	0.9202	GEM	0.4920	1.1036
FUM	0.6994	1.1780	SEM	0.4634	1.1300
PPI	0.1212	1.0256	TEM	0.7536	0.9358
PRMR	0.3123	1.0446	EEM	0.9301	1.0890
CSM	0.7297	1.0262	CCEM	0.9750	1.0035
PNPI	0.1397	1.0974	ICM	0.7962	1.1243
CCPM	0.1436	1.0154	均值	0.3830	1.0460

注：绿色创新静态效率与动态效率均为 2009～2015 年的均值。

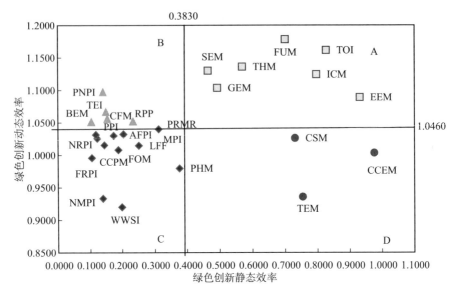

图7.13　中国制造业绿色创新静态效率—动态效率矩阵图

1. A类行业——高竞争力快进步节奏型

烟草制品业（TOI）、纺织服装鞋帽制造业（THM）、家具制造业（FUM）、通用设备制造业（GEM）、专用设备制造业（SEM）、电气机械及器材制造业（EEM）、仪器仪表及文化、办公用机械制造业（ICM）7个行业属于这一类型。处于该类型的制造业行业在绿色创新静态效率和绿色创新动态效率上皆表现出了较高的水平，高于我国制造业全部行业的均值，具有良好的绿色创新效率，是其他制造业行业学习的榜样。处于该类型的制造业行业在绿色创新过程中实现了集约型的发展模式。

2. B类行业——高竞争力慢进步节奏型

饮料制造业（BEM）、纺织业（TEI）、石油加工炼焦及核燃料加工业（PNPI）、化学纤维制造业（CFM）、橡胶和塑料制品业（RPP）5个行业属于这一类型。具体表现为：处于该类型的制造业行业，其绿色创新静态效率高于我国制造业全部行业的均值，具有一定的竞争力。但是，在绿色创新动态效率（即绿色创新全要素生产率）方面，却存在一定的劣势，技术进步水平较差。

3. C类行业——低竞争力慢进步节奏型

农副食品加工业（AFPI）、食品制造业（FOM）、皮革毛皮羽毛及其制品业（LFF）、木材加工及木竹藤棕草制品业（WWSI）、造纸及纸制品业（PPI）、化学原料及化学制品制造业（CCPM）、医药制造业（PHM）、非金属矿物制品业（NMPI）、黑色金属冶炼及压延加工业（FRPI）、有色金属冶炼及压延加工业（NRPI）、金属制品业（MPI）、印刷业和记录媒介的复制（PRMR）12个行业属于这一类型。处于该类型的制造业行业在绿色创新过程在静态效率和动态效率上皆表现出了较低的水平，低于我国制造业全部行业的均值，创新绩效整体水平差。

4. D类行业——低竞争力快进步节奏型

文教体育用品制造业（CSM）、交通运输设备制造业（TEM）、通信设备、计算机及其他电子设备制造业（CCEM）3个行业属于这一类型。具体表现为：这3个制造业行业在绿色创新动态效率（绿色创新全要素生产率）方面，高于我国制造业全部行业的均值，具有一定的优势。但是，在绿色创新静态效率方面，却存在一定的劣势，绿色创新资源使用效益差、配置水平低。与处于B、C类的制造业行业相比，属于该类型的制造业在考察期间具有更快的技术进步速度。

7.4　本章小结

本章为中国制造业绿色创新系统演化过程水平的测度研究。鉴于制造业绿色创新系统过程子系统的"虚像"特征，绿色创新效率承担的是"工具"身份，它用来反映制造业绿色创新系统的演化过程水平。

为了实现对中国制造业绿色创新系统演化过程水平的全面测度，本书从绿色创新静态效率与动态效率两个方面分别展开测度。首先，分别构建了测度绿色创新静态效率的 Super – SBM 模型以及测度绿色创新动态效率的 Global – Malmquist – Luenberger 指数模型；其次，从投入、期望产出与非期望产出三个方面构建了中国制造业绿色创新系统演化过程水平的评价指标体系；再次，基于 Super – SBM 模型测算了中国 27 个制造业行业 2009 ~ 2015 年的绿色创新静态效率；最后，利用 Global – Malmquist – Luenberger 指数模型测度了 2009 ~ 2015 年中国制造业绿色创新动态效率。

第8章

中国制造业绿色创新系统协调发展的实证评价

8.1 中国制造业绿色创新系统协调发展评价的目的

中国制造业绿色创新系统协调发展的评价是中国制造业绿色创新系统协调发展研究的重要内容，通过对中国制造业绿色创新系统协调发展状况的评价，达到对中国制造业整体及各制造业行业绿色创新系统运行发展态势的准确定位、及时调控、可持续发展的目的。

首先，准确定位、及时调控是中国制造业绿色创新系统协调发展评价的首要目的。提升制造业绿色创新系统的整体创新绩效是建设和完善中国制造业绿色创新系统的最终目标。制造业绿色创新系统的发展与演化过程，是系统沿着结构复杂性上升并趋向于最小熵状态，系统演化一方面表现为演化过程水平的高低，表现为绿色创新效率是否得到提高；另一方面表现为达到了新的演化状态水平，以及绿色创新能力是否提升。制造业绿色创新系统发展与演化的最佳状态是系统在演化过程中，其演化状态子系统和演化过程子系统等二象子系统和谐共存、相互促进，进而实现制造业绿色创新系统整体演化水平的跃升，最终表现为绿色创新绩效的提升。为了实现中国制造业绿色创新系统协调发展，除了发挥中国制造业绿色创新系统的二象对偶机制外，要外部施加以市场为主要调节手段，辅以政府的宏观调控。弄清中国制造业绿色创新系统协调发展现状及其在竞争中所处的位置，对各制造业行业绿色创新系统的发展和演化都是至关重要的。通过对中国制造业绿色创新系统协调发展状况进行评价，有助于各制造业行业准确清晰认识自身二象子系统的发展演化水平及整体协调发展度，清晰地识别自身的薄弱点，为制造业主管部门等决策主体制定相关对策来及时调控系统提供准确、科学的依据。

其次，可持续发展是中国制造业绿色创新系统协调发展评价的根本目的。对中国制造业绿色创新系统协调发展进行评价的根本目的在于优化及整合制造业绿色创新资源配置，促进制造业绿色创新系统积极适应外部环境、实现自身的可持续发展。基于时间演进的动态视角，对制造业绿色创新系统协调发展情况进行测度与评价，有利于掌握中国制造业绿色创新系统协调发展的演变规律，在此基础上预测其发展趋势。这将有助于政府及相关产业主管部门制定相关政策，推动中国制造业绿色创新系统的协调发展，最终实现制造业绿色创新系统的良性演化，实现可持续发展。

8.2 制造业绿色创新系统协调发展的内涵与判定标准

8.2.1 制造业绿色创新系统协调发展的内涵

协调是指为实现系统总体的目标，各子系统或各元素之间相互协作、相互配合、相互促进而形成的一种良性循环态势。协调发展是对协调概念的进一步延伸和应用，是"发展"概念演变的结果，是"协调"与"发展"的交汇点。"协调"是指将尊重客观规律和把握系统相互关系有机地结合起来，进而实现系统演进的总体目标，通过建立有效的运行机制，综合运用各种手段和方法，依靠科学的组织和管理，使系统间的相互关系达到理想状态的过程。"发展"是事物由小到大，由简到繁，由低到高，由旧到新的运动变化过程。"发展"作为系统的演化过程，某个系统或要素的发展，可能会破坏其他系统或要素的发展。从某种意义上，协调发展是对传统的发展理论作出新的限制和约束。因此，协调发展是基于系统内或系统间关联基础之上的，协调发展不是单一的发展，而是一种多元发展，强调整体性、综合性和内在性的发展聚合，不是单个系统或要素的"增长"，而是多系统或要素在协调这一有益的约束和规定之下的综合发展。协调发展追求的是在整体提高基础上的全局优化、结构优化和个体共同发展的理想状态。

制造业绿色创新系统是一个具有生命力和方向性的动态系统，状态性和过程性是其在发展演化过程中的两个角色。"状态"是系统的静态描述，"过程"是系统的动态反映。从制造业绿色创新系统发展演化来看，制造业绿色创新系统是一个具备完全时空意义的动态系统，状态子系统和过程子系统是它的二象子系统。协调发展是制造业绿色创新系统的典型特征。制造业绿色创新系统协调发展是指在制造业绿色创新系统的二象子系统自身内部协调发展的同时，子系统两两之间相互嵌入、协同发展并促进系统创新，整体共同、有序发展的过程。作为制造业绿色创新系统的二象子系统，状态子系统和过程子系统的地位和作用在不同时间、不同地点和不同发展阶段可有所不同。

8.2.2　制造业绿色创新系统协调发展的判定标准

在协调发展理论中，协调度是经过量化的系统协调程度，但由于在 $[0, 1]$ 区间内有无数个点，因而就有无数个协调度或者协调状态，未能直接表明系统发展状态，造成协调度的实践运用不便。协调等级指把协调度的范围划分成若干连续子区间，每一区间代表一个协调等级和一种协调状态，形成连续的协调等级阶梯。可以看出，协调等级概念的提出实质上是把某一区间段上的全部协调度赋予一种协调度，即把此区段上的全部协调状态赋予一种协调状态，促使理论向实践方向发展。协调度与协调等级构成了系统协调性研究的两个旋钮，一个是微调旋钮，一个是粗调旋钮，其中协调度是微调旋钮，协调等级是粗调旋钮。在实际应用中可以把制造业绿色创新系统的协调度划分为4个协调等级，进而规定每个协调等级的协调度区间，见表8.1。

表8.1   协调等级的划分

协调度	0.9～1.0	0.8～0.9	0.6～0.8	0～0.6
协调等级	非常协调	基本协调	弱协调	不协调

鉴于协调度无法甄别高水平协调和低水平协调，故引入"纳含定量的定性"模型，构建协调发展度来验证制造业绿色创新系统的协调发展水平。参考宋建波、武春友（2010）和杨朝均、呼若青（2016）的等级划分标准，本书将制造业绿色创新系统协调发展度划分为5个阶段，见表8.2。

表8.2   协调发展阶段的划分

协调发展度	0.8～1.0	0.6～0.8	0.4～0.6	0.2～0.4	0～0.2
协调发展阶段	高度协调发展	中度协调发展	低度协调发展	失调发展	严重失调发展

8.3　中国制造业绿色创新系统协调发展的实施框架

制造业绿色创新系统的演化是一个伴随着自组织性和他组织性的动态过程，其协调发展的发挥既有赖于其内在的二象对偶机制的发挥，更有赖于外部调控机制的适时参与。如何促进制造业绿色创新系统协调发展、转型升级，这是制造业绿色创新系统协调管理的核心内容。要达到这一目的，主要应从以下方面实施，如图8.1所示。

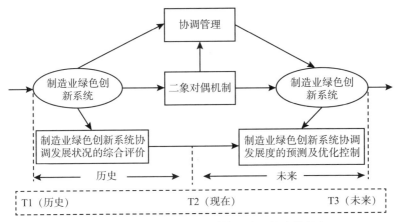

图8.1　制造业绿色创新系统协调发展的实施框架

（1）机制设计在制造业绿色创新系统协调发展过程中的每一时期、阶段和环节都应特别重视，要充分利用相关政策措施与行政手段，实现对系统的精准干预与政策调节，保证制造业绿色创新系统二象子系统间相互促进、协同促进。

（2）全面深入地剖析了中国制造业绿色创新系统协调发展状况，掌握各制造业行业绿色创新系统协调发展的现状和目前存在的主要问题，作为协调管理的依据。因此，构建中国制造业绿色创新系统协调发展度评价模型作为理论工具，评价中国制造业绿色创新系统协调发展状况是协调管理的重点。

（3）调控制造业绿色创新系统的二象子系统在未来发展的方向和关系，是中国制造业绿色创新系统协调管理的关键。因此，构建中国制造业绿色创新系统协调发展状况的预测模型，对其二象子系统的协调发展状况进行预测，以此为中国政府对制造业绿色创新系统协调发展进行宏观调控提供决策依据，这是进行制造业绿色创新系统协调管理的关键。

（4）在明确制造业绿色创新系统协调发展的总体目标的基础上，根据制造业绿色创新系统当前协调发展的现状，对其未来协调发展情形进行预测；通过确定调控方向、调控方法及制定具体调控措施对制造业绿色创新系统协调发展进行调控，这是进行制造业绿色创新系统协调管理的目的。

8.4 中国制造业绿色创新系统协调发展的测度

8.4.1 制造业绿色创新系统协调发展度评价模型的构建

为充分把握制造业绿色创新系统二象子系统间的耦合协调发展关系，本书对传统协调度模型进行改进，构建协调度模型，以准确度量二象子系统间的协调发展度。制造业绿色创新系统协调发展度的评价步骤如下。

第一步：进行归一化处理。为保持全书数据处理的一致性，分别对制造业绿色创新系统二象子系统的发展水平 $L(S_s)$ 和 $L(S_p)$ 进行归一化处理。采用式（8.1）、式（8.2）。

$$L_i'(S_s) = 0.1 + 0.9 \times \frac{L_i(S_s) - L(S_s)_{min}}{L(S_s)_{max} - L(S_s)_{min}} \tag{8.1}$$

$$L_i'(S_p) = 0.1 + 0.9 \times \frac{L_i(S_p) - L(S_p)_{min}}{L(S_p)_{max} - L(S_p)_{min}} \tag{8.2}$$

$L'(S_s)$ 和 $L'(S_p)$ 分别是第 i 个制造业行业绿色创新系统两个二象子系统当年发展水平的指标无量纲化值，$L_i(S_s)$ 和 $L_i(S_p)$ 是第 i 个制造业行业绿色创新系统两个二象子系统当年发展水平的原始值，$L(S_s)_{max}$ 和 $L(S_p)_{max}$ 是制造业行业绿色创新系统两个二象子系统当年发展水平的最大值，$L(S_s)_{min}$ 和 $L(S_p)_{min}$ 是制造业行业绿色创新系统两个二象子系统当年发展水平的最小值。

第二步：计算协调度。协调度用来衡量制造业绿色创新系统二象子系统之间在发展过程中彼此和谐一致的程度。二象子系统的协调度用两个子系统发展水平的相对离差 VC 来描述：

$$VC = \frac{|L'(S_s) - L'(S_p)|}{\frac{1}{2}[L'(S_s) + L'(S_p)]} = 2\sqrt{1 - \frac{L'(S_s)L'(S_p)}{\left[\frac{L'(S_s) + L'(S_p)}{2}\right]^2}} \quad (8.3)$$

因为 $L'(S_s) > 0$，$L'(S_p) > 0$，所以 VC 最小的充要条件是：

$$\frac{L'(S_s)L'(S_p)}{\left[\frac{L'(S_s) + L'(S_p)}{2}\right]^2} \to \max \quad (8.4)$$

则定义系统 S_s、S_p 的协调度为：

$$C = \frac{L'(S_s)L'(S_p)}{\left[\frac{L'(S_s) + L'(S_p)}{2}\right]^2} \quad (8.5)$$

其中，K 为辨别系数，且 K≥2，显然，0≤C≤1。

第三步：计算协调发展度。协调度在一定程度上反映了制造业绿色创新系统二象子系统之间的耦合协同情况。但是，协调度只反映了二象子系统之间的协调程度，无法甄别高水平协调和低水平协调。因此，引入"纳含定量的定性"模型，构建协调发展度来评价两个二象子系统的协调发展水平。其公式为：

$$\begin{cases} D = (C \times T)^{1/2} \\ T = \alpha L'(S_s) + \beta L'(S_p) \end{cases} \quad (8.6)$$

式（8.6）中，D 表示协调发展度；C 表示协调度；T 代表制造业绿色创新系统二象子系统协同效应的综合指数；α 和 β 为待定系数，分别表示两个二象子系统在整个制造业绿色创新系统演化发展中的重要程度。考虑到二象子系统相辅相成，相互制约，二者重要性一致，因此，$\alpha = \beta = 0.5$。

8.4.2　制造业绿色创新系统协调发展的评价

考虑到本书分别从静态效率和动态效率来测度制造业绿色创新系统的过程子系统的发展水平。因此，为了更为全面地分析中国制造业绿色创新系统的协调发展情况，本章将分别基于对制造业绿色创新系统的过程子系统发展水平的两种测度结果，结合制造业绿色创新系统的状态子系统发展水平，来评价中国制造业绿色创新系统的协调发展度。

　　第一种情况，基于第 6 章 2009 ~ 2015 年中国制造业绿色创新系统状态子系统（绿色创新能力）的评价结果和第 7 章 2009 ~ 2015 年中国制造业绿色创新系统过程子系统（绿色创新静态效率）的测度结果，运用制造业绿色创新系统协调发展度评价模型进行测算，具体结果见表 8.3。

表 8.3　　基于二象对偶理论的制造业绿色创新系统协调发展度评价结果

行业简称	2009 年	2010 年	2011 年	2012 年	2013 年	2014 年	2015 年	均值	排序
AFPI	0.4629	0.4657	0.4699	0.4732	0.4287	0.4392	0.4374	0.4539	19
FOM	0.5350	0.5289	0.5082	0.4988	0.4964	0.5217	0.5041	0.5133	15
BEM	0.4102	0.4094	0.4081	0.4327	0.4016	0.4163	0.4069	0.4122	26
TOI	0.7698	0.7595	0.9199	0.9007	0.9535	0.8754	0.9091	0.8697	4
TEI	0.4455	0.4561	0.4732	0.4550	0.4728	0.4678	0.4839	0.4649	18
THM	0.3776	0.3830	0.3976	0.7179	0.6352	0.5679	0.5352	0.5163	14
LFF	0.4292	0.4677	0.4874	0.3794	0.4278	0.3726	0.3747	0.4198	24
WWSI	0.5043	0.4678	0.3706	0.3964	0.3570	0.3508	0.3698	0.4024	27
FUM	0.5709	0.5687	0.5857	0.5670	0.5036	0.4711	0.5533	0.5458	12
PPI	0.4261	0.4287	0.4401	0.4298	0.4309	0.4437	0.4265	0.4323	23
PRMR	0.5445	0.5749	0.5384	0.6082	0.6178	0.5814	0.5278	0.5704	10
CSM	0.6853	0.6204	0.6180	0.7625	0.7087	0.7432	0.6544	0.6846	9
PNPI	0.3897	0.4052	0.4212	0.4286	0.4790	0.4790	0.4744	0.4396	22
CCPM	0.4901	0.4556	0.4867	0.4903	0.4928	0.4946	0.4795	0.4842	17
PHM	0.7282	0.7326	0.7075	0.7396	0.7299	0.7290	0.6595	0.7180	8
CFM	0.4827	0.4418	0.4972	0.5198	0.5141	0.5107	0.5211	0.4982	16
RPP	0.5301	0.5306	0.5832	0.5345	0.5606	0.5671	0.5608	0.5524	11
NMPI	0.5112	0.4420	0.4494	0.4289	0.4279	0.4229	0.3972	0.4399	21
FRPI	0.4388	0.4144	0.4408	0.4158	0.4052	0.4078	0.4032	0.4180	25

行业简称	2009 年	2010 年	2011 年	2012 年	2013 年	2014 年	2015 年	均值	排序
NRPI	0.4484	0.4424	0.4417	0.4146	0.4372	0.4592	0.4480	0.4416	20
MPI	0.5128	0.5459	0.5073	0.5496	0.5119	0.5319	0.5404	0.5285	13
GEM	0.6100	0.6070	0.8647	0.7512	0.7528	0.7256	0.7273	0.7198	7
SEM	0.6411	0.6813	0.7167	0.7889	0.8096	0.7955	0.7991	0.7475	6
TEM	0.9481	0.7892	0.9162	0.8229	0.7975	0.8269	0.8261	0.8467	5
EEM	0.8281	0.9173	0.8900	0.9589	0.9228	0.9344	0.9285	0.9114	2
CCEM	0.9916	0.8702	0.9810	0.9667	0.9913	0.9385	0.9767	0.9594	1
ICM	0.7661	0.7360	0.9945	0.8805	1.0000	0.9972	0.9472	0.9031	3
均值	0.5733	0.5608	0.5969	0.6042	0.6025	0.5952	0.5879	0.5887	

　　第二种情况,基于第 6 章 2010～2015 年中国制造业绿色创新系统状态子系统(绿色创新能力)的评价结果和第 7 章 2010～2015 年中国制造业绿色创新系统过程子系统(绿色创新动态效率)的测度结果,运用制造业绿色创新系统协调发展度评价模型进行测算,具体结果见表 8.4。

表 8.4　　基于二象对偶理论的制造业绿色创新系统协调发展度评价结果

行业简称	2010 年	2011 年	2012 年	2013 年	2014 年	2015 年	均值	排序
AFPI	0.5353	0.5356	0.5310	0.4005	0.5874	0.5244	0.5190	23
FOM	0.5858	0.5546	0.5683	0.5120	0.7730	0.6041	0.5996	15
BEM	0.5912	0.5746	0.6320	0.3985	0.7350	0.5905	0.5870	18
TOI	0.6362	0.8090	0.5416	0.6750	0.8081	0.7739	0.7073	3
TEI	0.5786	0.5708	0.5514	0.5449	0.7252	0.6416	0.6021	14
THM	0.3911	0.3896	0.7179	0.4483	0.4995	0.4716	0.4863	24
LFF	0.4826	0.4936	0.3795	0.4056	0.4130	0.4005	0.4291	26
WWSI	0.4408	0.3796	0.4071	0.3593	0.4178	0.4305	0.4058	27
FUM	0.5687	0.3873	0.4986	0.5051	0.3437	0.5559	0.4765	25

行业简称	2010 年	2011 年	2012 年	2013 年	2014 年	2015 年	均值	排序
PPI	0.5646	0.5627	0.5620	0.4973	0.7384	0.5924	0.5862	19
PRMR	0.5955	0.5039	0.6193	0.5703	0.6714	0.5457	0.5843	20
CSM	0.4973	0.5340	0.6985	0.4794	0.7258	0.3937	0.5548	21
PNPI	0.5211	0.5620	0.5683	0.6065	0.6909	0.5930	0.5903	17
CCPM	0.5463	0.6349	0.6146	0.5406	0.8361	0.6597	0.6387	9
PHM	0.6663	0.6063	0.6424	0.5644	0.9073	0.5964	0.6638	7
CFM	0.5253	0.6745	0.6401	0.5212	0.8412	0.7169	0.6532	8
RPP	0.5902	0.6279	0.5088	0.5998	0.7813	0.6398	0.6246	12
NMPI	0.4310	0.5475	0.5209	0.4842	0.6419	0.5224	0.5247	22
FRPI	0.5386	0.6030	0.5665	0.4674	0.7693	0.6380	0.5971	16
NRPI	0.5904	0.5871	0.5882	0.5826	0.8310	0.6435	0.6371	10
MPI	0.6212	0.5262	0.6176	0.4141	0.8047	0.6734	0.6095	13
GEM	0.6193	0.8653	0.4215	0.5863	0.8249	0.7051	0.6704	5
SEM	0.6922	0.6530	0.6663	0.6406	0.8724	0.7222	0.7078	2
TEM	0.4169	0.7268	0.4809	0.5139	0.9227	0.7141	0.6292	11
EEM	0.7745	0.5825	0.6321	0.5883	0.9040	0.7114	0.6988	4
CCEM	0.4649	0.7375	0.5998	0.5777	0.8830	0.7433	0.6677	6
ICM	0.6076	0.8775	0.5039	0.8329	0.9389	0.6475	0.7347	1
均值	0.5583	0.5966	0.5659	0.5303	0.7366	0.6093	0.5995	

注：2009～2015 年中国制造业绿色创新系统的绿色创新动态效率的区间为 2009～2010 年、2010～2011 年、2011～2012 年、2012～2013 年、2013～2014 年、2014～2015 年，其结果即是 2010 年、2011 年、2012 年、2013 年、2014 年、2015 年的动态效率。

8.4.3　实证结果分析

1. 制造业绿色创新系统协调发展的整体情况

中国制造业绿色创新系统的年度演化情况如图 8.2 所示。整体来看，情形 1，2009～2015 年，我国制造业绿色创新系统的协调度与协调发展度综合评价均值分别为 0.8287 和 0.5887；情形 2，2010～2015 年，我国制造业绿色创新系统的协调度与协调发展度综合评价均值分别为 0.8457 和 0.5995。这表明我国制造业绿色创新系统处于接近中等协调发展阶段的边缘，整个制造业绿色创新系统协调发展水平还需进一步提升。根据制造业绿色创新系统其两个二象子系统的协调度来看，二象子系统之间处于"基本协调"，这说明，我国制造业绿色创新系统是一种低水平的二象协调。从时间维度看，情形 1，2009～2015 年，我国制造业绿色创新系统协调发展水平在 0.6000 上下保持基本稳定态势；情形 2，2010～2015 年，我国制造业绿色创新系统协调发展水平呈现了双波峰 M 型波动状态，双波峰分别出现在 2011 年和 2014 年。

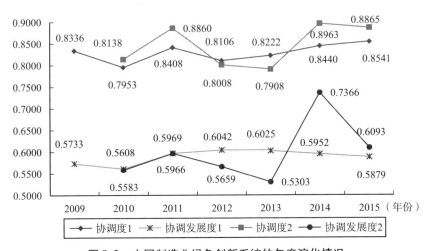

图 8.2　中国制造业绿色创新系统的年度演化情况

表 8.5 列出了各制造业绿色创新系统 2009～2015 年的二象子系统发展水平、二象子系统之间协调度及协调发展度的平均值。

根据表 8.2 制造业绿色创新系统协调度的判别标准及表 8.3 各制造业绿色创新系统协调发展度数值，27 个制造业绿色创新系统可以划分为"高度协调发展""中度协调发展"与"低度协调发展"三种类型。

表 8.5　　基于二象对偶理论的制造业分行业绿色创新系统
协调发展评价结果（2009~2015 年均值）

行业简称	状态子系统发展水平	过程子系统发展水平	协调度	协调发展度	行业简称	状态子系统发展水平	过程子系统发展水平	协调度	协调发展度
AFPI	0.2666	0.1712	0.9467	0.4539	PHM	0.9236	0.3592	0.8054	0.7180
FOM	0.4647	0.1848	0.8138	0.5133	CFM	0.6771	0.1529	0.5989	0.4982
BEM	0.4498	0.1057	0.6224	0.4122	RPP	0.4818	0.2259	0.8634	0.5524
TOI	0.8078	0.7774	0.9556	0.8697	NMPI	0.3258	0.1394	0.8380	0.4399
TEI	0.4059	0.1481	0.7824	0.4649	FRPI	0.4836	0.1070	0.5934	0.4180
THM	0.1922	0.5430	0.7915	0.5163	NRPI	0.5628	0.1185	0.5753	0.4416
LFF	0.1470	0.2424	0.9061	0.4198	MPI	0.4742	0.1988	0.8321	0.5285
WWSI	0.1475	0.1947	0.9591	0.4024	GEM	0.6912	0.4655	0.9002	0.7198
FUM	0.2169	0.6520	0.7392	0.5458	SEM	0.8059	0.4405	0.8970	0.7475
PPI	0.3945	0.1225	0.7234	0.4323	TEM	0.7504	0.7094	0.9867	0.8467
PRMR	0.3670	0.2998	0.9786	0.5704	EEM	0.8058	0.8701	0.9931	0.9114
CSM	0.3787	0.6917	0.9030	0.6846	CCEM	0.9379	0.9173	0.9931	0.9594
PNPI	0.3318	0.1400	0.8265	0.4396	ICM	0.9680	0.7488	0.9532	0.9031
CCPM	0.6441	0.1436	0.5961	0.4842	均值	0.5223	0.3656	0.8287	0.5887

注：第一种情形，制造业绿色创新系统的过程子系统的发展水平用绿色创新静态效率来测度。

其中，通信设备、计算机及其他电子设备制造业（CCEM）、电气机械及器材制造业（EEM）、仪器仪表及文化、办公用机械制造业（ICM）、烟草制品业（TOI）、交通运输设备制造业（TEM）5 个行业属于"高度协调发展"型；专用设备制造业（SEM）、通用设备制造业（GEM）、医药制造业（PHM）、文教体育用品制造业（CSM）4 个行业属于"中度协调发展"型；印刷业和记录媒介的复制（PRMR）、橡胶和塑料制品业（RPP）、家具制造业（FUM）、金属制品业（MPI）、纺织服装鞋帽制造业（THM）、食品制造业（FOM）、化学纤维制造业（CFM）、化

学原料及化学制品制造业（CCPM）、纺织业（TEI）、农副食品加工业
（AFPI）、有色金属冶炼及压延加工业（NRPI）、非金属矿物制品业
（NMPI）、石油加工炼焦及核燃料加工业（PNPI）、造纸及纸制品业
（PPI）、皮革毛皮羽毛及其制品业（LFF）、黑色金属冶炼及压延加工业
（FRPI）、饮料制造业（BEM）、木材加工及木竹藤棕草制品业（WWSI）
18 个行业属于"低度协调发展"型，见表8.6。

表8.6 协调发展类型划分

类型	高度协调发展	中度协调发展	低度协调发展
行业	CCEM、EEM、ICM、TOI、TEM	SEM、GEM、PHM、CSM	PRMR、RPP、FUM、MPI、THM、FOM、CFM、CCPM、TEI、AFPI、NRPI、NMPI、PNPI、PPI、LFF、FRPI、BEM、WWSI

结合表8.5 的结果具体分析可知，高度协调发展型所属的 5 个制造
业绿色创新系统不仅表现出非常协调（协调度均高于0.9），且其二象
子系统的发展水平均高于全行业的平均水平。

对于属于中度协调发展型的 4 个制造业行业，专用设备制造业（SEM）
表现为其二象子系统的发展水平均高于全行业的平均水平，但是其二象
子系统的协调度为基本协调（协调度均大于0.8 小于0.9）；文教体育
用品制造业（CSM）表现为其二象子系统的协调度为非常协调（协调
度均高于0.9），但是其状态子系统发展水平低于全行业的平均水平；
医药制造业（PHM）表现为其二象子系统的协调度为基本协调（协调
度均大于0.8 小于0.9），但是其过程子系统发展水平低于全行业的平
均水平；通用设备制造业（GEM）表现为其二象子系统的发展水平均
高于全行业的平均水平，且其二象子系统的协调度为非常协调（协调度
高于0.9）。

对于属于低度协调发展型的 18 个制造业行业，印刷业和记录媒介
的复制（PRMR）、橡胶和塑料制品业（RPP）、金属制品业（MPI）、食
品制造业（FOM）、农副食品加工业（AFPI）、非金属矿物制品业

（NMPI）、石油加工炼焦及核燃料加工业（PNPI）、皮革毛皮羽毛及其制品业（LFF）、木材加工及木竹藤棕草制品业（WWSI）9 个行业的二象子系统的协调度为基本协调或非常协调（协调度大于 0.8），造成其创新系统低度协调发展的原因在于其二象子系统的发展水平均低于全行业的平均水平，是一种低水平的协调发展。家具制造业（FUM）、纺织服装鞋帽制造业（THM）、化学纤维制造业（CFM）、化学原料及化学制品制造业（CCPM）、纺织业（TEI）、有色金属冶炼及压延加工业（NRPI）、造纸及纸制品业（PPI）、黑色金属冶炼及压延加工业（FRPI）、饮料制造业（BEM）9 个行业表现为其二象子系统发展水平差距极大，导致二者协调度在"不协调"水平（协调度低于 0.6），最终导致低度协调发展；其中，家具制造业（FUM）、纺织服装鞋帽制造业（THM）为状态子系统发展水平远低于过程子系统发展水平，而化学纤维制造业（CFM）、化学原料及化学制品制造业（CCPM）、纺织业（TEI）、有色金属冶炼及压延加工业（NRPI）、造纸及纸制品业（PPI）、黑色金属冶炼及压延加工业（FRPI）、饮料制造业（BEM）为过程子系统发展水平远低于状态子系统发展水平。

表 8.7 列出了各制造业绿色创新系统 2010～2015 年的二象子系统发展水平、二象子系统之间协调度及协调发展度的平均值。

表 8.7　基于二象对偶理论的制造业分行业绿色创新系统协调
发展评价结果（2010～2015 年均值）

行业简称	状态子系统发展水平	过程子系统发展水平	协调度	协调发展度	行业简称	状态子系统发展水平	过程子系统发展水平	协调度	协调发展度
AFPI	0.2619	0.3511	0.9189	0.5190	PHM	0.9109	0.3331	0.7096	0.6638
FOM	0.4571	0.3754	0.8858	0.5996	CFM	0.6821	0.3550	0.8242	0.6532
BEM	0.4364	0.3663	0.8725	0.5870	RPP	0.4823	0.3851	0.9109	0.6246
TOI	0.7919	0.4097	0.8355	0.7073	NMPI	0.3127	0.3137	0.9028	0.5247
TEI	0.4115	0.3820	0.9276	0.6021	FRPI	0.4789	0.3339	0.8846	0.5971

行业简称	状态子系统发展水平	过程子系统发展水平	协调度	协调发展度	行业简称	状态子系统发展水平	过程子系统发展水平	协调度	协调发展度
THM	0.2076	0.3723	0.8891	0.4863	NRPI	0.5621	0.3794	0.8727	0.6371
LFF	0.1465	0.3277	0.8152	0.4291	MPI	0.4868	0.3719	0.8767	0.6095
WWSI	0.1327	0.2981	0.8177	0.4058	GEM	0.6966	0.4399	0.8000	0.6704
FUM	0.2058	0.5719	0.7036	0.4765	SEM	0.8172	0.3874	0.8323	0.7078
PPI	0.3973	0.3588	0.9303	0.5862	TEM	0.7394	0.3631	0.7234	0.6292
PRMR	0.3712	0.3503	0.9529	0.5843	EEM	0.8117	0.3990	0.8090	0.6988
CSM	0.3703	0.3569	0.8742	0.5548	CCEM	0.9306	0.3417	0.7058	0.6677
PNPI	0.3515	0.3883	0.9585	0.5903	ICM	0.9794	0.4316	0.7684	0.7347
CCPM	0.6412	0.3428	0.8319	0.6387	均值	0.5212	0.3736	0.8457	0.5995

注：第二种情形，制造业绿色创新系统的过程子系统的发展水平用绿色创新动态效率来测度。

根据表 8.2 制造业绿色创新系统协调度的判别标准及表 8.7 各制造业绿色创新系统协调发展度数值，27 个制造业绿色创新系统可以划分为"中度协调发展"与"低度协调发展"两种类型。其中，仪器仪表及文化、办公用机械制造业（ICM）、专用设备制造业（SEM）、烟草制品业（TOI）、电气机械及器材制造业（EEM）、通用设备制造业（GEM）、通信设备、计算机及其他电子设备制造业（CCEM）、医药制造业（PHM）、化学纤维制造业（CFM）、化学原料及化学制品制造业（CCPM）、有色金属冶炼及压延加工业（NRPI）、交通运输设备制造业（TEM）、橡胶和塑料制品业（RPP）、金属制品业（MPI）、纺织业（TEI）14 个行业属于"中度协调发展"型；食品制造业（FOM）、黑色金属冶炼及压延加工业（FRPI）、石油加工炼焦及核燃料加工业（PNPI）、饮料制造业（BEM）、造纸及纸制品业（PPI）、印刷业和记录媒介的复制（PRMR）、文教体育用品制造业（CSM）、非金属矿物制品业（NMPI）、农副食品加工业（AFPI）、纺织服装鞋帽制造业（THM）、家具制造业（FUM）、皮革毛皮羽毛及其制品业（LFF）、木材加工及木竹藤棕草制品业（WWSI）13 个行业属于"低度协调发展"型，见表 8.8。

表 8.8　　　　　　　　　　　协调发展类型划分

类型	中度协调发展	低度协调发展
行业	ICM、SEM、TOI、EEM、GEM、CCEM、PHM、CFM、CCPM、NRPI、TEM、RPP、MPI、TEI	FOM、FRPI、PNPI、BEM、PPI、PRMR、CSM、NMPI、AFPI、THM、FUM、LFF、WWSI

结合表 8.7 的结果具体分析可知，对于属于中度协调发展型的 14 个制造业行业，专用设备制造业（SEM）、烟草制品业（TOI）、电气机械及器材制造业（EEM）、通用设备制造业（GEM）、金属制品业（MPI）表现为其二象子系统的发展水平均高于全行业的平均水平，其二象子系统的协调度为基本协调或非常协调（协调度均大于 0.8）；通信设备、计算机及其他电子设备制造业（CCEM）、医药制造业（PHM）、化学纤维制造业（CFM）、化学原料及化学制品制造业（CCPM）、交通运输设备制造业（TEM）、橡胶和塑料制品业（RPP）、纺织业（TEI）7 个行业表现为某二象子系统的发展水平低于全行业的平均水平；其中，通信设备、计算机及其他电子设备制造业（CCEM）、医药制造业（PHM）、化学纤维制造业（CFM）、化学原料及化学制品制造业（CCPM）、交通运输设备制造业（TEM）为过程子系统发展水平低于全行业的平均水平；橡胶和塑料制品业（RPP）、纺织业（TEI）为状态子系统发展水平低于全行业的平均水平。仪器仪表及文化、办公用机械制造业（ICM）表现为其二象子系统的发展水平均高于全行业的平均水平，但是二象子系统的协调度为弱协调（协调度大于 0.6 小于 0.8），金属制品业（MPI）为其二象子系统的发展水平均低于全行业的平均水平，且二象子系统的协调度为基本协调（协调度均大于 0.8 小于 1.0）。

对于属于低度协调发展型的 13 个制造业行业，食品制造业（FOM）、黑色金属冶炼及压延加工业（FRPI）、石油加工炼焦及核燃料加工业

（PNPI）、饮料制造业（BEM）、造纸及纸制品业（PPI）、印刷业和记录媒介的复制（PRMR）、文教体育用品制造业（CSM）、非金属矿物制品业（NMPI）、农副食品加工业（AFPI）、纺织服装鞋帽制造业（THM）、皮革毛皮羽毛及其制品业（LFF）、木材加工及木竹藤棕草制品业（WWSI）12个行业的二象子系统的协调度为基本协调或非常协调（协调度均大于0.8），造成其低度协调发展的原因在于其二象子系统的发展水平均低于全行业的平均水平，是一种低水平的协调发展。家具制造业（FUM）表现为其二象子系统发展水平差距极大，其状态子系统发展水平远低于过程子系统发展水平，导致二者协调度为"弱协调"（协调度为0.7036），最终导致低度协调发展。

2. 制造业绿色创新系统协调发展时间演进规律

根据表8.3的协调发展度评价结果，绘制出中国制造业各行业绿色创新系统协调发展度在2009～2015年的变动曲线，以此来探析其协调发展时间演进规律。首先，根据各行业2009～2015年协调发展度的波动幅度，划分为两种类型。

第一种类型：平稳发展型（标准差＜0.05）。具体特征为：考察期内，各行业的协调发展度值基本保持平稳，围绕着平均值小幅度波动。属于这种类型的行业有：皮革毛皮羽毛及其制品业（LFF）、通信设备、计算机及其他电子设备制造业（CCEM）、电气机械及器材制造业（EEM）、家具制造业（FUM）、石油加工炼焦及核燃料加工业（PNPI）、非金属矿物制品业（NMPI）、印刷业和记录媒介的复制（PRMR）、化学纤维制造业（CFM）、医药制造业（PHM）、橡胶和塑料制品业（RPP）、农副食品加工业（AFPI）、金属制品业（MPI）、黑色金属冶炼及压延加工业（FRPI）、食品制造业（FOM）、有色金属冶炼及压延加工业（NRPI）、化学原料及化学制品制造业（CCPM）、纺织业（TEI）、饮料制造业（BEM）、造纸及纸制品业（PPI）19个行业。其中，根据各个行业2009～2015年协调发展度的均值，又分为三个小类。

第一小类：高度协调发展型。具体表现为：各行业在2009～2015

年的协调发展度均值高于0.8但小于1，属于高度协调发展类型。处于该类型的行业，其绿色创新系统的协调发展进入了一种理想的发展趋势，是其他行业协调发展的参照标准。属于该类型的行业有通信设备、计算机及其他电子设备制造业（CCEM）、电气机械及器材制造业（EEM）2个行业。

第二小类：中度协调发展型。具体表现为：各行业在2009~2015年的协调发展度均值高于0.6但小于0.8，属于中度协调发展类型。处于该类型的行业，其在2009~2015年的绝大多数年份制造业绿色创新系统协调发展度均处于中度协调发展类型。属于该类型的行业只有医药制造业（PHM）1个行业。

第三小类：低度协调发展型。具体表现为：各行业在2009~2015年的协调发展度均值高于0.4但小于0.6，属于低度协调发展类型。处于该类型的行业，其在2009~2015年的绝大多数年份制造业绿色创新系统协调发展度属于低度协调发展。属于该类型的行业有皮革毛皮羽毛及其制品业（LFF）、家具制造业（FUM）、石油加工炼焦及核燃料加工业（PNPI）、非金属矿物制品业（NMPI）、印刷业和记录媒介的复制（PRMR）、化学纤维制造业（CFM）、橡胶和塑料制品业（RPP）、农副食品加工业（AFPI）、金属制品业（MPI）、黑色金属冶炼及压延加工业（FRPI）、食品制造业（FOM）、有色金属冶炼及压延加工业（NRPI）、化学原料及化学制品制造业（CCPM）、纺织业（TEI）、饮料制造业（BEM）、造纸及纸制品业（PPI）16个行业。

第二种类型：剧烈波动型（标准差＞0.05）。具体特征为：考察期内，各行业的协调发展度值剧烈波动，围绕着平均值大幅度波动。属于这种类型的行业有：纺织服装鞋帽制造业（THM）、仪器仪表及文化、办公用机械制造业（ICM）、通用设备制造业（GEM）、烟草制品业（TOI）、专用设备制造业（SEM）、交通运输设备制造业（TEM）、木材加工及木竹藤棕草制品业（WWSI）、文教体育用品制造业（CSM）8个行业，这8个行业绿色创新系统协调发展的时间演进规律如图8.3所示。这8个行业在2009~2015年的协调发展度波动趋势，划分为4种类型。

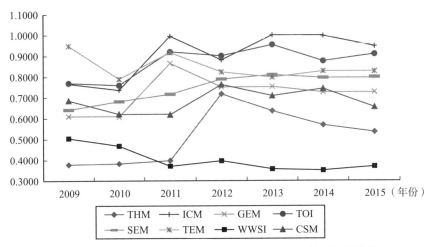

图 8.3 THM 等 8 个制造业绿色创新系统协调发展的时间演化情况

①倒 "V" 型。纺织服装鞋帽制造业（THM）和通用设备制造业（GEM）2 个制造业行业，在 2009~2015 年，其协调发展度的变动呈现出先逐渐上升再逐步下降的倒 "V" 型。其中，纺织服装鞋帽制造业（THM）的协调发展度在 2009~2010 年呈现出小幅度的上升趋势（由 2009 年的 0.3776 上升到 2011 年的 0.3976），在 2012 年快速提升到波峰（协调发展度为 0.7179），而后在 2013~2015 年保持连续下降趋势。通用设备制造业（GEM）的协调发展度在 2009~2010 年基本保持稳定，在 2011 年快速提升到波峰（直接由 2010 年的 0.6070 大幅度上升到 2011 年的 0.8647），而后在 2011~2015 年保持连续下降趋势。

②连续剧烈波动型。仪器仪表及文化、办公用机械制造业（ICM）、烟草制品业（TOI）、文教体育用品制造业（CSM）在 2009~2015 年，其协调发展度呈现出连续剧烈的波动趋势。具体表现为每一个连续期间，协调发展度值保持相反的趋势，即前一年上涨（下降），则下一年必然下降（上涨）。

③先逐步上升再保持稳定型。专用设备制造业（SEM）在 2009~2015 年，其协调发展度呈现出先逐步上升再保持稳定的波动趋势。具体表现为：协调发展度值在 2009~2013 年呈现出连续的上升趋势，并

在 2013 年到达波峰（由 2009 年的 0.6411 上升到 2013 年的 0.8096），
而后在 2014～2015 年保持稳定。

④ "Ⅳ" 型。交通运输设备制造业（TEM）、木材加工及木竹藤棕
草制品业（WWSI）2 个行业在 2009～2015 年，其协调发展度值呈现出
先下降再上升然后下降最后保持稳定的剧烈波动趋势。交通运输设备制
造业（TEM）的协调发展度由在 2009～2012 年经历了一个先下降再上
升然后下降的波动，然后在 2013～2015 年经历了一个跨度为 3 年的稳
定期。木材加工及木竹藤棕草制品业（WWSI）的协调发展度在 2009～
2013 年经历了一个先下降（2009～2011 年）再上升（2011～2012 年）
然后下降（2012～2013 年）的波动，然后在 2014～2015 年经历了一个
跨度为 2 年的稳定期。

根据表 8.5 的协调发展度评价结果，绘制出中国制造业各行业绿色
创新系统协调发展度在 2010～2015 年的变动曲线，以此来探析其协调
发展时间演进规律。首先，根据各行业 2010～2015 年协调发展度的波
动幅度，划分为两种类型：

第一种类型：平稳发展型（标准差 <0.1）。具体特征为：考察期
内，各行业的协调发展度值基本保持平稳，围绕着平均值小幅度波动。
属于该类型的有有色金属冶炼及压延加工业（NRPI）、家具制造业
（FUM）、食品制造业（FOM）、橡胶和塑料制品业（RPP）、专用设备
制造业（SEM）、造纸及纸制品业（PPI）、非金属矿物制品业（NMPI）、
纺织业（TEI）、农副食品加工业（AFPI）、印刷业和记录媒介的复制
（PRMR）、石油加工炼焦及核燃料加工业（PNPI）、皮革毛皮羽毛及其
制品业（LFF）、木材加工及木竹藤棕草制品业（WWSI）13 个行业。
其中，根据各个行业 2010～2015 年协调发展度的均值，又分为两个
小类。

第一小类：中度协调发展型。具体表现为：各行业在 2010～2015
年的协调发展度均值高于 0.6 但小于 0.8，属于中度协调发展类型。处
于类型的行业，其在 2010～2015 年的绝大多数年份制造业绿色创新系
统协调发展度均处于中度协调发展类型。属于该类型的行业有有色金属

冶炼及压延加工业（NRPI）、橡胶和塑料制品业（RPP）、专用设备制造业（SEM）、纺织业（TEI）4个行业。

第二小类：低度协调发展型。具体表现为：各行业在2010～2015年的协调发展度均值高于0.4但小于0.6，属于低度协调发展类型。处于类型的行业，其在2010～2015年的绝大多数年份制造业绿色创新系统协调发展度高于0.4但小于0.6，属于低度协调发展。属于该类型的行业有家具制造业（FUM）、食品制造业（FOM）、造纸及纸制品业（PPI）、非金属矿物制品业（NMPI）、农副食品加工业（AFPI）、印刷业和记录媒介的复制（PRMR）、石油加工炼焦及核燃料加工业（PNPI）、皮革毛皮羽毛及其制品业（LFF）、木材加工及木竹藤棕草制品业（WWSI）9个行业。

第二种类型：剧烈波动型（标准差＞0.1）。具体特征为：考察期内，各行业的协调发展度值剧烈波动，围绕着平均值大幅度波动。属于这种类型的行业有：交通运输设备制造业（TEM）、仪器仪表及文化、办公用机械制造业（ICM）、通用设备制造业（GEM）、通信设备、计算机及其他电子设备制造业（CCEM）、金属制品业（MPI）、文教体育用品制造业（CSM）、电气机械及器材制造业（EEM）、医药制造业（PHM）、纺织服装鞋帽制造业（THM）、化学纤维制造业（CFM）、饮料制造业（BEM）、烟草制品业（TOI）、化学原料及化学制品制造业（CCPM）、黑色金属冶炼及压延加工业（FRPI）14个行业，这14个行业制造业绿色创新系统协调发展的时间演进规律见图8.4和图8.5所示。这14个行业在2010～2015年的协调发展度波动趋势，划分为5种类型。

①"M"型。交通运输设备制造业（TEM）、仪器仪表及文化、办公用机械制造业（ICM）、通用设备制造业（GEM）、通信设备、计算机及其他电子设备制造业（CCEM）、文教体育用品制造业（CSM）、化学纤维制造业（CFM）、烟草制品业（TOI）、化学原料及化学制品制造业（CCPM）、黑色金属冶炼及压延加工业（FRPI）9个行业的协调发展度值随时间的演进呈现不断波动趋势，表现出"M"型波动趋

势，即先上升再下将然后再上升再下降。

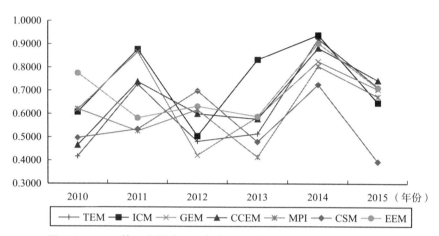

图 8.4　TEM 等 7 个制造业绿色创新系统协调发展的时间演化情况

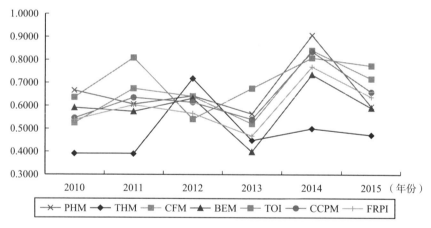

图 8.5　PHM 等 7 个制造业绿色创新系统协调发展的时间演化情况

②连续剧烈波动型。金属制品业（MPI）、电气机械及器材制造业（EEM）2 个行业在 2010~2015 年，其协调发展度呈现出连续剧烈的波动趋势，具体表现为每一个连续期间，协调发展度值保持相反的趋势，即前一年上涨（下降），则下一年必然下降（上涨）。

③ "И" 型。医药制造业（PHM）在 2010~2015 年，其协调发展度呈现出先下降再上升然后下降的剧烈波动趋势。具体表现为：协调发展度在 2010~2013 年呈现出连续的下降趋势，直到波谷（2013 年的协调发展度为 0.5644）；再由 2013 年的波谷急剧上升到波峰（2014 年的协调发展度为 0.9073），然后在 2015 年快速下降。

④ "∧" 型。纺织服装鞋帽制造业（THM）在 2010~2015 年，其协调发展度的变动呈现出 "∧" 型。具体表现为：协调发展度在 2012 年出现急剧上升到达波峰外（2012 年的 0.7179），其余年份都保持稳定态势，呈现出一种单极峰波动情况。

⑤ "ᐯᐯ" 型。交通运输设备制造业（TEM）在 2010~2015 年，其协调发展度呈现出先保持稳定再下降然后上升最后下降的剧烈波动趋势。具体表现为：协调发展度值在 2010~2012 年保持基本稳定状态，然后在 2013 年呈现出较大幅度的下降趋势，直到波谷（协调发展度为 0.3985）；最后在 2014~2015 年保持先上升再下降的波动趋势。

8.5　本章小结

本章是对中国制造业绿色创新系统协调发展的实证分析。第一，对中国制造业绿色创新系统协调发展评价的目的进行分析；第二，分别界定与确定了制造业绿色创新系统协调发展的内涵及评价标准；第三，介绍了中国制造业绿色创新系统协调发展的实施框架；第四，分别从模型构建、实证评价和结果分析三方面对中国制造业绿色创新系统协调发展进行测度。

第9章

中国制造业绿色创新系统
协调发展的政策体系

9.1 中国制造业绿色创新系统
协调发展的政策目标

政策目标是设计中国制造业绿色创新系统协调发展政策体系的首要任务，其功能在于为制造业绿色创新指明方向，规定战略重点和方针任务。鉴于我国目前还没有形成制造业绿色创新的专门政策。因此，有必要通过调研分析，了解不同主体的绿色创新政策需求，明确政策目标。制造业绿色创新系统协调发展政策体系的总目标及其多层次分解与展开而形成的若干个分目标构成一个多层次多类型的目标体系。其中，总目标既是制造业绿色创新系统协调发展政策总体追求的最终目标和努力方向，也是制定各层次分目标的基础。

本书将制造业绿色创新系统协调发展的总目标界定为：通过制造业绿色创新系统二象子系统的协调发展，实现系统整体水平的跃升，保证制造业绿色创新总体绩效的提升。分目标包括：（1）促进制造业绿色创新系统的建立与运转；（2）实现系统的有序演化，实现系统跃升；（3）激发制造业创新系统二象子系统的内在对偶协调机制，实现二者协调发展；（4）实现绿色创新系统整体创新绩效的提升。

9.2 中国制造业绿色创新系统协调发展政策体系的构建原则

1. 引导性原则

绿色创新系统协调发展政策必须坚持引导性原则，其政策体系的立足点应基于制造业绿色创新参与主体的创新发展需求，进而支撑和鼓励其绿色创新行为。我国现有的创新政策体系并不是为专门引导企业开展绿色创新而设立的，单纯将其扩展到绿色创新这一新兴领域，必然造成形式上的绿色创新而实际企业绿色创新动力及能力严重不足的后果。政府作为绿色创新政策体系的制定者与主导者，应充分发挥绿色创新引导作用，制定出有利于鼓励、推动与支撑各创新主体开展绿色创新活动的政策体系，确保绿色创新目标的实现。

2. 产学研合作原则

制造业绿色创新系统协调发展是一项具有长期性、复杂性的系统工程，需要统筹协调系统的各个参与主体。持续推进产学研合作，促进绿色技术创新，加快企业技术创新体系完善的进程。在深化产学研合作的过程中，充分发挥企业在物质资源、人力资源等方面的优势，并与高校和科研机构在科研方面的优势有机地结合起来，充分发挥各自的长处和优势，通过产学研的优化结合，实现资源互补，最大幅度调动各自的主动性及创新性。各制造业绿色创新参与主体共同参与绿色技术的合作研发与市场价值实现。

3. 开放性原则

从复杂系统角度来讲，制造业绿色创新系统协调发展政策体系是一个开放的有机系统。系统开放性原则包含对外部环境开放和对内部要素开放两个方面。对外部环境开放是指系统向环境开放，不断与环境发生着物质、能量和信息的交换，维持系统相对的平衡与稳定。对内开放是指系统诸要素之间所进行的物质、能量和信息的传递和交换，它是系统演化的内部动力。开放性原则要求把制造业绿色创新系统协调发展政策体系视为一个系统，以系统整体目标的优化为准绳，协调系统中各分系统和各要素的相互关系，使系统完整、平衡。制造业绿色创新系统协调发展政策体系是一个多层次、多维度的制度体系，涵盖政府、企业、市场、社会、公众等不同层级的主体，政策体系要在每一层次上都有反映。

4. 可操作性原则

构建制造业绿色创新系统协调发展政策体系，要坚持可操作性原则。该原则要求每一个具体政策要有明确的执行主体、确定的阶段目标和切实可行的措施。明确的执行主体要解决的是明确具体政策由谁来做，并明确其权力范围。制造业绿色创新系统协调发展政策体系的推进具有阶段性和层次性，应分步实施。明确落实检查手段，建立健全监督制约机制，保证政策体系的每一个阶段的任务都能顺利完成。

9.3 中国制造业绿色创新系统协调发展政策体系设计

9.3.1 中国制造业绿色创新系统协调发展的基础政策

1. 加强顶层设计和战略规划

强调顶层设计，政府从国家层面出台绿色创新的战略规划，把绿色创新纳入政府考核体系。2016 年，国家发展改革委、环保部等部门联合印发了《绿色发展指标体系》和《生态文明建设考核目标体系》，将绿色发展相关指标纳入地方政府的考核体系。政府可在此基础上，制定出促进绿色创新的长期战略决策。针对制造业，政府要发挥绿色经济政策的创新引领作用，结合不同制造业行业的特征及绿色创新现状，探索差异性的绿色创新标准，促进绿色知识与技术的产业化与商业化。此外，政府要完善绿色创新的相关法律法规，优化企业绿色创新的政策环境。重点考虑将绿色技术评估办法和绿色创新成果保护纳入法规体系中，确保政策的完备性和前瞻性。

2. 建立公众绿色消费导向体系

公众绿色消费导向体系的建立有利于培育推动绿色技术及绿色产品研发的良好社会氛围。一是完善对绿色消费产品的市场监管和政策体系。加强对绿色产品生产销售的监管，严厉打击违法行为；强化政策引导，落实税收优惠和补贴，并努力做到基础设施配套完备。二是进一步宣传引导绿色消费，加强对绿色产品识别的宣传、减少一次性用品的使用，鼓励节能节水认证产品的消费。

3. 制定激励绿色创新主体形成合作创新网络的政策

制造业绿色创新系统内的绿色创新资源主要集中于各创新主体中（企业、高校及科研机构、政府等），但是不同类型的创新主体，其拥有的创新资源类别、数量及优势并非完全一致。因此，应制定出创新激励政策特别是鼓励优势互补、协同创新的政策措施，促使创新主体间形成合作创新网络，进而实现协同创新优势。将企业的市场化、科技成果转化与资金优势和高校及科研院所的人才与技术优势结合起来，通过创新资源在创新主体间的共享，集中优势创新资源，来开发行业共性和关键绿色技术。

4. 制定领军企业的培育政策

构建创新主体间合作网络对制造业绿色创新系统的积极演进发展是至关重要的。而在这一形成过程中，核心级特别是世界级的企业起到了"催化剂"和"发动机"的积极作用。一般情况，领军企业凭借自己的创新资源优势及品牌优势，其他绿色创新主体会围绕其自动集聚，并衍生出更多的合作关系。因此，政府应加大资金与政策扶持力度，重点支持和推进核心企业的绿色创新发展。以这些领军企业为主导，联合上下游企业和高校及科研院所，打造产业绿色创新产业链。

9.3.2 中国制造业绿色创新系统协调发展的支撑政策

1. 推进绿色专利制度的构建

基于绿色发展理念重构中国专利制度，将环境因素和法律法规结合起来，在《专利法》中增加激励绿色技术研发与创新的一般条款，确定"绿色性"为发明专利的审查标准，即将传统的"专利三性"改造为"专利四性"。同时，在批准绿色专利的同时，通过明确的法律来阻止破坏生态环境的相关技术的产生与运用。在此基础上，建设绿色专利数据库和绿色专利分类体系等信息平台，实现绿色专利信息共享，给企业和个人予以信息参考，避免其在绿色创新时进行相关绿色技术的重复研发。

2. 加大对制造业绿色创新的财政补贴

当前，政府一般采取财政拨款与税收优惠等措施对制造业产业共性技术的研发与扩散进行补贴，但是对于绿色技术研发与应用，未有明显的补贴政策。因此，为了激励开展绿色创新，政府应加大对制造业绿色创新的信贷和财政支持，特别是关键绿色技术研发的补贴力度，为制造业绿色创新主体特别是制造业企业开展绿色创新提供良好的物质保障和强大的资金支持。同时，要充分发挥市场对资源的优化配置作用，既拓宽科技企业融资渠道，又通过发展风险投资、发行科技创新企业集合信托和债券等措施，增加制造业绿色创新外部资金的来源。

3. 完善政府绿色采购政策

作为前沿性和先进性的绿色创新的技术及产品，在开始推向市场时，往往需求不足，急切需要前期的扶持性购买。政府必须担当这一角色，进行扶持性采购。因此，政府要积极完善政府绿色采购政策。第一，健全绿色采购法律法规，规范政府的绿色采购制度。第二，实行政府强制采购与优先采购方式，加大对清洁生产、节能减排等绿色技术及产品的采购力度。第三，选择政府采购涉及的优先领域，分行业、分产品制定绿色采购标准和清单，优化节能环保清单调整机制。第四，营造良好的绿色消费氛围，并将绿色消费意识传递给社会群众，提升整个社会的绿色生产和消费理念。

9.3.3 中国制造业绿色创新系统协调发展的引导政策

1. 完善绿色创新调控方式，提高政府宏观调控的科学化水平

政策实施是必须形成一个闭环的反馈系统，才能不断调整政策以适应环境的改变。在实施过程中，制造业绿色创新政策的相关情况和效用会不断地变化，必须通过及时的信息处理，跟踪变化情况，不断对政策进行及时调整，以保证原先预定政策目标的实现。制造业绿色创新政策制定主体即各级政府应建立健全信息反馈机制，适时对相关政策的执行情况进行跟踪、评估，并进行效果反馈，以便各级政府及时了解掌握绿色创新政策执行过程中存在的问题，并进行及时调整、适时修改完善，以保证政策目标的实现。另外，为了保证评估效果的公正、透明、高效，应建立第三方评估机构、培养专职评估人员、建立评估网络系统，

建立制造业绿色创新政策评估体系和评估方法体系。

2. 根据制造业绿色创新系统的演化阶段，适时调整政府职能

在制造业绿色创新系统演化的不同阶段，政府职能定位在不同阶段也应随之发生相应变化。第一，在制造业绿色创新系统的形成阶段，政府主要职能是主导和支持。在此阶段，政府主要是建设与完善制造业绿色创新系统的配套基础设施，对各创新主体提供政策资金支持，推动资金链引导创新链，创新链引导产业链，为制造业绿色创新系统的形成提供良好的基础保障。第二，在制造业绿色创新系统的发展阶段，政府职能主要是引导和规范。在此阶段，政府主要是通过对市场进行规范进而为创新主体提供创新动力支持。政府协助系统内的创新主体合作网络的形成，促进系统绿色创新能量的释放。第三，在制造业绿色创新系统的成熟阶段，政府职能主要是保障作用。在此阶段，政府通过协调管理机制的建立，促进各创新主体的协调发展，提高系统整体的绿色创新水平。第四，在制造业绿色创新系统的衰退（再生）阶段，政府职能主要是保障作用。在此阶段，政府主要促使系统内服务体系发挥作用，确保系统内的创新资源达到最优配置、创新有效扩散。在这个拐点上，政府在保障系统运行的基础上，积极发挥政府的主导和引导作用，积极为系统寻找创新动力，保障制造业绿色创新系统的顺利演进。

3. 形成良好的制造业绿色创新系统学习环境

在制造业绿色创新系统协调发展过程中，必须形成良好的系统学习环境，积极鼓励创新网络内的企业之间、企业与高校及科研机构之间的知识互动。政府应通过政策、项目、财税等手段，促进企业间发挥各自特长开展研发、共建研发中心，推动企业间知识要素的自由流动。制造业绿色创新系统内良好的学习环境的形成，是绿色创新在系统的扩散得以实现的重要保障，也是制造业绿色创新系统得以演化的重要途径。

9.4　本章小结

本章为中国制造业绿色创新系统协调发展的政策体系。基于前面的实证分析结果，提出了符合制造业绿色创新系统自身需求及协调发展的政策体系；中国制造业绿色创新系统协调发展的政策目标、构建原则、构建思路及具体政策体系设计。

结　　论

本书基于二象对偶理论的视角，构建制造业绿色创新系统协调发展的理论与实证分析框架。首先，构建了制造业绿色创新系统的概念模型，并剖析其内涵、构成要素及结构、功能、目标与运行机制；其次，揭示了制造业绿色创新系统的演化内涵、演化机理及演化阶段；再次，基于二象对偶理论，阐述了演化视角下制造业绿色创新系统协调发展的内生机理：分析制造业绿色创新系统演化的二象特征及其二象子系统的概念模型，揭示其协调发展的二象对偶机制；最后，基于定性角度分别对制造业绿色创新系统的二象子系统进行量化表征后，对中国制造业绿色创新系统协调发展进行实证检验；并结合国内外比较分析和制造业绿色创新系统协调发展的实证研究结果，明确中国制造业绿色创新系统协调发展的政策目标与构建原则，从基础政策、支撑政策与引导政策三个方面对中国制造业绿色创新系统协调发展的政策体系进行具体设计。通过本书的研究，主要得出了如下结论：

第一，系统阐述了制造业绿色创新系统的内涵、构成、功能、目标与运行机制。

本书认为：制造业绿色创新系统是基于产业的角度，为实现经济、生态、社会的可持续发展，企业、高校及科研机构、政府、中介机构等行为主体，在一定的环境下相互作用而形成的，促进资源节约、环境保护技术的创新、扩散和使用的网络系统。创新绿色技术、循环经济技术等绿色技术是该系统的核心。制造业绿色创新系统主要由主体要素、资源要素与环境因素等组成。制造业绿色创新系统的功能是系统在运行中表现出来的机能，其主要功能包含：创新与扩散功能、优化资源配置功能与促进产业结构优化功能等。制造业绿色创新系统的发展目标应该符合当前的可持续发展要求，具体包含实现经济可持续发展、保障人类社会可持续发展和维护生态安全等。制造业绿色创新系统通过动力机制、保障机制、调节机制和协同机制四大运行机制，对系统演化产生影响。

第二，科学界定了制造业绿色创新系统的演化内涵及演化机理。

制造业绿色创新系统演化是指制造业绿色创新系统在内外发展动力影响下的时空演化，是制造业绿色创新系统的空间整合、功能综合以及动态内生发展，最终表现为创新系统创新绩效的产出。制造业绿色创新系统演化是一个动态过程，具有持续性。在这个过程中，演化意味着周期性结果的获得以及自身能力提高的过程。从系统论的观点来看，系统是沿着结构复杂性上升并趋向于最小熵状态。演化一方面提高资源利用效率，即充分利用现有创新资源，挖掘其中的潜力；另一方面提高了自身能力，演化促使系统在每个阶段获得了比过去更高层次的能力，这是在能力方面的积累。制造业绿色创新系统演化是一种自组织和他组织复合发展的过程，其自组织作为一种制造业绿色创新系统发展演化的内在规律性机制，其在演化过程中起着隐性和长期的作用，而制造业绿色创新系统的他组织作为系统发展演化过程中的阶段性规划控制，显性地作用于其演化过程。总而言之，制造业绿色创新系统具有自组织与他组织复合发展的特性，系统自组织隐性发展、有意识的人为规划干预，两者交替作用而构成制造业绿色创新系统的形成和发展阶段。自组织与他组织交织在一起，复合作用于制造业绿色创新系统的演化发展，从而形成了制造业绿色创新系统的演化发展的组织机制。

第三，系统阐释了演化视角下制造业绿色创新系统协调发展的内生机理。

制造业绿色创新系统在其演化过程中，系统的管理者或是调控者通过向系统输入信息（体现为系统演化的他组织机制的作用），来把握和控制系统演化方向和演化目标，输入的信息直接影响系统演化的过程，表现为最终被演化过程子系统所接受。由于外部信息的输入，使演化过程子系统和状态子系统在前一个时间点的发展水平之间的均衡及协调被打破，二者之间出现了冲突及矛盾。在这种情况下，制造业绿色创新系统的二象对偶机制促使实象子系统迅速作出相应调整，使二象子系统重新实现协调局面，而对于制造业绿色创新系统而言，也就实现了系统的协调发展。简而言之，制造业绿色创新系统协调发展的本质是其通过其二象子系统的内在对偶机制将系统演化过程中的来自系统管理者或决策者的信息能转换成系统组织能，将系统的他组织过程内化为自组织机制的活动过程。

第四，运用基于微粒群算法定权的改进 TOPSIS 法对中国制造业绿色创新系统的演化状态水平（以绿色创新能力为表征）进行评价。

采用逐层细分的方法构建了中国制造业绿色创新系统演化状态水平的评价指标体系，构建基于微粒群算法定权的改进 TOPSIS 法的中国制造业绿色创新系统演化状态水平评价模型，对中国 27 个制造业行业绿色创新系统 2009～2015 年的演化状态水平进行实证分析。实证结果表明：不同的行业绿色创新系统在同一年份中的演化状态水平存在着较大差异，同一行业绿色创新系统的演化状态水平在不同年份是不断发展变化的，并呈现出一定的演化趋势；根据 2009～2015 年的中国 27 个制造业行业绿色创新系统的绿色创新能力的均值可知，仪器仪表及文化、办公用机械制造业绿色创新系统的演化状态水平最高，而农副食品加工业绿色创新系统的演化状态水平最低；根据生产中不同生产要素的密集程度，可以将制造业划分为劳动密集型、资本密集型和技术密集型，其中技术密集型制造业＞资本密集型制造业＞劳动密集型制造业，这在一定程度上反映了行业绿色创新能力的强弱与行业技术含量密切相关。绿色创新支撑能力、资源投入与产出能力共同构成了制造业绿色创新系统的绿色创新能力，根据各组成能力排名差值的平均数以及综合能力的得分排名，将 27 个制造业行业划分为高水平强匹配型、中水平强匹配型、低水平强匹配型、中水平弱匹配型和高水平不匹配型五类，其中，烟草制品业属于高水平不匹配型。

第五，构建了 Global – Malmquist – Luenberger 指数模型以及 Super – SBM 模型对中国制造业绿色创新系统的演化过程水平（以绿色创新效率为测度工具）进行测度。

为了实现对中国制造业绿色创新系统演化过程水平的全面测度，从静态和动态相结合的角度，将绿色创新静态效率与动态效率结合起来做并列式和系统式研究，对中国制造业绿色创新系统演化过程水平的测度研究。分别构建了 Global – Malmquist – Luenberger 指数模型以及 Super – SBM 模型，对中国 27 个制造业行业绿色创新系统 2009～2015 年的演化过程水平进行测度。评价结果表明：（1）不同的行业绿色创新系统在同一年份的演化过程水平（包括绿色创新静态效率与绿色创新动态效率）存在着较大差异，同一行业绿色创新系统的演化过程水平在不同年份是不断发展变化的，并呈现一定的演化趋势。（2）整体而言，中国制造业绿色创新系统的整体演化过程水平偏低，绿色创新静态效率和动态效率的均值分别为 0. 3830 和 1. 0440；其中，绿色创新静态效率最高的为通信设备、计算机及其他电子设备制造业，绿色创新静态效率最低的为饮料制造业；绿色创新动态效率最高的为家具制造业，绿色创新动态效率最低的为木材加工及木竹藤棕草制品业。（3）针对不同制造业行业在绿色创新静态效率与动态效率两个方面的综合表现，将中国 27 个制造业行业绿色创新系统划分为四类：A 类（高竞争力快进步节奏型）、B 类（高竞争力慢进步节奏型）、C 类（低竞争力慢进步节奏型）、D 类（低竞争力快进步节奏型）。

第六，构建协调发展度评价模型对中国制造业绿色创新系统协调发展状况进行测度。

通过构建协调发展度评价模型，对 27 个制造业行业绿色创新系统 2009～2015 年的协调发展状况进行测度与评价。实证结果表明：第一种情形，以绿色创新静态效率来测度制造业绿色创新系统的演化过程水平：（1）整体而言，2009～2015 年，中国制造业绿色创新系统的二象子系统的协调度与系统整体协调发展度均值分别为 0. 8287 和 0. 5887。中国制造业绿色创新系统处于接近中等协调发展阶段的边缘，整个制造业绿色创新系统协调发展水平还需进一步提升。（2）分行业而言，根据中国制造业绿色创新系统的协调发展度的均值，27 个制造业绿色创新系统可以划分为高度协调发展、中度协调发展和低度协调发展三种类型。（3）绝大部分行业绿色创新系统协调发展度在 2009～2015 年围绕着均值保持小幅度的上下波动，发展较为平稳；只有纺织服装鞋帽制造业等 8 个行业在考察期内，绿色创新系统协调发展度波动幅度较大，呈现出一定的演化趋势。第二种情形，以绿色创新动态效率来测度制造业绿色创新系统的演化过程水平：（1）整体而言，2010～2015 年，中国制造业绿色创新系统的协调度与协调发展度均值分别为 0.8457 和 0.5995。中国制造业绿色创新系统处于接近中等协调发展阶段的边缘，整个制造业绿色创新系统协调发展水平还需进一步提升。（2）分行业而言，根据中国制造业绿色创新系统的协调发展度的均值，27 个制造业绿色创新系统可以划分为中度协调发展和低度协调发展两种类型。（3）有色金属冶炼及压延加工业等 13 个行业绿色创新系统协调发展度在 2010～2015 年围绕着均值保持小幅度的上下波动，发展较为平稳；交通运输设备制造业等 14 个行业在考察期内，绿色创新系统协调发展度波动幅度较大，呈现出一定的演化趋势。

第七，从基础政策、支撑政策与引导政策三个方面对中国制造业绿色创新系统协调发展的政策体系进行具体设计。

基于前面的实证分析结果，提出符合制造业绿色创新系统自身需求及协调发展的政策体系。在明确了中国制造业绿色创新系统协调发展的政策目标、构建原则及构建思路的基础上，从中国制造业绿色创新系统协调发展的基础政策、支撑政策及引导政策三个方面来进行具体政策体系设计。

附录 I

附表 1　　2009 年中国制造业绿色创新系统化状态评价各指标原始数据

行业简称	C_{11}	C_{12}	C_{13}	C_{21}	C_{22}	C_{31}	C_{32}	C_{33}	C_{34}	C_{35}	C_{36}
AFPI	0.0543	0.0366	0.0422	0.0053	0.0019	0.3178	0.0352	-0.0234	0.0883	-0.0648	-0.0429
FOM	0.0809	0.0623	0.0785	0.0089	0.0045	0.7941	0.0650	-0.0121	-0.1017	-0.7639	0.0019
BEM	0.0976	0.0711	0.0825	0.0139	0.0060	0.4596	0.0724	-0.0255	0.0165	-0.4020	-0.0556
TOI	0.1335	0.2516	0.3019	0.0209	0.0026	1.2232	0.1562	-0.0052	-0.1152	-0.0177	0.1800
TEI	0.0486	0.0294	0.0430	0.0060	0.0036	0.2089	0.0796	0.0227	-0.0380	-0.0238	0.0734
THM	0.0603	0.0132	0.0205	0.0020	0.0017	0.0479	0.0500	0.0169	0.0338	0.1745	0.2769
LFF	0.0655	0.0241	0.0301	0.0028	0.0016	0.0551	0.0513	0.0109	0.0440	0.1995	-0.2121
WWSI	0.0615	0.0206	0.0360	0.0028	0.0018	0.3551	0.0416	-0.0684	-0.3189	-0.2439	0.0000
FUM	0.0549	0.0279	0.0326	0.0032	0.0021	0.3074	0.0444	-0.0111	-0.0170	0.4690	0.1111
PPI	0.0631	0.0268	0.0362	0.0073	0.0046	0.2725	0.0790	-0.0256	0.0370	-0.1480	-0.0772
PRMR	0.0823	0.0228	0.0332	0.0063	0.0038	0.4347	0.0594	-0.0219	-0.0476	-0.3776	-0.4545
GSM	0.0452	0.0434	0.0536	0.0054	0.0042	0.3678	0.0585	0.0234	0.0267	-1.3714	0.2500

续表

行业简称	C_{11}	C_{12}	C_{13}	C_{21}	C_{22}	C_{31}	C_{32}	C_{33}	C_{34}	C_{35}	C_{36}
PNPI	0.0438	0.0583	0.0762	0.0120	0.0017	0.4720	0.0306	-0.1150	0.0580	-0.1105	0.3255
CCPM	0.0602	0.0886	0.1219	0.0232	0.0073	1.5721	0.1014	0.0005	0.0161	-0.0630	-0.0440
PHM	0.1094	0.2291	0.3025	0.0437	0.0148	3.2191	0.1752	0.0043	-0.0992	0.1130	0.0198
CFM	0.0450	0.0763	0.1024	0.0243	0.0094	0.6466	0.2040	0.0081	0.0880	-0.2032	-0.1003
RPP	0.0609	0.0393	0.0566	0.0090	0.0056	0.5909	0.0883	-0.0161	0.0105	0.1446	-0.0354
NMPI	0.0771	0.0341	0.0481	0.0078	0.0034	0.7451	0.0478	-0.0558	0.0855	-0.1574	-0.1052
FRPI	0.0313	0.0425	0.0586	0.0193	0.0071	0.6207	0.1115	-0.0876	0.9099	0.0634	-0.0774
NRPI	0.0440	0.0682	0.1012	0.0191	0.0055	0.9255	0.0784	-0.0100	0.0397	0.0538	0.0153
MPI	0.0554	0.0362	0.0566	0.0100	0.0042	0.5947	0.0651	-0.0046	-0.1095	0.1038	-0.5714
GEM	0.0670	0.0730	0.1103	0.0243	0.0102	1.1862	0.1502	-0.0823	0.0587	0.1391	-0.2474
SEM	0.0719	0.1063	0.1620	0.0345	0.0152	2.0353	0.1861	-0.0253	-0.0469	-5.3592	-0.5081
TEM	0.0746	0.0918	0.1267	0.0320	0.0119	1.0405	0.3652	-0.1095	0.0386	0.0905	0.6431
EEM	0.0670	0.1050	0.1541	0.0267	0.0124	1.7849	0.2138	-0.0354	0.0607	-0.0627	-0.0290
CCEM	0.0397	0.1475	0.2204	0.0372	0.0136	4.4279	0.2476	-0.0086	-0.0518	-0.0467	-0.0813
ICM	0.0762	0.1641	0.2581	0.0383	0.0151	2.5495	0.1898	-0.0244	-0.0073	0.1803	0.3659

附表 2　　2010 年中国制造业绿色创新系统演化状态评价各指标原始数据

行业简称	C_{11}	C_{12}	C_{13}	C_{21}	C_{22}	C_{31}	C_{32}	C_{33}	C_{34}	C_{35}	C_{36}
AFPI	0.0676	0.0358	0.0384	0.0058	0.0020	0.3827	0.0338	0.0541	0.0051	-0.1282	-0.0137
FOM	0.0912	0.0647	0.0762	0.0096	0.0045	0.8690	0.0654	0.0351	-0.0351	-0.0225	-0.2564
BEM	0.1082	0.0622	0.0699	0.0125	0.0057	0.4302	0.0787	0.0512	-0.0839	-0.4678	0.0010
TOI	0.1304	0.2422	0.3437	0.0199	0.0025	1.2369	0.1435	0.0210	0.1783	0.0232	0.0080
TEI	0.0604	0.0297	0.0436	0.0062	0.0035	0.1835	0.0976	0.0074	-0.0266	0.0551	-0.0298
THM	0.0711	0.0136	0.0199	0.0021	0.0016	0.0561	0.0478	-0.0496	0.1826	0.2247	-0.1923
LFF	0.0790	0.0223	0.0216	0.0022	0.0016	0.0887	0.0473	-0.0201	-0.1285	0.4715	0.0666
WWSI	0.0719	0.0209	0.0329	0.0028	0.0016	0.2952	0.0363	0.0128	0.1794	-0.0524	-0.2336
FUM	0.0654	0.0258	0.0224	0.0030	0.0012	0.8702	0.0378	-0.1406	-0.1563	-0.1167	-0.1188
PPI	0.0713	0.0276	0.0337	0.0068	0.0041	0.3123	0.0790	0.0339	-0.0028	-0.2606	-0.1972
PRMR	0.0892	0.0201	0.0309	0.0083	0.0042	0.5606	0.0620	-0.0937	0.1150	0.1852	0.1788
CSM	0.0541	0.0454	0.0487	0.0040	0.0031	0.3403	0.0508	0.0176	0.1356	0.3614	-0.3567
PNPI	0.0417	0.0547	0.0742	0.0135	0.0016	0.5958	0.0281	-0.0818	-0.0545	-0.1840	-0.1732
CCPM	0.0767	0.0878	0.1192	0.0229	0.0071	1.3766	0.0962	-0.0257	-0.0402	-0.1108	-0.1401
PHM	0.1166	0.2305	0.2945	0.0437	0.0145	3.7620	0.1872	-0.0540	0.0021	-0.2455	-0.1723
CFM	0.0716	0.0902	0.1001	0.0284	0.0090	1.1844	0.1479	-0.0028	0.0338	0.1441	-0.2347
RPP	0.0685	0.0417	0.0579	0.0133	0.0062	0.7683	0.0854	-0.0985	-0.0747	-0.1447	-0.0505

续表

行业简称	C_{11}	C_{12}	C_{13}	C_{21}	C_{22}	C_{31}	C_{32}	C_{33}	C_{34}	C_{35}	C_{36}
NMPI	0.0914	0.0314	0.0478	0.0079	0.0036	0.4703	0.0452	-0.0298	0.0142	-0.1064	-0.1839
FRPI	0.0394	0.0450	0.0566	0.0204	0.0075	0.6641	0.1081	-0.0200	-8.0112	-0.1868	-0.1214
NRPI	0.0555	0.0725	0.0990	0.0193	0.0048	0.8794	0.0894	-0.1263	-0.0739	-0.2489	-0.2405
MPI	0.0695	0.0383	0.0564	0.0108	0.0045	0.8550	0.0696	-0.1942	0.0381	-0.0734	0.2803
GEM	0.0788	0.0737	0.1038	0.0255	0.0089	1.3314	0.1420	-0.0957	0.0295	-0.2584	-0.1722
SEM	0.0870	0.1136	0.1724	0.0366	0.0140	2.5355	0.1871	-0.1075	0.1174	0.5359	-0.1295
TEM	0.0882	0.0939	0.1281	0.0342	0.0113	1.2457	0.3202	-0.2365	0.0439	-0.1407	-2.0043
EEM	0.0739	0.1129	0.1638	0.0302	0.0123	2.1346	0.2363	-0.1440	-0.2497	0.0354	-0.1341
CCEM	0.0521	0.1492	0.2111	0.0411	0.0136	4.1395	0.2542	-0.1394	-0.0732	-0.8804	0.0385
ICM	0.0851	0.1808	0.2680	0.0427	0.0139	2.5616	0.2029	-0.1869	0.1437	-0.0259	-0.1765

附表 3　2011 年中国制造业绿色创新系统演化状态评价各指标原始数据

行业简称	C_{11}	C_{12}	C_{13}	C_{21}	C_{22}	C_{31}	C_{32}	C_{33}	C_{34}	C_{35}	C_{36}
AFPI	0.0637	0.0427	0.0548	0.0070	0.0021	0.4682	0.0335	-0.0074	0.0348	-0.3175	0.0628
FOM	0.0884	0.0744	0.0989	0.0111	0.0045	0.8549	0.0491	-0.0063	0.0476	0.2810	0.0873
BEM	0.1028	0.0791	0.0974	0.0146	0.0060	0.4387	0.0677	-0.0593	0.0510	0.2838	-0.0832
TOI	0.1262	0.2384	0.3377	0.0175	0.0024	1.9117	0.2240	-0.1897	0.2181	-0.0733	-0.4138

续表

行业简称	C_{11}	C_{12}	C_{13}	C_{21}	C_{22}	C_{31}	C_{32}	C_{33}	C_{34}	C_{35}	C_{36}
TEI	0.0605	0.0474	0.0658	0.0086	0.0042	0.3149	0.1008	-0.0104	0.0190	-0.3327	0.1068
THM	0.0720	0.0217	0.0287	0.0045	0.0022	0.0902	0.0611	-0.0067	-0.6511	-2.6534	0.1685
LFF	0.0817	0.0349	0.0374	0.0031	0.0018	0.0824	0.0581	0.0531	0.0848	-1.3239	0.1483
WWSI	0.0695	0.0306	0.0410	0.0036	0.0012	0.4204	0.0209	-0.0596	0.3006	-1.0791	-0.6422
FUM	0.0687	0.0338	0.0451	0.0047	0.0018	0.2847	0.0516	0.0366	0.6575	-1.1269	0.2961
PPI	0.0644	0.0387	0.0603	0.0104	0.0047	0.4218	0.0863	-0.0054	0.0290	-1.2209	-0.0694
PRMR	0.0923	0.0393	0.0632	0.0115	0.0050	0.5142	0.0737	0.0035	0.1743	-1.2818	-0.6971
CSM	0.0561	0.0689	0.0916	0.0071	0.0044	0.5031	0.0664	-0.1040	-0.8086	-3.0943	-0.4988
PNPI	0.0114	0.0702	0.0970	0.0142	0.0017	0.6575	0.0310	-0.0286	-0.1366	-0.1630	-0.1247
CCPM	0.0732	0.1097	0.1615	0.0290	0.0078	2.0703	0.1070	-0.1692	0.0669	-0.2123	-0.8488
PHM	0.1109	0.2483	0.3268	0.0523	0.0146	3.9015	0.1600	-0.0669	0.0764	-1.2483	0.2384
CFM	0.0533	0.1125	0.1513	0.0312	0.0088	1.2103	0.1934	-0.0621	0.0223	0.2523	0.2068
RPP	0.0644	0.0564	0.0861	0.0052	0.0028	0.8352	0.0895	0.0058	-0.0126	-1.3093	0.0323
NMPI	0.0913	0.0411	0.0646	0.0055	0.0018	0.5251	0.0370	-0.0842	0.1930	-0.4880	-0.1529
FRPI	0.0339	0.0534	0.0746	0.0156	0.0021	0.8564	0.1038	-0.0237	-0.0350	-0.4091	-0.1141
NRPI	0.0563	0.0798	0.1185	0.0425	0.0139	1.2750	0.0926	-0.0895	-0.0780	-0.3125	-0.1721
MPI	0.0672	0.0549	0.0847	0.0144	0.0083	0.8266	0.0678	0.0260	0.0080	-3.2711	-0.2967

续表

行业简称	C_{11}	C_{12}	C_{13}	C_{21}	C_{22}	C_{31}	C_{32}	C_{33}	C_{34}	C_{35}	C_{36}
GEM	0.0758	0.1049	0.1523	0.0081	0.0028	1.7465	0.1480	-0.1689	0.0829	0.3288	0.6317
SEM	0.0826	0.1332	0.2156	0.0478	0.0156	3.1848	0.1717	-0.0194	0.3356	-0.5838	0.2855
TEM	0.0869	0.1211	0.1758	0.0253	0.0058	1.5992	0.3191	-0.0658	0.4253	0.0966	0.4135
EEM	0.0659	0.1488	0.2179	0.0342	0.0125	2.7796	0.2197	-0.0730	0.1734	-0.4327	0.1642
CCEM	0.0442	0.1763	0.2764	0.0388	0.0148	5.0007	0.2871	-0.0389	-0.2501	0.0339	0.4187
ICM	0.0822	0.2148	0.3552	0.0495	0.0162	3.4694	0.1955	0.0810	0.5484	0.8180	0.8529

附表 4 2012 年中国制造业绿色创新系统演化状态评价各指标原始数据

行业简称	C_{11}	C_{12}	C_{13}	C_{21}	C_{22}	C_{31}	C_{32}	C_{33}	C_{34}	C_{35}	C_{36}
AFPI	0.0614	0.0575	0.0670	0.0078	0.0026	0.6158	0.0384	-0.0326	-0.1336	0.1778	-0.1122
FOM	0.0899	0.0886	0.1107	0.0124	0.0055	0.9576	0.0533	-0.0681	-0.0960	0.0987	0.0767
BEM	0.1183	0.0913	0.1030	0.0154	0.0059	0.6749	0.0789	0.0145	-0.0329	0.0708	0.0654
TOI	0.1415	0.2519	0.3926	0.0207	0.0026	2.7645	0.1827	0.0914	-0.0904	-0.0295	-0.6000
TEI	0.0588	0.0886	0.0914	0.0090	0.0043	0.3717	0.1046	-0.0140	0.0147	0.2713	-0.0258
THM	0.0662	0.0717	0.0639	0.0073	0.0032	0.1743	0.0733	-0.1429	0.1413	0.6827	0.3948
LFF	0.0729	0.0524	0.0535	0.0042	0.0024	0.1567	0.0544	-0.5463	-0.0283	0.1956	0.0063

续表

行业简称	C_{11}	C_{12}	C_{13}	C_{21}	C_{22}	C_{31}	C_{32}	C_{33}	C_{34}	C_{35}	C_{36}
WWSI	0.0720	0.0544	0.0505	0.0051	0.0018	0.3944	0.0315	-0.0504	-0.3560	0.1673	0.3362
FUM	0.0683	0.0526	0.0610	0.0068	0.0026	0.3483	0.0513	0.0128	0.1224	0.0035	0.0317
PPI	0.0619	0.0567	0.0703	0.0125	0.0061	0.6708	0.0900	0.0345	0.1035	0.6405	0.1268
PRMIR	0.0877	0.0688	0.0771	0.0115	0.0054	0.7400	0.0814	-0.0268	-0.0898	0.0199	0.0404
CSM	0.0577	0.0903	0.1019	0.0110	0.0033	0.5420	0.0573	-0.2049	-0.1384	0.1198	0.0656
PNPI	0.0076	0.0776	0.1076	0.0163	0.0021	0.8351	0.0442	-0.0621	-0.0991	0.0637	0.0706
CCPM	0.0608	0.1488	0.1795	0.0316	0.0082	2.5834	0.1162	-0.0658	0.0485	0.0189	-0.0036
PHM	0.1076	0.2799	0.3570	0.0551	0.0163	4.6752	0.1689	-0.0561	-0.1777	-0.1068	-0.0107
CFM	0.0402	0.1698	0.1805	0.0312	0.0094	1.6902	0.2134	-0.0180	0.1477	-0.0594	0.1150
RPP	0.0649	0.0902	0.1145	0.0184	0.0072	0.9607	0.0969	-0.1015	-0.0528	0.2889	-0.1425
NMPI	0.0782	0.0567	0.0744	0.0109	0.0037	0.6997	0.0405	0.0205	-0.1291	0.0506	-0.1397
FRPI	0.0237	0.0863	0.0896	0.0267	0.0088	1.2287	0.1061	-0.0131	0.1230	0.0712	0.0070
NRPI	0.0426	0.1183	0.1458	0.0278	0.0066	1.6351	0.0967	-0.0599	0.1404	0.0029	0.0316
MPI	0.0634	0.0922	0.1170	0.0192	0.0064	1.3396	0.0815	-0.0908	-0.1229	0.4275	-0.1065
GEM	0.0719	0.1708	0.2114	0.0357	0.0125	2.4089	0.1650	0.0934	0.1515	0.3078	0.1198
SEM	0.0747	0.1990	0.2510	0.0463	0.0148	4.0595	0.1804	0.0558	-0.2273	0.5930	-0.3559
TEM	0.0783	0.1651	0.2022	0.0437	0.0136	2.0889	0.2835	0.0214	-0.9115	-0.4987	-0.6215

续表

行业简称	C_{11}	C_{12}	C_{13}	C_{21}	C_{22}	C_{31}	C_{32}	C_{33}	C_{34}	C_{35}	C_{36}
EEM	0.0627	0.2013	0.2529	0.0370	0.0129	4.0394	0.2163	-0.0231	0.0274	-0.3185	-0.0223
CCEM	0.0454	0.2540	0.3135	0.0448	0.0151	5.4851	0.2765	-0.0165	-0.0714	0.0663	-2.5429
ICM	0.0865	0.2988	0.3924	0.0519	0.0186	4.1956	0.2079	0.0224	-0.0932	-1.9307	-0.8000

附表 5　2013 年中国制造业绿色创新系统演化状态评价各指标原始数据

行业简称	C_{11}	C_{12}	C_{13}	C_{21}	C_{22}	C_{31}	C_{32}	C_{33}	C_{34}	C_{35}	C_{36}
AFPI	0.0578	0.0642	0.0751	0.0091	0.0029	0.7390	0.0353	-0.4197	0.2545	-0.1264	0.0467
FOM	0.0888	0.0952	0.1249	0.0136	0.0053	1.0685	0.0592	-0.1658	0.0831	-0.1789	0.0298
BEM	0.1119	0.0889	0.1098	0.0134	0.0054	0.5938	0.0739	-0.3639	0.1077	0.0141	-0.0232
TOI	0.1472	0.2692	0.4385	0.0214	0.0027	4.8590	0.1915	-0.0336	-0.3655	0.0072	-1.3109
TEI	0.0596	0.0963	0.0974	0.0110	0.0044	0.4565	0.1120	-0.1587	0.1448	0.0913	0.0059
THM	0.0654	0.0686	0.0666	0.0075	0.0036	0.2078	0.0759	-0.1280	-0.0035	0.0392	-0.0922
LFF	0.0704	0.0574	0.0555	0.0046	0.0027	0.2034	0.0584	-0.1360	0.2123	0.0061	0.0918
WWSI	0.0723	0.0570	0.0553	0.0059	0.0023	0.4976	0.0280	-0.3203	0.3735	-0.0361	-0.0337
FUM	0.0650	0.0497	0.0672	0.0081	0.0034	0.5120	0.0588	-0.2389	0.1845	-1.1831	-0.1230
PPI	0.0601	0.0602	0.0837	0.0146	0.0068	0.7994	0.1068	-0.0798	-0.1692	-0.0936	0.0521

续表

行业简称	C_{11}	C_{12}	C_{13}	C_{21}	C_{22}	C_{31}	C_{32}	C_{33}	C_{34}	C_{35}	C_{36}
PRMR	0.0815	0.0762	0.0909	0.0123	0.0051	0.9560	0.0731	-0.1207	0.2239	0.0000	0.0421
CSM	0.0575	0.0928	0.1106	0.0094	0.0038	0.5972	0.0675	-0.3134	0.2866	-0.0576	-0.3684
PNPI	0.0154	0.0861	0.1213	0.0148	0.0022	0.8613	0.0647	-0.0629	0.1306	-0.0476	0.0744
CCPM	0.0590	0.1535	0.1980	0.0344	0.0086	3.0072	0.1193	-0.1915	-0.4933	-0.0301	-0.0475
PHM	0.1042	0.2829	0.3781	0.0591	0.0169	5.0228	0.1757	-0.3546	0.1717	0.5635	0.0990
CFM	0.0389	0.1908	0.1988	0.0341	0.0095	2.2470	0.2139	-0.2254	0.0082	-0.0192	-0.0711
RPP	0.0683	0.0916	0.1197	0.0191	0.0072	1.2446	0.1053	-0.1162	-0.2928	-0.2813	0.2285
NMPI	0.0778	0.0595	0.0808	0.0130	0.0041	0.8675	0.0464	-0.2435	-1.8066	0.0239	-0.0432
FRPI	0.0271	0.0931	0.1066	0.0258	0.0083	1.3863	0.1046	-0.1537	-19.5970	-0.0754	-0.0482
NRPI	0.0378	0.1328	0.1714	0.0281	0.0064	1.6905	0.1104	-0.1206	-2.4052	-0.0263	-0.1206
MPI	0.0632	0.0978	0.1287	0.0213	0.0069	1.3851	0.0821	-0.2206	-0.6851	-0.0788	-0.7422
GEM	0.0706	0.1756	0.2281	0.0403	0.0126	3.0016	0.1671	-0.0303	0.1545	-0.1151	0.1609
SEM	0.0714	0.2033	0.2694	0.0507	0.0157	4.9781	0.1803	-0.0742	0.2033	-0.0176	0.0112
TEM	0.0818	0.1665	0.2152	0.0491	0.0140	2.4346	0.2646	-0.0520	0.1438	-0.1440	-0.0335
EEM	0.0621	0.2061	0.2684	0.0411	0.0132	4.0569	0.2251	-0.1189	0.0069	-0.2072	-0.1628
CCEM	0.0487	0.2374	0.3163	0.0444	0.0159	5.7372	0.3065	-0.0506	-0.1093	-0.1206	0.7160
ICM	0.0879	0.2910	0.4001	0.0662	0.0199	5.6905	0.1983	-0.0584	0.3529	0.5642	0.3580

附表6 2014年中国制造业绿色创新系统演化状态评价各指标原始数据

行业简称	C_{11}	C_{12}	C_{13}	C_{21}	C_{22}	C_{31}	C_{32}	C_{33}	C_{34}	C_{35}	C_{36}
AFPI	0.0515	0.0711	0.0891	0.0098	0.0031	0.8262	0.0387	−0.0550	−0.1922	−0.1328	−0.0201
FOM	0.0891	0.1075	0.1409	0.0138	0.0055	1.3194	0.0562	0.0334	−0.0939	0.0508	0.1197
BEM	0.1026	0.0945	0.1237	0.0144	0.0060	0.7167	0.0641	0.0583	−0.0431	−0.0556	0.0636
TOI	0.1362	0.2813	0.4219	0.0169	0.0023	4.2480	0.1698	0.0693	0.3004	−0.0144	0.0541
TEI	0.0566	0.1049	0.1103	0.0116	0.0046	0.5501	0.1126	0.0551	0.0333	0.0038	0.0297
THM	0.0635	0.0750	0.0767	0.0062	0.0035	0.2590	0.0811	0.0342	−0.0378	−0.3724	−0.0779
LFF	0.0684	0.0626	0.0685	0.0052	0.0029	0.1872	0.0586	0.0514	−0.0835	−0.1162	−0.0192
WWSI	0.0662	0.0782	0.0722	0.0071	0.0025	0.4638	0.0357	0.0058	−0.7858	−0.1377	−0.0796
FUM	0.0643	0.0560	0.0773	0.0094	0.0037	0.6663	0.0700	−0.4529	−0.6882	0.3452	0.0949
PPI	0.0541	0.0709	0.0985	0.0164	0.0071	1.0701	0.1139	0.0271	0.3124	0.0031	−0.0563
PRMR	0.0815	0.0871	0.1096	0.0128	0.0051	0.8882	0.0759	−0.0399	−0.4319	0.0041	−0.3122
CSM	0.0566	0.1031	0.1284	0.0106	0.0044	0.9406	0.0703	−0.0853	−0.2657	0.0545	0.2564
PNPI	0.0029	0.1063	0.1462	0.0171	0.0026	1.0862	0.0698	−0.0500	−0.1048	0.0025	−0.1021
CCPM	0.0538	0.1655	0.2230	0.0365	0.0090	3.3963	0.1224	−0.0782	0.3564	−0.3249	−0.0390
PHM	0.1023	0.2812	0.4066	0.0602	0.0167	5.6741	0.1842	−0.0027	−0.1752	−0.8030	−0.1522
CFM	0.0409	0.2028	0.2274	0.0379	0.0105	1.9912	0.2213	0.0397	−0.1379	0.0054	−0.0970
RPP	0.0632	0.1008	0.1385	0.0203	0.0076	1.4521	0.0969	−0.0251	0.2551	−0.0481	−0.0664

续表

行业简称	C_{11}	C_{12}	C_{13}	C_{21}	C_{22}	C_{31}	C_{32}	C_{33}	C_{34}	C_{35}	C_{36}
NMPI	0.0722	0.0662	0.0917	0.0135	0.0043	0.9502	0.0453	-0.0009	0.6571	-0.0675	0.0224
FRPI	0.0252	0.1028	0.1252	0.0282	0.0086	1.5660	0.1082	-0.0073	0.9608	-0.0502	0.0108
NRPI	0.0343	0.1433	0.1976	0.0284	0.0064	1.8255	0.1158	-0.0537	0.6844	-0.1082	-0.0664
MPI	0.0595	0.1048	0.1477	0.0224	0.0069	1.5255	0.0882	-0.0227	0.4102	-0.0361	0.3134
GEM	0.0672	0.1902	0.2629	0.0436	0.0132	3.2147	0.1627	-0.0177	-0.2034	-0.2017	-0.1738
SEM	0.0651	0.2123	0.2979	0.0489	0.0155	5.0398	0.1755	-0.0382	-0.2595	0.1643	0.1241
TEM	0.0847	0.1772	0.2417	0.0479	0.0142	2.9033	0.2790	0.0065	-0.1900	-0.0057	-0.0170
EEM	0.0626	0.2177	0.2963	0.0431	0.0138	4.9135	0.2413	0.0064	-0.0772	0.0734	-0.2463
CCEM	0.0502	0.2520	0.3440	0.0454	0.0163	6.4083	0.3132	-0.0606	0.0266	-0.0808	-0.4933
ICM	0.0868	0.3075	0.4493	0.0686	0.0204	7.3288	0.2129	0.0329	-0.5347	-0.3411	-0.3269

附表 7　2015 年中国制造业绿色创新系统演化状态评价各指标原始数据

行业简称	C_{11}	C_{12}	C_{13}	C_{21}	C_{22}	C_{31}	C_{32}	C_{33}	C_{34}	C_{35}	C_{36}
AFPI	0.0524	0.0768	0.1036	0.0103	0.0033	0.9587	0.0436	-0.0199	0.0018	0.1052	0.1193
FOM	0.0855	0.1100	0.1601	0.0149	0.0062	1.2624	0.0608	0.0111	0.0460	0.0806	0.0195
BEM	0.1036	0.0936	0.1369	0.0126	0.0052	0.7151	0.0578	0.0264	0.0154	-0.0965	0.0486

续表

行业简称	C_{11}	C_{12}	C_{13}	C_{21}	C_{22}	C_{31}	C_{32}	C_{33}	C_{34}	C_{35}	C_{36}
TOI	0.1284	0.2857	0.4060	0.0186	0.0022	5.6869	0.1767	0.0362	-0.0836	-0.0089	0.0995
TEI	0.0556	0.1097	0.1282	0.0133	0.0052	0.7792	0.1186	-0.0252	0.0605	0.0283	-0.0189
THM	0.0613	0.0830	0.0949	0.0073	0.0041	0.3473	0.0822	0.0198	0.0208	-0.0409	-0.0873
LFF	0.0669	0.0766	0.0956	0.0061	0.0035	0.2409	0.0619	-0.0158	-0.1432	-0.0411	-0.0530
WWSI	0.0629	0.0827	0.0896	0.0087	0.0031	0.5604	0.0384	0.1228	-0.0193	-0.7777	0.0627
FUM	0.0651	0.0703	0.0921	0.0098	0.0042	1.0202	0.0764	-0.0465	-0.0214	0.1847	-0.0403
PPI	0.0569	0.0819	0.1186	0.0174	0.0077	1.0396	0.1197	0.0032	0.1409	0.0064	-0.0359
PRMR	0.0781	0.0884	0.1202	0.0135	0.0050	1.0085	0.0764	0.0001	-0.1806	-0.3714	-0.8699
CSM	0.0584	0.1173	0.1550	0.0117	0.0046	0.8550	0.0711	0.0192	-0.0141	-0.4084	-0.1897
PNPI	0.0211	0.1111	0.1684	0.0170	0.0029	1.0441	0.0725	-0.1467	-0.0096	-0.0368	-0.0158
CCPM	0.0559	0.1802	0.2581	0.0373	0.0095	3.3128	0.1281	-0.0312	0.0274	0.1204	-0.1314
PHM	0.1055	0.2890	0.4293	0.0558	0.0172	4.3470	0.1843	-0.0290	0.0438	-0.1723	-0.0981
CFM	0.0426	0.2167	0.2744	0.0405	0.0109	1.8757	0.2378	-0.0377	0.0523	0.0774	-0.0513
RPP	0.0633	0.1172	0.1633	0.0206	0.0078	1.5447	0.0965	0.0093	-0.0229	-0.0933	-0.1485
NMPI	0.0644	0.0727	0.1059	0.0134	0.0047	0.8816	0.0493	0.0573	-0.0031	0.0294	-0.0920
FRPI	0.0094	0.1114	0.1408	0.0262	0.0089	1.6690	0.1052	0.0778	-0.0631	0.0433	0.0199
NRPI	0.0284	0.1503	0.2264	0.0306	0.0072	1.9573	0.1132	-0.1826	-0.0361	-0.1007	-0.1054

续表

行业简称	C_{11}	C_{12}	C_{13}	C_{21}	C_{22}	C_{31}	C_{32}	C_{33}	C_{34}	C_{35}	C_{36}
MPI	0.0594	0.1198	0.1701	0.0233	0.0075	1.7906	0.0944	0.0366	-0.0051	-0.1353	-0.1614
GEM	0.0671	0.2084	0.2954	0.0436	0.0135	3.5529	0.1712	0.0299	0.0153	-0.2518	0.1842
SEM	0.0609	0.2228	0.3262	0.0480	0.0158	5.1384	0.1680	0.0733	0.0853	0.0009	0.2178
TEM	0.0815	0.1913	0.2697	0.0495	0.0149	3.2941	0.2843	0.0051	-0.0067	-0.1131	-0.0361
EEM	0.0654	0.2412	0.3320	0.0429	0.0146	4.9080	0.2386	0.0020	-0.1144	-0.3727	0.1876
CCEM	0.0498	0.2815	0.3790	0.0469	0.0176	6.6574	0.3350	-0.0578	-0.1311	-0.1778	-0.0730
ICM	0.0855	0.3294	0.4777	0.0643	0.0208	6.2283	0.2150	0.0099	-0.0218	-0.5260	-0.1014

附表 8　　　　　2009 年中国制造业绿色创新系统演化过程评价各指标原始数据

行业简称	X_1	X_2	X_3	Y_1	Y_2	Y_3	Y_4	Y_5
AFPI	17875.80	1443762.29	2795.37	1073	10128713.94	143838	3682	2091.00
FOM	14528.80	1159510.85	1563.34	1292	5697057.56	52699	3198	532.00
BEM	16522.00	1752261.62	1191.44	547	5374391.27	69674	2110	930.00
TOI	4191.90	562198.17	233.80	245	7569285.47	3253	517	41.00
TEI	37106.40	2789293.42	6251.01	1289	18202808.30	239116	3448	732.00
THM	9079.40	374390.20	713.08	215	5076760.71	14728	227	47.00
LFF	5141.20	229301.18	384.48	142	3252660.10	24964	333	80.00
WWSI	3605.40	263336.08	1049.09	464	2362354.92	6137	1489	170.00
FUM	3194.10	160218.19	183.81	303	1485519.86	1856	120	16.00
PPI	11146.80	1131074.29	4101.00	416	6692655.97	392604	6106	1939.00
PRMR	5169.50	296932.68	357.48	357	1707762.01	1783	135	16.00
CSM	6580.40	206445.00	214.62	450	1499768.36	1239	83	3.00

续表

行业简称	X_1	X_2	X_3	Y_1	Y_2	Y_3	Y_4	Y_5
PNPI	10201.10	1217095.81	15328.29	401	7132235.33	66406	15804	2994.00
CCPM	102302.20	8672761.48	28946.07	6925	41772714.09	297062	23174	12595.00
PHM	70065.00	3799202.35	1354.58	5166	15900731.80	52718	1287	346.00
CFM	10085.70	1294411.63	1436.85	268	8565329.94	43855	3233	373.00
RPP	32128.10	2630655.80	3239.68	2114	13759099.61	11170	1562	205.00
NMPI	39832.70	2201272.07	26882.28	3792	11525259.91	32777	78873	4359.00
FRPI	62453.00	12380182.66	56404.37	2005	58340119.76	12978	103583	33894.00
NRPI	34015.50	3821747.99	11401.37	1644	19743970.26	28976	19456	7087.00
MPI	32046.10	1591214.03	3037.78	1899	10430724.15	31346	1935	506.00
GEM	118016.80	9180418.82	2985.24	5771	40545711.40	13452	1931	489.00
SEM	106612.40	8564847.84	1671.52	6294	30653633.05	11006	4178	187.00
TEM	159609.20	14629026.30	3031.90	5185	150229356.69	27422	3668	187.00
EEM	142851.70	13179249.43	1854.48	9549	72841880.26	9324	1102	71.00
CCEM	246701.40	17845281.02	2216.28	29385	114339203.07	33513	3387	173.00
ICM	43094.40	2404668.30	291.92	2871	9461544.60	5798	541	26.00

附表9　　2010年中国制造业绿色创新系统演化过程评价各指标原始数据

行业简称	X_1	X_2	X_3	Y_1	Y_2	Y_3	Y_4	Y_5
AFPI	21398.57	1776528.36	2644.27	1412	115469680.50	143100	4154	2119.71
FOM	16822.80	1383961.24	1508.52	1528	6974560.99	54549	3270	668.43
BEM	16213.52	1936271.02	1130.42	559	6965768.73	75519	3097	929.09
TOI	4198.20	605808.44	228.89	261	8003256.20	2673	505	40.67
TEI	40077.44	3196849.15	6204.53	1188	25732983.52	245470	3258	753.79
THM	9192.62	487138.39	748.42	251	5641636.71	12039	176	56.04
LFF	6034.86	295069.15	392.19	245	3657701.71	28173	176	74.67
WWSI	3957.98	328554.30	1035.62	420	2592137.32	5036	1567	209.72
FUM	3357.06	205315.38	209.66	972	1599080.49	2146	134	17.90
PPI	10765.10	1351189.61	3961.92	493	8247909.16	393699	7697	2321.34
PRMR	7097.30	362203.43	390.97	477	2137414.95	1578	110	13.14
CSM	5153.35	282249.81	210.84	436	1512171.32	1071	53	4.07
PNPI	12453.50	1441450.80	16582.66	549	7675562.88	70024	18712	3512.61
CCPM	108662.14	10395655.25	29688.93	6527	47997426.26	309006	25741	14359.14
PHM	75720.54	4572692.04	1427.68	6515	20672635.86	52606	1603	405.61
CFM	12469.32	1495468.96	1440.91	520	7192403.77	42371	2767	460.55
RPP	51377.95	3111414.82	3558.68	2968	16440597.85	12004	1788	215.36

续表

行业简称	X_1	X_2	X_3	Y_1	Y_2	Y_3	Y_4	Y_5
NMPI	42885.84	2687509.48	27683.25	2561	13858715.18	32313	87263	5160.60
FRPI	70646.18	14238597.35	57533.71	2295	65375521.03	116948	122928	38007.86
NRPI	36924.11	4628123.56	12841.45	1685	26679157.54	31118	24299	8791.10
MPI	37277.79	2032944.16	3627.75	2947	13894116.86	30152	2077	364.15
GEM	137454.14	10561085.54	3270.81	7181	49480980.65	13055	2430	573.23
SEM	122441.49	9781179.64	1851.20	8474	39383582.25	9714	1939	211.21
TEM	196428.65	17342244.18	3748.85	7147	175898533.95	26219	4184	561.80
EEM	182327.89	15414561.41	2121.53	12900	101606711.70	11652	1063	80.52
CCEM	317439.09	21447903.16	2525.15	31988	148942366.92	35965	6369	166.34
ICM	53279.03	2796245.15	346.47	3198	13058234.99	4965	555	30.59

附表 10 　2011 年中国制造业绿色创新系统演化过程评价各指标原始数据

行业简称	X_1	X_2	X_3	Y_1	Y_2	Y_3	Y_4	Y_5
AFPI	25154.00	2186547.85	2663.79	1689	13095383.37	138116	5473	1986.50
FOM	19563.50	1653618.97	1517.97	1512	6139542.33	51950	2351	610.10
BEM	20013.10	2154224.86	1197.41	600	7244163.40	71664	2218	1006.40

续表

行业简称	X_1	X_2	X_3	Y_1	Y_2	Y_3	Y_4	Y_5
TOI	3483.20	655237.94	272.31	381	14745559.56	2090	542	57.50
TEI	50862.60	3648438.81	6269.05	1854	27460754.78	240802	4342	673.30
THM	17247.50	598045.29	753.44	345	7669427.91	19878	643	46.60
LFF	7960.10	375749.44	371.37	214	4850591.08	25785	409	63.60
WWSI	4633.80	390810.83	1097.31	541	2358749.36	3522	3258	344.40
FUM	4960.10	223731.18	201.99	303	2449292.54	735	285	12.60
PPI	15257.80	1580543.00	3983.51	619	10119312.65	382265	17094	2482.50
PRMR	8156.00	453777.05	389.60	365	2728502.17	1303	251	22.30
CSM	7862.50	330868.31	232.76	555	1951014.53	1937	217	6.10
PNPI	13638.30	1672648.72	17057.01	632	9380146.89	79587	21762	3950.60
CCPM	132035.90	12357024.12	34713.14	9417	61617572.43	288331	31205	26547.70
PHM	93466.80	5488466.97	1523.16	6968	21861460.20	48586	3604	308.90
CFM	14445.40	1709466.23	1530.40	560	11101320.80	41428	2069	365.30
RPP	18188.90	3833084.49	3537.89	2904	18654684.06	12155	4129	208.40
NMPI	28476.90	3387297.71	30014.96	2715	13314686.94	26075	129851	5949.50
FRPI	53107.10	16657165.90	58896.58	2911	69062368.52	121037	173215	42344.20
NRPI	81787.90	5369948.06	13991.13	2456	30870930.78	33545	31892	10303.90

续表

行业简称	X_1	X_2	X_3	Y_1	Y_2	Y_3	Y_4	Y_5
MPI	44745.50	2626004.77	3533.37	2575	15175940.89	29912	8871	472.20
GEM	40167.30	12090837.88	3823.13	8637	58487258.82	11973	1631	211.10
SEM	154694.20	11256756.88	1887.05	10300	43590589.07	6454	3071	150.90
TEM	146529.30	20931929.23	3995.63	9267	199727155.05	15069	3780	329.50
EEM	205275.20	18373620.27	2276.48	16667	108766176.93	9631	1523	67.30
CCEM	318017.50	26203754.67	2623.39	40980	197041043.17	44961	6153	96.70
ICM	61605.20	3274181.34	318.39	4319	14879883.45	2242	101	4.50

附表 11 　2012 年中国制造业绿色创新系统演化过程评价各指标原始数据

行业简称	X_1	X_2	X_3	Y_1	Y_2	Y_3	Y_4	Y_5
AFPI	30426.00	2679994.34	2750.55	2398	17498461.02	156566	4500	2209.40
FOM	23470.70	1969696.52	1621.32	1809	7445106.12	56937	2119	563.30
BEM	22727.70	2472332.21	1180.09	994	9693193.94	74022	2061	940.60
TOI	4125.80	714693.32	247.42	550	13485256.34	2279	558	92.00
TEI	48352.60	4249106.10	6357.01	1998	29440906.66	237252	3164	690.70
THM	30632.20	783305.40	861.09	730	11761444.27	17069	204	28.20

续表

行业简称	X_1	X_2	X_3	Y_1	Y_2	Y_3	Y_4	Y_5
LFF	11580.20	466882.70	574.23	436	5724453.20	26515	329	63.20
WWSI	6765.30	470669.90	1152.64	526	3027728.13	4776	2713	228.60
FUM	7599.30	276977.42	199.41	387	2749114.73	645	284	12.20
PPI	17970.40	1898883.72	3846.14	963	11351886.39	342717	6146	2167.60
PRMR	9363.80	571302.78	400.03	604	3587510.73	1420	246	21.40
CSM	18268.60	409749.84	280.46	903	5483233.01	2205	191	5.70
PNPI	15550.10	1928763.82	18115.44	796	13905969.42	87474	20376	3671.50
CCPM	150192.20	15004616.96	36995.54	12268	78572311.85	274344	30614	26644.20
PHM	106684.70	6658318.77	1608.63	9050	27592088.70	57218	3989	312.20
CFM	14805.50	1960823.65	1558.00	801	14134261.29	35308	2192	323.30
RPP	62686.40	3841760.59	3897.14	3279	21788139.53	12797	2936	238.10
NMPI	59216.00	3545103.99	29400.92	3798	16580903.23	29440	123285	6780.50
FRPI	100752.90	15570308.20	59668.10	4644	85065199.83	106148	160875	42047.30
NRPI	55168.60	9204953.11	14829.01	3250	38804369.83	28835	31799	9978.40
MPI	65665.40	4085577.53	3854.34	4578	23329968.85	33589	5079	522.50
GEM	173046.20	11374992.06	3465.89	11691	61912130.80	10159	1129	185.80
SEM	156516.40	13525804.96	1781.84	13711	50222648.39	7921	1250	204.60

续表

行业简称	X_1	X_2	X_3	Y_1	Y_2	Y_3	Y_4	Y_5
TEM	260631.10	21427776.47	3910.21	12461	189779680.89	28804	5665	534.30
EEM	225982.80	21788785.66	2329.07	24697	119635470.63	9367	2008	68.80
CCEM	380497.30	32446457.14	2666.75	46623	215221500.28	48173	5745	342.60
ICM	59410.70	4016207.05	311.26	4805	14091607.26	2451	296	8.10

附表 12　2013 年中国制造业绿色创新系统演化过程评价各指标原始数据

行业简称	X_1	X_2	X_3	Y_1	Y_2	Y_3	Y_4	Y_5
AFPI	38161.80	3462953.14	3904.82	3090	18306670.97	116727	5069	2106.20
FOM	27389.20	2440032.39	1890.21	2147	9508752.48	52208	2498	546.50
BEM	21113.40	2827601.34	1609.55	937	10269765.27	66049	2032	962.40
TOI	4245.50	800458.59	255.72	965	15446509.51	3112	554	212.60
TEI	53288.70	4817157.46	7365.72	2220	35445542.80	202896	2875	686.60
THM	34322.30	1182038.90	971.28	946	13560793.19	17129	196	30.80
LFF	13532.40	653164.44	652.33	604	6751713.78	20885	327	57.40
WWSI	8208.20	575424.38	1521.85	687	3118031.18	2992	2811	236.30
FUM	9382.60	372758.47	247.05	593	3677424.46	526	620	13.70

续表

行业简称	X_1	X_2	X_3	Y_1	Y_2	Y_3	Y_4	Y_5
PPI	20556.70	2378603.48	4153.00	1122	14262028.85	400696	6721	2054.60
PRMR	11362.50	724500.09	448.30	882	4258011.87	1102	246	20.50
CSM	20909.30	665952.56	368.36	1331	8194963.74	1573	202	7.80
PNPI	13993.10	2291113.79	19255.13	814	21935488.60	76047	21345	3398.40
CCPM	170086.60	18278733.63	44081.46	14883	94278247.87	409677	31536	27908.50
PHM	123199.90	8328760.46	2179.11	10475	33774985.27	47396	1741	281.30
CFM	16562.80	2289708.81	1909.22	1090	15503962.42	35018	2234	346.30
RPP	64067.90	4875365.90	4350.01	4168	27626666.38	16544	3762	183.70
NMPI	73646.20	4533885.71	36561.02	4932	22645564.00	82626	120337	7073.10
FRPI	107190.00	20269763.94	68838.89	5767	94984130.68	2186335	173002	44076.00
NRPI	57559.80	10460865.39	16617.34	3464	53336306.89	98189	32636	11181.40
MPI	79314.70	5321561.63	4704.49	5152	27302371.24	56602	5479	910.30
GEM	191916.30	14349697.87	3571.03	14292	72227336.43	8589	1259	155.90
SEM	178461.30	15617525.69	1914.14	17528	57061582.44	6311	1272	202.30
TEM	301550.80	273340505.37	4113.46	14938	199665347.42	24661	6481	552.20
EEM	255835.00	25664317.54	2606.11	25283	142869756.81	9302	2424	80.00
CCEM	390976.50	39347686.84	2801.59	50516	274508212.68	53437	6438	97.30
ICM	69174.30	4673440.60	329.45	5950	15217090.65	1586	129	5.20

附表 13　　2014 年中国制造业绿色创新系统演化过程评价各指标原始数据

行业简称	X_1	X_2	X_3	Y_1	Y_2	Y_3	Y_4	Y_5
AFPI	42985.30	4436096.02	4119.47	3632	21468076.34	139166	5742	2148.50
FOM	28768.60	2928207.56	1827.03	2752	9849301.30	57109	2371	481.10
BEM	23330.90	3152952.91	1515.74	1164	9468925.47	68899	2145	901.20
TOI	3657.30	894963.59	238.00	919	14731699.89	2177	562	201.10
TEI	56858.50	5481236.07	6960.20	2697	37950526.70	196145	2864	666.20
THM	28840.50	1641044.95	938.06	1197	15650013.66	17777	269	33.20
LFF	15882.20	864864.28	618.83	569	7311156.20	22628	365	58.50
WWSI	10122.00	741459.98	1513.01	660	4355342.74	5343	3198	255.10
FUM	11327.40	528095.02	358.95	800	4751456.28	888	406	12.40
PPI	22602.30	2927644.53	4040.56	1478	16026086.42	275501	6700	2170.30
PRMR	12267.30	912604.47	466.17	852	5014716.97	1578	245	26.90
CSM	24139.50	1031990.76	399.78	2143	9892749.14	1991	191	5.80
PNPI	16553.50	2687646.08	20217.46	1051	25031950.65	84019	21291	3745.30
CCPM	182050.80	22350374.46	47527.76	16940	107050407.41	263665	41783	28996.80
PHM	133901.50	10335549.17	2184.90	12620	39996437.00	55700	3139	324.10
CFM	17836.10	2632317.89	1833.47	937	17188084.06	39846	2222	379.90
RPP	69418.70	6023662.00	4459.17	4967	27679096.63	12324	3943	195.90

续表

行业简称	X_1	X_2	X_3	Y_1	Y_2	Y_3	Y_4	Y_5
NMPI	80459.10	5873678.43	36592.46	5659	24445118.00	28333	128460	6914.50
FRPI	114220.20	24771840.20	69342.42	6337	102694343.01	85751	181694	43601.40
NRPI	59275.70	11985214.47	17510.15	3814	63820121.70	30986	36166	11923.70
MPI	85223.10	6830481.59	4811.45	5791	32594827.28	33385	5677	625.00
GEM	213178.00	17641031.67	3634.08	15723	76296687.03	10336	1513	183.00
SEM	173744.50	18234190.67	1987.29	17889	59306759.97	7949	1063	177.20
TEM	318775.10	33828950.58	4086.56	19329	241338535.65	29346	6518	561.60
EEM	274935.50	30219449.97	2589.34	31336	168547094.64	10020	2246	99.70
CCEM	411861.00	47674494.51	2971.45	58088	309440220.98	52013	6958	145.30
ICM	72991.70	5497215.48	318.62	7796	18061026.08	2434	173	6.90

附表 14　2015 年中国制造业绿色创新系统演化过程评价各指标原始数据

行业简称	X_1	X_2	X_3	Y_1	Y_2	Y_3	Y_4	Y_5
AFPI	43933.00	5476950.94	4201.26	4072	25144027.14	138910	5138	1892.20
FOM	31589.00	3446692.84	1806.68	2677	11350122.43	54483	2180	471.70
BEM	20998.00	3570855.48	1475.74	1193	9082312.87	67839	2352	857.40

续表

行业简称	X_1	X_2	X_3	Y_1	Y_2	Y_3	Y_4	Y_5
TOI	3878.00	963176.02	229.37	1188	15903912.23	2359	567	181.10
TEI	61758.00	6223455.00	7135.66	3619	42749261.02	184271	2783	678.80
THM	32913.00	2074534.62	919.52	1561	16618838.11	17408	280	36.10
LFF	18000.00	1095077.61	628.57	708	8085642.72	25868	380	61.60
WWSI	12270.00	931549.04	1327.24	789	4923367.91	5446	5685	239.10
FUM	11728.00	701390.78	375.65	1225	5579859.28	907	331	12.90
PPI	23478.00	3491257.04	4027.67	1403	17568679.82	236684	6657	2248.30
PRMR	13242.00	1110163.04	466.14	989	5547454.86	1863	336	50.30
GSM	27440.00	1494210.02	392.09	2005	10676845.94	2019	269	6.90
PNPI	15859.00	3215734.33	23182.81	974	27926923.69	84822	22074	3804.30
CCPM	183489.00	26856597.31	49009.38	16300	120837871.41	256428	36752	32808.00
PHM	128589.00	12414192.66	2248.34	10019	43814720.24	53259	3680	355.90
CFM	18912.00	3051127.34	1902.68	875	20519490.85	37763	2050	399.40
RPP	70048.00	7296200.85	4417.52	5247	29576550.44	12606	4311	225.00
NMPI	79031.00	7308892.97	34495.17	5200	28253721.30	28421	124687	7550.80
FRPI	95674.00	29253957.27	63950.51	6090	1015570320.15	91159	173826	42733.50
NRPI	61883.00	13738704.09	20707.01	3962	68125540.91	32106	39807	13180.20

续表

行业简称	X_1	X_2	X_3	Y_1	Y_2	Y_3	Y_4	Y_5
MPI	88580.00	8360864.63	4635.12	6819	37214834.07	33556	6445	725.90
GEM	205657.00	21191744.48	3525.44	16744	81267229.63	10178	1894	149.30
SEM	170104.00	207466649.90	1841.57	18196	589677750.72	7271	1062	138.60
TEM	328160.00	41025643.92	4065.67	21825	259816124.04	29542	7255	581.90
EEM	270363.00	35313568.03	2584.19	30914	175715687.84	11166	3083	81.00
CCEM	426583.00	56622593.46	3143.34	60533	360039482.39	58831	8195	155.90
ICM	67662.00	6399359.12	315.46	6554	19258985.36	2487	264	7.60

参 考 文 献

[1] 艾良友，郗永勤. 我国省域创新与循环经济协调发展的时空演进 [J]. 科技管理研究，2017 (11)：15 – 22.

[2] 白俊红，江可申，李婧. 中国地区研发创新的技术效率与技术进步 [J]. 科研管理，2010，31 (6)：7 – 18.

[3] 毕克新，黄平，王楠. 信息化条件下我国制造业绿色创新政策体系构建 [J]. 探索与争鸣，2012 (7)：65 – 70.

[4] 毕克新，刘刚. 论中国制造业绿色创新系统运行机制的协同性 [J]. 学术交流，2015 (3)：126 – 131.

[5] 蔡跃洲. 推动绿色创新的政策选择及东亚区域合作 [J]. 中国科技论坛，2012 (9)：95 – 100.

[6] 曹慧，石宝峰，赵凯. 我国省级绿色创新能力评价及实证 [J]. 管理学报，2016 (8)：1215 – 1222.

[7] 曹鹏. 中国制造业区域创新系统演化研究 [A]. 第四届中国科学学与科技政策研究会学术年会论文集 [C]. 2008：723 – 732.

[8] 曹霞，于娟. 绿色低碳视角下中国区域创新效率研究 [J]. 中国人口·资源与环境，2015 (5)：10 – 19.

[9] 曹阳. 高技术产业协同发展对区域经济的影响——产业创新系统视角下的空间计量研究 [D]. 中国科学技术大学硕士学位论文，2019.

[10] 陈伟，冯志军，康鑫，田世海. 区域创新系统的协调发展测度与评价研究——基于二象对偶理论的视角 [J]. 科学学研究，2011，29 (2)：306 – 313.

[11] 陈修素，吴小芳，陈睿. 重庆制造业在长江经济带中的比较优

势研究 [J]. 重庆工商大学学报（自然科学版），2019（1）：78 – 86.

[12] 陈宗建. 二象对偶时间视角下权衡定律的机理及应用研究 [D]. 华中科技大学博士学位论文，2019.

[13] 程月. 我国绿色创新效率区域差异性及成因研究 [D]. 南京邮电大学硕士学位论文，2017.

[14] 崔和瑞，王欢歌. 产学研低碳技术协同创新演化博弈研究 [J]. 科技管理研究，2019（2）：224 – 232.

[15] 代碧波，孙东生，姚凤阁. 我国制造业技术创新效率的变动及其影响因素——基于 2001 ~ 2008 年 29 个行业的面板数据分析 [J]. 情报杂志，2012（3）：185 – 191.

[16] 丁堃. 论绿色创新系统的结构和功能 [J]. 科技进步与对策，2009，26（15）：116 – 119.

[17] 丁堃. 作为复杂适应系统的绿色创新系统的特征与机制 [J]. 科技管理研究，2008（2）：1 – 3.

[18] 董玉娜. 交通运输系统与物流系统协调发展研究 [D]. 大连海事大学硕士学位论文，2011.

[19] 樊步青，王莉静. 我国制造业绿色创新系统及其危机诱因与形成机理分析 [J]. 中国软科学，2016（12）：51 – 60.

[20] 樊小霞. 山西省大中型工业企业技术创新能力研究 [D]. 太原理工大学硕士学位论文，2013.

[21] 范明哲. 后发性区域创新系统的演化与调控 [J]. 西南交通大学学报（社会科学版），2002（2）：58 – 61.

[22] 冯志军. 产业创新系统演化的二象性分析 [J]. 科技管理研究，2013（23）：17 – 20，26.

[23] 冯志军，陈伟. 技术来源与研发创新全要素生产率增长——基于中国区域大中型工业企业的实证研究 [J]. 科学学与科学技术管理，2013（3）：33 – 41.

[24] 冯志军，陈伟，明倩. 能源环境约束下的中国区域工业研发创新全要素生产率：2001 ~ 2011 年 [J]. 工业技术经济，2013（9）：

87 – 96.

[25] 冯志军. 黑龙江省装备制造业企业技术创新能力和效率的研究 [D]. 哈尔滨工程大学硕士学位论文, 2009.

[26] 冯志军, 康鑫, 陈伟. 珠三角地区产业转型升级知识产权管理系统运行效果评价 [J]. 财会月刊, 2015 (12): 57 – 63.

[27] 冯志军, 明倩, 康鑫. 产业创新系统的协调发展研究——基于二象对偶理论与系统演化的视角 [J]. 科技与经济, 2014 (1): 21 – 25.

[28] 冯志军, 杨朝均, 康鑫. 绿色创新与工业企业绿色增长——基于广东的实证研究 [J]. 科技管理研究, 2017 (20): 230 – 235.

[29] 冯志军. 中国工业企业绿色创新效率研究 [J]. 中国科技论坛, 2013 (2): 82 – 88.

[30] 冯志军. 中国工业企业绿色创新效率研究——基于 DEA – SBM 模型的省级数据分析 [J]. 中国科技论坛, 2013 (2): 82 – 88.

[31] 冯志军. 中国制造业技术创新系统的演化及评价研究 [D]. 哈尔滨工程大学博士学位论文, 2012.

[32] 高广阔, 王艺群. 京津冀地区高耗能产业绿色创新效率及影响因素分析——基于空间视角的实证研究 [J]. 工业技术经济, 2018 (1): 137 – 144.

[33] 高隆昌, 李伟. 管理二象对偶论初探 [J]. 管理学报, 2009, 6 (6): 7 – 18.

[34] 高隆昌, 徐飞. 系统学二象论初探: 一个理论框架 [J]. 系统工程理论与实践, 2007 (5): 95 – 96.

[35] 龚新蜀, 李梦洁, 张洪振. OFDI 是否提升了中国的工业绿色创新效率——基于集聚经济效应的实证研究 [J]. 国际贸易问题, 2017 (11): 127 – 137.

[36] 韩海彬, 李增田. 基于二象对偶论的城镇化系统协调发展 [J]. 北京理工大学学报 (社会科学版), 2018 (3): 71 – 79.

[37] 韩晶, 宋涛, 陈超凡等. 基于绿色增长的中国区域创新效率

研究 [J]. 经济社会体制比较, 2013 (3): 100 - 110.

[38] 韩蓉, 林润辉. 基于混沌动力学的知识创新演化规律分析 [J]. 科学学研究, 2013, 31 (12): 1889 - 1898.

[39] 郝鹏鹏, 王彦博. 基于货币二象性视角的非法定数字货币价值源泉探析 [J]. 清华金融评论, 2018 (4): 94 - 96.

[40] 何茂勋. 从过程观与状态观的视角看教育质量 [J]. 广西师范大学学报 (哲学社会科学版), 2004, 40 (4): 94.

[41] 胡浩, 李子彪, 胡宝民. 区域创新系统多创新极共生演化动力模型 [J]. 管理科学学报, 2011, 14 (10): 85 - 94.

[42] 胡志强, 苗长虹. 中国省域五大系统的协调发展评价 [J]. 统计与决策, 2019 (1): 96 - 100.

[43] 黄奇, 苗建军, 李敬银, 王文华. 基于绿色增长的工业企业技术创新效率空间外溢效应研究 [J]. 经济体制改革, 2015 (4): 109 - 115.

[44] 惠岩岩. 我国绿色技术创新实践研究 [D]. 中原工学院硕士学位论文, 2018.

[45] 霍静娟. 面向雾霾治理的中原经济区绿色技术创新机制研究 [J]. 河南理工大学学报 (社会科学版), 2016 (1): 39 - 44.

[46] 霍远, 王盛兰. 产业创新与产业升级耦合协调发展的时空特征及驱动因素研究 [J]. 商业经济研究, 2018 (16): 175 - 178.

[47] 霍远, 朱陆露. 科技金融、科技创新与区域经济耦合协调发展研究——以"丝绸之路经济带" 9 省为例 [J]. 武汉金融, 2018 (9): 57 - 62.

[48] 贾晶如, 徐徐. 科技进步与经济发展动态协调评价研究——以长江三角洲地区为例 [J]. 温州大学学报 (自然科学版), 2013, 34 (2): 52 - 56.

[49] 贾军. 多元化企业运营协同研究 [D]. 南京航空航天大学博士学位论文, 2013.

[50] 贾军, 张卓, 张伟. 中国高技术产业技术创新系统协同发展

实证分析——以航空航天器制造业为例 [J]．科研管理，2013，34
（4）：9-16．

[51] 贾天明，雷良海．企业技术创新系统功能建模与协同演化动
态机制 [J]．中国科技论坛，2016（7）：79-85．

[52] 贾颖颖．区域绿色创新系统协调发展水平的测度、演化与驱
动因素研究 [D]．西北工业大学硕士学位论文，2017．

[53] 江金波，唐金稳．珠江三角洲旅游创新的协调发展研究——
基于二象对偶理论视角 [J]．地理研究，2018（9）：1751-1761．

[54] 姜钰．黑龙江省科技与经济系统协调发展评价及对策 [J]．
科技管理研究，2009（7）：227-229．

[55] 姜钰．区域科技与经济系统协调发展度的预测与优化控制模
型的构建 [J]．统计与决策，2011（6）：60-62．

[56] 姜钰．区域科技与经济系统协调发展研究 [D]．哈尔滨工程
大学博士学位论文，2008．

[57] 蒋珩．基于自组织理论的战略性新兴产业系统演化：不确定
性和跃迁 [J]．科学学与科学技术管理，2014（1）：126-131．

[58] 金春雨，王伟强．环境约束下我国三大城市群全要素生产率
的增长差异研究 [J]．上海经济研究，2016（1）：3-12．

[59] 金玲．基于自组织理论的建筑业系统演化发展研究 [D]．哈
尔滨工业大学博士学位论文，2007．

[60] 康洁，唐安宝，余良昊．利用物理学耦合协调模型的金融生
态环境与技术创新协调发展分析 [J]．湘潭大学自然科学学报，2018
（2）：112-116．

[61] 孔晓妮，邓峰．中国各省区绿色创新效率评价及其提升路径
研究——基于影响因素的分析 [J]．新疆大学学报（哲学人文社会科学
版），2015（4）：14-18．

[62] 李海萍，向刚，高忠仕，付强．中国制造业绿色创新的环境
效益向企业经济效益转换的制度条件初探 [J]．科研管理，2005（2）：
46-49．

［63］李海萍，向刚．中国制造业绿色创新的环境效益向企业经济效益转换的制度条件初探［J］．科研管理，2005（2）：46－49．

［64］李进兵，邓金堂．四川装备制造业技术创新系统的协调度分析［J］．软科学，2009（4）：83－86．

［65］李敏，杜鹏程．长江经济带区域绿色持续创新能力的差异性研究［J］．华东经济管理，2018（2）：83－90．

［66］李娜娜，张宝建．科技创新与创业耦合协调关系研究——来自25个国家的经验证据［J］．经济问题，2017（12）：65－71．

［67］李其玮，顾新，赵长轶．产业创新生态系统知识优势的演化阶段研究［J］．财经问题研究，2018（2）：48－53．

［68］李庆东．产业创新系统协同演化理论与绩效评价方法研究［D］．吉林大学博士学位论文，2008．

［69］李荣生．低碳经济下我国制造业企业核心竞争力研究［D］．哈尔滨工程大学博士学位论文，2011．

［70］李荣生．中国高技术产业技术创新能力分行业评价研究——基于微粒群算法的实证分析［J］．统计与信息论坛，2011（7）：59－66．

［71］李锐，鞠晓峰．产业创新系统的自组织进化机制及动力模型［J］．中国软科学，2009（S1）：159－163．

［72］李锐，鞠晓峰，刘茂长．基于自组织理论的技术创新系统演化机理及模型分析［J］．运筹与管理，2010（1）：145－151．

［73］李锐．企业创新系统自组织演化机制及环境研究［D］．哈尔滨工业大学博士学位论文，2010．

［74］李荻林．基于支持向量机的物流企业绿色创新能力评价［J］．系统工程，2013（2）：100－105．

［75］李伟，高隆昌．二象对偶论及其对偶分析图［J］．数学的实践与认识，2009，39（19）：174－179．

［76］李伟丽．生物进化与技术创新演化的同构性研究［D］．北京化工大学硕士学位论文，2006．

［77］林婷婷．产业技术创新生态系统研究［D］．哈尔滨工程大学

博士学位论文，2012：170－173.

[78] 刘斌斌，黄吉焱. FDI进入方式对地区绿色技术创新效率影响研究——基于环境规制强度差异视角 [J]. 当代财经，2017 (4)：89－98.

[79] 刘国巍，邵云飞，阳正义. 网络的网络视角下新能源汽车产业链创新系统协同评价——基于复合系统协调度和脆弱性的整合分析 [J]. 技术经济，2019 (6)：8－18.

[80] 刘海滨，牛秀红，周佳宁. 中国区域绿色创新系统内部耦合协调分析 [J]. 技术经济与管理研究，2018 (6)：34－38.

[81] 刘和东. 高新技术产业创新系统的协同度研究——以大中型企业为对象的实证分析 [J]. 科技管理研究，2016 (4)：133－137，161.

[82] 刘冀，徐刚，彭涛，明波. 基于参数优化的集对分析月径流预测 [J]. 水文，2013 (1)：8－11.

[83] 刘明广. 珠三角区域创新系统的复杂适应性及演化机理 [J]. 技术与创新管理，2013 (3)：181－184.

[84] 卢中华，李岳云. 企业技术创新系统的构成、演化与优化分析 [J]. 经济问题探索，2009 (1)：142－149.

[85] 陆菊春，沈春怡. 国家中心城市绿色创新效率的异质性及演变特征 [J]. 城市问题，2019 (2)：21－28.

[86] 罗良文，梁圣蓉. 中国区域工业企业绿色技术创新效率及因素分解 [J]. 中国人口·资源与环境，2016 (9)：149－157.

[87] 罗良文，赵凡. 工业布局优化与长江经济带高质量发展：基于区域间产业转移视角 [J]. 改革，2019 (2)：27－36.

[88] 马艳艳，孙玉涛，徐茜. 国家创新系统运行协调度测度模型及实证 [J]. 科学学与科学技术管理，2013，34 (9)：46－34.

[89] 马永红，苏鑫，赵越. 区域创新系统协同演化机制与优化设计研究 [J]. 运筹与管理，2018 (12)：47－56.

[90] 毛涛. 我国绿色制造体系构建面临的困境及破解思路 [J]. 中国党政干部论坛，2017 (5)：72－74.

［91］明倩. 富裕老窖酒业有限公司核心竞争力评价研究［D］. 哈尔滨工程大学硕士学位论文，2013.

［92］宁钟，司春林. 国家创新系统的演化及不同层级的集群含义［J］. 科研管理，2002（5）：1-4.

［93］牛星. 区域土地利用系统演化分析与状态评价研究［D］. 南京农业大学博士学位论文，2008.

［94］欧忠辉，朱祖平，夏敏，陈衍泰. 创新生态系统共生演化模型及仿真研究［J］. 科研管理，2017（12）：49-57.

［95］潘苏楠，李北伟，聂洪光. 科技创新与美丽中国建设的协调发展——基于系统耦合视角［J］. 技术经济，2019（3）：60-66.

［96］庞庆华，李铭珍，李涵. 长江经济带金融集聚、区域创新与生态效率的空间耦合协调发展研究［J］. 工业技术经济，2019（2）：68-76.

［97］彭慧娟. 金融创新系统的自组织演化机理［D］. 东华大学硕士学位论文，2011.

［98］彭文斌，程芳芳，路江林. 环境规制对省域绿色创新效率的门槛效应研究［J］. 南方经济，2017（9）：73-84.

［99］皮艺虹. 生态文明视域下的绿色技术创新及其产业化发展问题研究［D］. 渤海大学硕士学位论文，2015.

［100］綦良群，周凌玥. 装备制造企业协同创新网络知识转移的演化博弈研究［J］. 预测，2019（1）：83-90.

［101］钱丽，王文平，肖仁桥. 共享投入关联视角下中国区域工业企业绿色创新效率差异研究［J］. 中国人口·资源与环境，2018（5）：27-39.

［102］钱明明. EPC模式下建筑供应链鲁棒性影响因素研究［D］. 天津理工大学硕士学位论文，2015.

［103］乔立岩，彭喜元，彭宇. 基于微粒群算法和支持向量机的特征子集选择方法［J］. 电子学报，2006（3）：496-498.

［104］任毅，东童童，邓世成. 产业结构趋同的动态演变、合意性

与趋势预测——基于浦东新区与滨海新区的比较分析 [J]. 财经科学, 2018 (12): 116 - 129.

[105] 任政亮. 中国上市公司信息披露质量评价研究 [D]. 上海交通大学博士学位论文, 2014.

[106] 阮平南, 王文丽, 刘晓燕. 基于多维邻近性的技术创新网络演化动力研究——以 OLED 产业为例 [J]. 研究与发展管理, 2018 (6): 59 - 66.

[107] 邵昶, 李健. 产业链"波粒二象性"研究——论产业链的特性、结构及其整合 [J]. 中国工业经济, 2007 (9): 5 - 13.

[108] 盛彦文, 马延吉. 区域产学研创新系统耦合协调度评价及影响因素 [J]. 经济地理, 2017 (11): 10 - 18, 36.

[109] 时丹丹. 信息化条件下制造业企业工艺创新的政策体系研究 [D]. 哈尔滨工程大学博士学位论文, 2011.

[110] 史丽萍, 唐书林. 基于玻尔原子模型的知识创新新解 [J]. 科学学研究, 2011 (12): 1797 - 1806.

[111] 宋建波, 武春友. 城市化与生态环境协调发展评价研究——以长江三角洲城市群为例 [J]. 中国软科学, 2010 (2): 78 - 87.

[112] 苏屹, 刘艳雪. 区域创新系统中多主体间的动态演化博弈机制及仿真分析 [J]. 贵州社会科学, 2019 (5): 100 - 107.

[113] 苏越良, 何海燕, 尹金龙. 企业绿色持续创新能力评价体系的研究 [J]. 科技进步与对策, 2009, 26 (20): 139 - 142.

[114] 孙金花, 苟晓朦, 杜姣. 基于 Lotka - Volterra 模型 - Logistic 模型高校主导的创新生态系统动态演化研究 [J]. 科技管理研究, 2019 (1): 12 - 19.

[115] 孙丽文, 曹璐. 中国制造业绿色创新系统构建及协同度分析技术经济, 2017 (7): 48 - 55.

[116] 孙群英, 曹玉坤. 基于可拓关联度的企业绿色技术创新能力评价 [J]. 科技管理研究, 2016 (21): 62 - 67.

[117] 孙祥斌. 技术创新进化原动力分析 [J]. 科技进步与对策,

2004（10）：12 –13.

[118] 孙振清，陈文倩，兰梓睿．基于熵权 TOPSIS 法的区域绿色创新能力研究 [J]．企业经济，2019（2）：20 –26.

[119] 田红娜，毕克新．基于自组织的制造业绿色工艺创新系统演化 [J]．科研管理，2012（2）：18 –25.

[120] 田莹莹．基于低碳经济的制造业绿色创新系统演化研究 [D]．哈尔滨理工大学硕士学位论文，2012.

[121] 汪传旭，任阳军．高技术产业绿色创新效率的空间溢出效应 [J]．产经评论，2016（6）：76 –84.

[122] 汪良兵，洪进，赵定涛，徐中涛．中国高技术产业创新系统协同度 [J]．系统工程，2014（3）：1 –7.

[123] 王芳，饶德坤，游静，何晓敏．基于生物进化的产业创新生态系统演化及仿真分析 [J]．科技管理研究，2018（23）：86 –93.

[124] 王刚，万志芳，曹秋红．二象对偶理论视角下林木加工产业技术创新系统的协调度测度 [J]．中国海洋大学学报（社会科学版），2015（2）：78 –82.

[125] 王海龙，连晓宇，林德明．绿色技术创新效率对区域绿色增长绩效的影响实证分析 [J]．科学学与科学技术管理，2016，37（6）：80 –87.

[126] 王颖．基于系统动力学的汽车制造企业生产调控研究 [D]．华北电力大学硕士学位论文，2016.

[127] 王惠，王树乔，苗壮等．研发投入对绿色创新效率的异质门槛效应：基于中国高技术产业的经验研究 [J]．科研管理，2016，37（2）：63 –71.

[128] 王建国，王飞，华连连，侯二秀．内蒙古产学研合作创新网络结构演化研究 [J]．科学管理研究，2018（6）：78 –81.

[129] 王京，陈伟，高长元，白云．云制造联盟创新生态系统形成、模型构建及演化研究 [J]．科技进步与对策，2018（19）：53 –58.

[130] 王柯贞．西安城市人居环境与经济协调发展关系研究 [D].

西安工业大学硕士学位论文，2011.

[131] 王庆金，田善武. 区域创新系统共生演化路径及机制研究 [J]. 财经问题研究，2016（12）：108－113.

[132] 王仁文. 基于绿色经济的区域创新生态系统研究 [D]. 中国科学技术大学博士学位论文，2014.

[133] 王洋. 区域绿色创新系统绩效及影响因素研究 [D]. 哈尔滨理工大学硕士学位论文，2017.

[134] 吴超，杨树旺，唐鹏程，吴婷，付书科. 中国重污染行业绿色创新效率提升模式构建 [J]. 中国人口·资源与环境，2018（5）：40－48.

[135] 吴传清，杜宇. 偏向型技术进步对长江经济带全要素能源效率影响研究 [J]. 中国软科学，2018（3）：110－119.

[136] 吴士健，孙专专，刘新民. 区域创新系统中企业家集群的涌现机理及动态演化 [J]. 广东财经大学学报，2017（5）：22－33.

[137] 吴伟. 区域低碳技术创新系统协同演化路径 [J]. 中国流通经济，2014（10）：66－73.

[138] 吴延兵. R&D 存量、知识函数与生产效率 [J]. 经济学（季刊），2006，5（4）：1129－1156.

[139] 袭希. 知识密集型产业技术创新演化机理及相关政策研究 [D]. 哈尔滨工程大学博士学位论文，2013.

[140] 肖智，吕世畅. 基于微粒群算法的自主创新能力综合评价研究 [J]. 科技进步与对策，2008，25（4）：122－126.

[141] 解佳龙. 国家高新区转型发展基础评价体系设计与应用 [J]. 经济体制改革，2019（2）：46－53.

[142] 谢小凤. 广西创新系统协调发展研究 [D]. 广西大学硕士学位论文，2014.

[143] 熊彬，李宁，杨朝均. 中国工业绿色创新绩效的地区差异及趋同性研究 [J]. 软科学，2019（2）：65－68.

[144] 熊鸿儒. 绿色技术创新障碍与对策 [J]. 新经济导刊，2016

（9）：75－78.

［145］徐飞，高隆昌．二象对偶空间与管理学二象论［M］．北京：科学出版社，2005.

［146］徐高．房价的虚实二象性［J］．中国经济报告，2018（8）：67－70.

［147］徐佳，魏玖长，王帅，赵定涛．开放式创新视角下区域创新系统演化路径分析［J］．科技进步与对策，2017（5）：25－34.

［148］徐建中，贯君，林艳．互补性资产视角下绿色创新与企业绩效关系研究——战略柔性和组织冗余的调节作用［J］．科技进步与对策，2016（20）：76－82.

［149］徐建中，贯君．基于二元语义组合赋权的制造企业绿色创新能力评价模型及实证研究［J］．运筹与管理，2017（4）：124－131.

［150］徐建中，王纯旭．基于二象对偶与熵权法的区域高技术产业创新系统协同度测度研究［J］．理论探讨，2016（4）：164－167.

［151］徐梦丹，朱桂龙，马文聪．中国医药制造业技术创新系统协同演化分析［J］．工业工程，2017（15）：38－44.

［152］许强，丁帅，安景文．北京市科技创新系统演化协同度研究——基于复合系统协同度模型［J］．企业经济，2017（10）：134－140.

［153］严翔，成长春，周亮基．长江经济带经济发展—创新能力—生态环境耦合协调发展研究［J］．科技管理研究，2017（19）：85－93.

［154］杨朝均，呼若青．我国工业绿色创新系统协同演进规律研究——二象对偶理论视角［J］．科技进步与对策，2017（12）：49－54.

［155］杨发庭．构建绿色技术创新的联动制度体系研究［J］．学术论坛，2016（1）：25－30.

［156］杨立生，段云龙．基于模糊综合评价的企业绿色持续创新能力研究——中小企业绿色持续创新能力评价及应用［J］．云南民族大学学报（自然科学版），2007（16）：197－201.

［157］杨世琦，高旺盛．农业生态系统协调度测度理论与实证研究［J］．中国农业大学学报，2006，11（2）：7－12.

[158] 杨淑芳. 制造业绿色创新系统国际比较研究 [D]. 哈尔滨理工大学硕士学位论文, 2013.

[159] 叶金国. 技术创新与产业系统的自组织演化及演化混沌 [D]. 天津大学博士学位论文, 2003.

[160] 殷林森. 基于复合系统理论的上海市科技经济系统协调发展研究 [J]. 科技进步与对策, 2010, 27 (4): 37-39.

[161] 于焱, 李庆东. 产业创新系统中的协同演化理论研究 [J]. 现代经济探讨, 2009 (12): 35-39.

[162] 郁培丽. 产业集群技术知识创新系统演化阶段与路径分析 [J]. 管理学报, 2007 (4): 483-487.

[163] 张方, 揭筱纹. 资源型企业技术创新系统协同度评价研究 [J]. 统计与决策, 2012 (22): 62-65.

[164] 张钢, 张小军. 国外绿色创新研究脉络梳理与展望 [J]. 外国经济与管理, 2011 (8): 25-32.

[165] 张钢, 张小军. 绿色创新研究的几个基本问题 [J]. 中国科技论坛, 2013 (4): 12-15, 20.

[166] 张慧莹. 我国船舶工业绿色创新系统动态演化研究 [D]. 哈尔滨工程大学硕士学位论文, 2018.

[167] 张季平, 施晓敏. 云物流平台协同创新系统协同演化机理研究——基于自组织理论 [J]. 嘉兴学院学报, 2019 (2): 110-117.

[168] 张江雪, 张力小, 李丁. 绿色技术创新: 制度障碍与政策体系 [J]. 中国行政管理, 2018 (2): 153-155.

[169] 张江雪, 朱磊. 基于绿色增长的我国各地区工业企业技术创新效率研究 [J]. 数量经济技术经济研究, 2012 (2): 113-125.

[170] 张立新, 赵天宇, 杨敏达. 科技创新系统与科技金融系统耦合协调度评价研究——基于山东省纵向和华东地区横向比较视角 [J]. 鲁东大学学报 (哲学社会科学版), 2018 (2): 65-70.

[171] 张美丽, 石春生, 王育银, 牛冲槐. 基于系统动力学的成长期企业 OI 与 TI 的匹配发展路径——以高技术制造企业为例 [J]. 系统

工程, 2017 (5): 145 – 152.

[172] 张目, 周宗放. 我国高技术产业自主创新能力分行业动态评价研究 [J]. 软科学, 2010 (6): 1 – 4, 8.

[173] 张目, 周宗放. 一种基于联系度的改进 TOPSIS 法 [J]. 系统工程, 2008 (8): 102 – 107.

[174] 张培富, 李艳红. 技术创新过程的自组织进化 [J]. 科学管理研究, 2000 (6): 1 – 4.

[175] 张元萍, 杨哲, 赵亿. 金融发展与技术创新系统耦合的时空分异特征研究 [J]. 河北经贸大学学报, 2016 (6): 68 – 73, 90.

[176] 赵冬梅, 陈柳钦. 企业竞争力影响因素的二象空间分析 [J]. 财贸研究, 2005 (1): 66 – 70.

[177] 赵抗南. 河南省区域创新系统协调发展研究 [D]. 河南理工大学硕士学位论文, 2009.

[178] 赵琳, 范德成. 我国装备制造业技术创新能力评价及提升对策研究——基于微粒群算法的实证分析 [J]. 科技进步与对策, 2012 (14): 107 – 112.

[179] 赵冉, 韩旭. 高等教育、创新能力与经济增长耦合协调发展及空间演进分析 [J]. 黑龙江高教研究, 2019 (2): 23 – 29.

[180] 赵小雨, 王学军, 郭群. 区域创新能力、农业经济与生态环境协调发展关系研究——省级面板数据空间计量分析 [J]. 科技进步与对策, 2018 (7): 35 – 42.

[181] 郑广华. 区域创新系统协调性分析——以河南省为例 [J]. 郑州大学学报 (哲学社会科学版), 2010, 43 (3): 97 – 100.

[182] 周荣, 喻登科. 全要素网络虚实二象性与产业集群生成及演化机理研究 [J]. 科技进步与对策, 2016 (2): 64 – 69.

[183] 周叶, 黄虹斌. 战略性新兴产业创新生态系统自组织演化条件及路径研究 [J]. 技术与创新管理, 2019 (2): 58 – 162.

[184] 周银香, 洪兴建. 中国交通业全要素碳排放效率的测度及动态驱动机理研究 [J]. 商业经济与管理, 2018 (5): 62 – 74.

[185] 朱迎春. 区域"高等教育——经济"系统协调发展研究[D]. 天津大学博士学位论文，2009.

[186] 祝影，曹盛. 中国省域外资研发与自主创新的耦合协调发展研究[J]. 经济地理，2015（10）：29 – 38.

[187] 卓乘风，邓峰，白洋，艾麦提江·阿布都哈力克. 区域创新与信息化耦合协调发展及其影响因素分析[J]. 统计与决策，2017（19）：139 – 142.

[188] Albort – Morant G，Leal – Millán A，Gabriel Cepeda – Carrión. The Antecedents of Green Innovation Performance：A model of Learning and Capabilities[J]. *Journal of Business Research*，2016，69（11）：4912 – 4917.

[189] Antonioli D，Borghesi S，Mazzanti M. Are Regional Systems Greening the Economy? Local Spillovers，Green Innovations and Firms Economic Performances[J]. *Economics of Innovation and New Technology*，2016，25（7）：692 – 713.

[190] Antonioli D，Mazzanti M. Towards a Green Economy Through Innovations：The Role of Trade Union Involvement[J]. *Ecological Economics*，2017，131（1）：286 – 299.

[191] Bernauer T. Explaining Green Innovation[J]. *The Center for Comparative and International Studies*，2006（17）：3 – 5.

[192] Chen Y，Lai S，Wen C. The Influence of Green Innovation Performance on Corporate Advantage in Taiwan[J]. *Journal of Business Ethics*，2006，67（4）：331 – 339.

[193] Chen Y，Rong K，Xue L，Luo L. Evolution of Collaborative Innovation Network in Chinas Wind Turbine Manufacturing Industry[J]. *International Journal of Technology Management*，2014，65（1）：262 – 299.

[194] Cooke P. Cleanness and an analysis of the platform nature of life sciences：further reflections upon platform policies[J]. *European Planning Studies*，2008，16（3）：1 – 19.

［195］Cooke P. Regional Innovation Systems: Development Opportunities from the "Green Turn" ［J］. *Technology Analysis & Strategic Management*, 2013 (22): 831 – 844.

［196］Driessen P, Hillebrand B. Adoption and Diffusion of Green Innovations ［J］. *Marketing for Sustainability: Towards Transactional Policy Making*, 2002: 343 – 355.

［197］Eiadat Y. Green and Competitive? An Empirical Test of the Mediating Role of Environment Innovation Strategy ［J］. *Journal of World Business*, 2008 (43): 131 – 145.

［198］Feng Z, Chen W. Environmental Regulation, Green Innovation, and Industrial Green Development: An Empirical Analysis Based on the Spatial Durbin Model ［J］. *Sustainability*, 2018, 10: 223.

［199］Goto A, K. Suzuki. R&D Capital, Rate of Return on R&D Investment and Spillover of R&D in Japanese Manufacturing Industries ［J］. *Review of Economics and Statistics*, 1989 (4): 555 – 564.

［200］Griliches Z. Patents and R&D at the Firm Level: A First Report ［J］. *Economics Letters*, 1980, 5 (4): 377 – 381.

［201］Heron R L, Hayter R. Knowledge, Industry and Environment: Innovation and Institutions in Territorial Perspective ［M］. *England: Ashgate*, 2002: 1 – 10.

［202］Klassen Rd, Whybark Dc. Environmental Management in Operations: the Selection of Environmental Technologies ［J］. *Decision Sciences*, 1999, 30 (3): 601 – 631.

［203］Kunapatarawong R, Martínez – Ros E. Towards Green Growth: How Does Green Innovation Affect Employment? ［J］. *Research Policy*, 2016, 45 (6): 1218 – 1232.

［204］Martin R, Sunley P. Path Dependence and Regional Economic Evolution ［J］. *The Journal of Economic Geography*, 2006 (6): 395 – 437.

［205］Schiederig T, Tietze F, Herstatt C. Green Innovation in Technology and Innovation Management – An Exploratory Literature Review [J]. *R&D Management*, 2012, 42 (2): 180 – 192.

[206] Tone K. A Slacks – Based Measure of Efficiency in Data Envelopment Analysis [J]. *European Journal of Operational Research*, 2001, 130 (3): 498 – 509.

[207] Tone K. Dealing with Undesirable Outputs in DEA: A Slacks – Based Measure (SBM) Approach [R]. *Tokyo: Grips Research Report Series*, 1 – 2003.

[208] Wolch J. Annals of the Association of American Geographers [J]. *Green Urban Worlds*, 2007 (97): 373 – 384.

[209] Yi J, Xu G, Zhao Y. Study of Government – Industry – Research Integration based on Regional Low – Carbon Innovation System [J]. *Energy Procedia*, 2012 (5): 2494 – 2498.